1998년 미시령에서.

▲ 1973년, 이리 남성중학교 졸업 앨범에서.
◀ 1982년, 이장호 감독의 영화 「낮은 데로 임하소서」에 구두닦이 단역으로 출연한 장면.
▶ 1982년, 철산리 산동네 집의 문 앞에서.
▼ 1981년, 군 제대 후 강해송 목사(가운데)와 박영근 시인(오른쪽).

▲ 1995년, 노동자 산악회 산행에서. 뒷줄 맨 왼쪽이 벗 권오광, 다섯 번째가 박영근 시인.
▼ 1986년, 경기도 능내에서 노동자들과 야유회 중 나룻배 할아버지와 함께.

▲ 1999년, 인천 송림샘교회에서 시 낭송하는 모습.
◀ 1997년, 보령 성주사지에서. 왼쪽부터 문학평론가 서병수, 시인 안학수, 박영근, 소설가 김종광.
▶ 1997년, 동학사 남매탑 앞에서 화가 성효숙과 함께.

▲ 1997년, 인천종합문화예술회관 앞에서 소설가 최인석(왼쪽), 김한수와 함께.
▲ 1999년 4월, 부여에서 열린 '신동엽 30주기 추모 문학제'에서.
 왼쪽부터 시인 김효사, 박남준, 박영근, 이원규, 판화가 남궁산.
▼ 1996년, 포항에서 열린 전국문학인대회 뒤풀이에서. 왼쪽부터 시인 김형수,
 이승철, 박영근, 소설가 박혜강, 정수리.

◀ 1994년, 신동엽창작기금 시상식에서.
▶ 왼쪽부터 현기영, 최원식, 이선영, 김윤수, 백낙청, 박영근, 구중서, 인병선, 신경림.
◀ 소설가 김이구(왼쪽), 방현석과 함께.
▶ 왼쪽부터 권오광, 박영근, 성효숙, 이현경(시집 『대열』 필자 권옥경).
▼ 1998년 12월 11일, 민족문학작가회의 인천지회 창립대회에서. 뒷줄 왼쪽 두 번째가 박영근 시인.

▲ 2003년 8월, '한·몽 시인대회'
　참석차 몽골에 갔을 때 초원에 누워.
▼ 2001년 2월, 부안군 하서면
　돈지마을 최병수 화가 작업장에서.
　왼쪽부터 조찬준, 최병수, 박영근.
▼ 2005년, 대부도 갯벌에서.

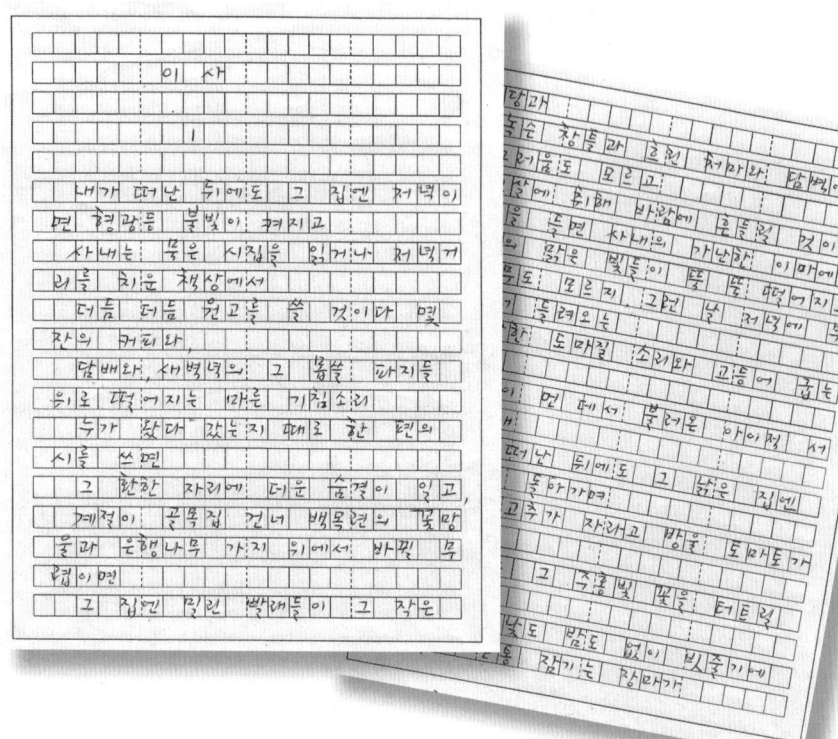

▲ 육필 원고 「이사」.
▼ 2012년 11월, 부평 신트리공원 「솔아 푸른 솔아」 시비.

박영근 전집 1

박영근 전집 1

박영근전집 간행위원회 엮음

시

간행사

절망 속을 헤쳐간 시인의 삶

시인의 삶을 규정하는 것은 시대 현실일까, 어찌해볼 수 없는 운명일까. 우문에 불과할 이런 질문을 떠올려본다.

박영근(朴永根) 시인이 이 세상을 뜬 지 이제 꼭 10년이 되었다. 현실의 소용돌이 속에서 치열한 정신으로 삶과 문학을 부여잡고 씨름한 시인이 남긴 글들을 다시 찾아 읽는 시간은 시대의 파노라마를 숙명적으로 관통해야 했던 존재의 속살을 만지는 경험으로 뜨거웠다.

한 시인의 시를 평하면서 박영근 시인은 이렇게 쓰고 있다.

시인의 소망은 현실 속에서 이루어질 것처럼 보이지 않는다. 어쩌면 현실은 시인에게 거스르기 힘든 파고가 더한 급류가 될지도 모른다. 그러나 시인은 자신의 삶의 절망으로 시를 써나갈 것이다. 상당수의 시인들이 보여주듯이 시인에게 삶에 대한 절망보다 위험한 것은 글쓰기에 대한 포기에의 유혹일 것이다. 현실과 삶에 대한 절망 속을 살면서 그 절망의 의미조차 묻지 않는다면, 무엇이 남을 것인가.

현실과 삶에 대한 절망 속을 살면서도 그 절망의 의미를 묻지 않을 수 없었던, 시를 쓰지 않을 수 없었던 시인의 운명을 그는 완성하였다. 그러나 그가 전 생애에 걸쳐 절망 속에서 살았다 할 것은 아니다. 또한 그 절망이란 시인의 길, 문학의 길이 인도하는 흰 빛의 근원이기도 했다.

박영근시인 기념사업회에서는 시인의 10주기에 맞추어 박영근 전집을 내기로 하고, 2014년 11월 '박영근전집 간행위원회'를 구성해서 전집 발간을 준비해왔다. 시인이 작고한 뒤 그를 기억하는 사람들이 의논하여 조금씩 준비해두었던 것을 이어서, 박영근의 글을 다시 찾아내고 엮어서 1권 시, 2권 산문 두 권으로 출간하게 되었다.

박영근 전집을 엮는 일은 안타깝고, 즐겁고, 고마운 작업이었다. 일찍 우리 곁을 떠난 데 대한 아쉬움을 되풀이 확인하면서 안타까웠고, 민중적 활력이 넘치는 1980년대 시와 산문에서부터 치열한 시대인식과 엄정한 미의식이 결합한 이후의 시와 비평에 이르기까지 빼어난 그의 글을 만나면서 즐겁지 않을 수 없었다. 마치 지금인 듯 시와 산문에 담긴 간절한 호소가 들려왔으니, 고마움으로 순간순간 가슴이 미어졌다.

전집 1권은 문학평론가 박수연이, 전집 2권은 시인 박일환이 책임편집을 맡아 원문 대조와 검토 및 편집 구성 작업 등을 꼼꼼히 수행했다. 자료조사위원을 맡은 김난희 선생은 문학연구자로서 여기저기 흩어져 있는 박영근 시인의 작품을 부지런히 발품을 팔아가며 수집하여 전집의 기초 자료를 갖춰주었고 작품 연보 작성에도 힘써주었다. 김난희 선생의 헌신적인 수고가 없었다면 박영근 전집이 이만큼 충실한 내용으로 나올 수 없었을 것이다. 또한 박문수 선생은 편집 실무를 맡아 전문가의 안목으로 책의 완성도를 높여주었다.

전집 1권에는 시집으로 출간된 작품 외에도 발표된 많은 시 작품을 찾아서 수록했고, 전집 2권에는 그가 역점을 두어 썼던 시평들을 비롯해 문화시평과 미술평, 미발표 유고 등을 두루 모아 엮었다. 또한 시인 연보와 작품 연보를 상세히 작성해 실었다. 그의 삶과 문학의 궤적을 총체적으로 담아낸 충실한 전집을 엮고자 한 간행위원들의 소망이 이루어졌기를 바란다.

그동안 기꺼운 마음으로 협력하고 성원을 보내주신, 시인을 기억하는 모든 분께 깊이 감사드리며, 전집 출판을 맡아준 실천문학사에도 감사드린다.

박영근 전집 출간이 그를 문학사 속으로 아득히 떠나보내는 행위가 될 수는 없다. 전집 출간으로 비로소 그의 문학적 업적과 위치를 문학사 속에 정당하게 자리잡아줄 수 있는 여건이 마련된 것은 사실이다. 피상적으로 알려지고 일부분에 집중해 평가되어온 것을 넘어서 노동자 시인, 민중문학의 면모와 이후의 엄정한 현실의식과 시의식의 양상, 시형식의 탐색과 성취 등이 이제 그의 전체 작품을 토대로 엄밀하게 재조명될 수 있을 것이다. 그러한 연구와 조명의 글쓰기는 현실과 삶에 대한 절망 속을 살면서, 그 절망의 의미를 묻는 행위가 아니라면 박영근의 문학과 온전히 만날 수 없을 것이다.

2016년 5월
박영근전집 간행위원회

일러두기

1. 1~5부에는 박영근 시집 『취업 공고판 앞에서』(청사, 1984), 『대열』(풀빛, 1987), 『김미순전』(실천문학사, 1993), 『지금도 그 별은 눈뜨는가』(창작과비평사, 1997), 『저 꽃이 불편하다』(창작과비평사, 2002)를 발간 순서대로 실었고, 6부에는 박영근 유고시집 『별자리에 누워 흘러가다』(창비, 2007)를 실었다. 시의 배열은 시집에서의 배열 순서를 그대로 따르되, 각 시집 내에서의 부 나눔은 반영하지 않았다.
2. 시집에 실리지 않은 작품은 7부에 발표된 순서대로 실었다. 시집에 실리면서 개작된 작품들도 처음 발표된 형태를 알 수 있게 7부에 함께 수록했다.
3. '시인 연보'와 '작품 연보'를 작성해 실었다. '작품 연보'에는 시집에 실린 시도 최대한 발표 지면을 찾아서 밝혔다. 발표 뒤 시집에 실리면서 제목 변경, 개작 등이 이루어진 경우 확인한 내용을 '비고'란에 기록했다.
4. 명백한 오탈자는 바로잡았으며, 일부 노출된 한자와 숫자 표기는 어감이나 시각적 효과를 해치지 않는 수준에서 한글로 바꾸었고, 한자를 병기하기도 했다.
5. 현행 한글 맞춤법, 외래어 표기법 등 어문 규정과 다르게 표기된 경우 어감이나 시적 효과를 해치지 않는 범위에서 현행 어문 규정에 따라 고쳤다.

차례

간행사 · 5

제1부
취업 공고판 앞에서

비로소 떠나갈 곳조차 없는 이곳
    에서 · 17
취업 공고판 앞에서 · 21
아버지는 잠들 수 있을까 · 23
앞날을 향하여 · 25
새벽길 1 · 28
새벽길 2 · 30
전곡(全谷) 어느 부근에서 · 32
어떤 전태일 · 34
철거민 1 · 37
철거민 2 · 39
철거민 3 · 41
철거민 4 · 43
철거민 5 · 48
철거민 6 · 52
서울 가는 길 · 57
고향의 말 1 · 60
고향의 말 2 · 61
고향의 말 3 · 63
고향의 말 4 · 65

고향의 말 5 · 66
고향의 말 6 · 68
장대비를 맞으며 · 69
한강수야 한강수야 · 70
들잠 · 71
달래 고개 · 72
솟구치던 칼꽃들이었을까 · 74
솔아 푸른 솔아 · 75
타네 · 77
새야 새야 · 78
수유리에서 1 · 79
수유리에서 3 · 81
수유리에서 4 · 83
수유리에서 5 · 85
수유리에서 8 · 86
수유리에서 9 · 89
수유리에서 10 · 91
반계전(磻溪傳) 1 · 94
반계전(磻溪傳) 2 · 96
비, 고향에서 · 98
강가에서 · 99
편지 · 100
편지 · 102
편지 · 104
편지 · 105
편지 · 107
서시(序詩) · 108

제2부
대열

면회 · 113
이름 · 118
꿈 · 119
최후진술 · 121
어머니 · 128
편지 1 · 129
편지 2 · 134
편지 3 · 138
겨울밤 학습 · 144
소식지를 보며 · 160
싸움 전야 · 165
뒷전 · 168
정상조업 · 171
어머니 저는 왜 이 대열에 섰을까요 · 173
농성장의 밤 1 · 177
농성장의 밤 2 · 178
농성장의 밤 3 · 180
친구 · 182
감옥 · 183
조의금 · 184
배출출이 · 187
자본가 1 · 195
자본가 2 · 196
아메리카 · 197
노동 1 · 199
어머니 · 200
구로동 일기 · 203
생일 · 205

여우발 · 208
그 여름 · 210
소원 · 212
철야명단 · 214
야유회 · 217
최고참 노동자 · 219
친구 · 221
경실이 · 224
마지막 수업 · 225
촌극을 만들며 · 228
노동자 · 231
노동 2 · 232
희망 · 234
인간 장달수 상경기 · 240
우리 식구 · 248
고향 · 249
눈칫밥 · 250
지리산 1 · 252
지리산 2 · 253
지리산 3 · 255
지리산 4 · 258
지리산 5 · 262
치악산, 정혼식에 부쳐 · 264
고향의 말 12 · 267
길 · 270
공장 비나리 1 · 271
공장 비나리 2 · 284
공장 비나리 3 · 292
공장 비나리 4 · 300

제3부
김미순전

눈먼 새 · 305
눈사태 · 307
울산 0시 · 309
밤바다 · 311
이력서 · 312
울 애기 · 316
돌배나무 · 318
진달래 · 320
제비꽃 · 322
광장에서 · 323
새 1 · 324
폐업 · 325
고공 용접 · 326
그 눈동자 · 328
길 · 330
뮤직홀 · 332
탄식 · 336
살얼음 · 337
목숨 · 338
세월 · 339
어머니 · 341
외촌(外村) 박 서방 · 343
김미순전(장시) · 344

제4부
지금도 그 별은 눈뜨는가

빙벽(氷壁) · 425
꿈속에서 · 426
대암산 · 427
빗속에서 · 429
용산에서 1 · 430
용산에서 2 · 431
임진강에서 · 432
CF를 위하여 1 · 433
CF를 위하여 2 · 435
천지(天池)를 생각하며 · 438
네가 찾아들 때마다 · 441
변산 기행 · 443
김봉수, 1982 · 446
윤금이 · 448
벽 1 · 450
달 1 · 451
그 방 · 452
달 2 · 455
희망에 대하여 · 456
내가 나에게 묻는다 · 458
노래 · 460
이 손을 뻗는다 · 461
길 · 464
벽 2 · 465
올여름 · 466
잠 · 467
폭우 · 469
밤, 꽃 · 470
겨울숲에서 · 471

뗏목에서 · 473
바다에 내가 있다 · 474
초상집 · 475
산울음 · 476
강의 꿈 1 · 479
강의 꿈 2 · 481
눈물 · 483
경주 남산 · 485
호박꽃 · 487
옛말 · 488
아침해 · 489
빗소리 · 490
막차 · 491
풍경 · 492
입추 · 493
시 · 494
그해 겨울 · 496
지금도 그 별은 눈뜨는가 · 498
모닥불 · 500
동암역 근처 · 502
역전 뒷골목 · 503
광고탑에서 · 504
말 · 506
변명 · 507
용인에서 · 508
너에게 · 510
십일월 · 511
달 3 · 512
다시, 십일월 · 513

제5부
저 꽃이 불편하다

길 · 517
강화에 와서 · 518
고개를 숙인다 · 519
늙은 산 · 520
겨울비 · 521
나에게 묻는다 · 525
해창에서 · 526
비수구미에서 · 528
봄 · 529
게 한 마리 가고 있다 · 530
행려(行旅) · 532
그 여자 · 534
길 위에서 · 535
봄빛 · 536
빗속에서 · 539
달 · 540
연평도의 말 · 541
월미산에서 · 543
물때 · 545
내가 떠난 뒤 · 547
절정 · 549
흰 빛 · 551
북두(北斗) · 553
물결 · 554
카타콤 · 556
나는 지금 어디를 바라보고 있는 것일까 · 558
그마저 스러진 뒤 · 560
저녁놀 · 561

누군가의 눈빛 하나가 · 562
문장수업 · 564
거북골에서 · 566
모를 일 · 567
노을 · 569
여름비 · 570
금대리 생각 · 571
춤 · 573
봄비 · 575
낙화 · 577
꽃들 · 578
직선 · 579
저 꽃이 불편하다 · 580
함흥집 · 581
나는 걷고 또 걷는다 · 582
눈이 내린다 · 584
어머니 · 586
봄눈 · 588
허기 · 589
벙치 · 590
문득 세월이 잿더미 속에서 · 592
산길 · 593
물의 자리 · 594

제6부
별자리에 누워 흘러가다

김수영 시비를 보며 · 597
해창에서 2 · 598
탑 · 599
인제를 지나며 · 601

봄눈 · 602
임시묘지의 시 · 603
봄날 · 606
늦은 작별 · 608
양구 1 · 610
양구 2 · 611
양구 3 · 612
마야콥스키 · 613
몽골 초원에서 · 614
물소리 · 615
위도에서 · 617
자술서 · 618
청옥고등공민학교 · 621
눈길 · 622
겨울 선두리에서 1 · 623
겨울 선두리에서 2 · 624
몽골 초원에서 2 · 625
몽골 초원에서 3 · 627
몽골 초원에서 4 · 628
낡은 집 · 629
돌부처 · 635
결핍 · 636
진달래 · 639
기억하느냐, 그 종소리 · 640
가을비 · 641
사랑 · 642
밀물의 방 · 643
슬픈 눈빛 · 645
만조의 바다 · 647
허공 · 649
봄 · 650
십일월 · 651

수련 · 652
폐사지에서 1 · 653
폐사지에서 2 · 655
만월(滿月) · 656
겨울, 나무 · 657
이사 · 658
봄날 · 661
절규 · 662

제7부
시집 미수록 시

눈 1 · 665
눈 2 · 666
수유리에서 3 · 667
철거민 · 669
철거민 2 · 671
철거민 3 · 674
철거민 4 · 678
나의 살던 고향은 · 682
전북 부안군 행안면 월암리 이경님
 · 685
걸어가다, 절뚝거리다, 담벼락에 나
 붙어 · 689
안양천에서 · 692
겨울, 철산리 부근에서 · 695
고향의 말 10 · 697
앞날을 향하여 2 · 699
들잠 · 701

솔아 푸른 솔아 · 702
공장 벽시 1 · 704
공장 벽시 2 · 705
공장 벽시 3 · 707
공장 비나리 · 709
숏구쳐올라라 · 712
철야 180시간 · 714
친구 1 · 719
노동 · 723
어머니, 저는 왜 이 대열에 섰을까요
 · 725
마지막 수업 · 729
촌극을 만들며 · 732
최후진술 · 734
겨울 벌판을 가며 · 740
길 · 742
파업 · 743
사랑 · 758
가투 2 · 760
가투 5 · 761
가투 6 · 763
햇살 · 768
그 방 · 770
길 위에서 · 772
바다 · 774
폐수 · 775

작품 연보 · 779
시인 연보 · 792

제1부
취업 공고판 앞에서

청사 | 1984

비로소 떠나갈 곳조차 없는 이 곳에서

1
넘어지면서. 자주 달리던 풀잎 정다운 언덕길
밀어내면서 무엇이되려는것이아니야
묻혀살뿐살아갈뿐…… 어깨 위로는 이 악물고
떨며 내려앉던 눈송이들. 내리면서
이곳이야
저곳이야 걸어가야 할 길 캄캄히 얼어붙는
질문들 앞에 울기도 하더니

아무것도 버릴 것이 없어요. 적실 것도 없이
적실 것도 없이 머물던 눈물들과
싸울수록 막막하던 시간들, 바라보면 살아가면서
만나야 할 더 깊은 불면들이 되고 쓰러져서
비로소 움켜쥐는 앞날들이 되어요.

그날. 네 눈빛 속에서 하얗게
돌아보지말자돌아…… 하얗게 솟구치던 말들
아무도 듣지 못했을까. 맨땅에 얼어붙어 흔들던 손 문득 멈추고
서둘러 내가 돌아서 갈 때 무엇이되려는것이아니야
묻혀살뿐살아갈뿐…… 작은 키 더욱 낮추고 너는
떠났다.

라면을 건지면서. 한 평 방
월세 치를 걱정도 하면서.
허기진 하늘 속으로 만나처럼 내려앉는
눈송이들 맞으면서

 2
사랑이 되었다. 내가 유행가 가사 같은 곳에서
밤과 낮을 지우며
떠나서는 아무도 돌아오지 않는 광장
무심한 시계탑 아래 서성대고 있을 때
무엇이우리를떠나가게하고
무엇이우리를짓밟히는잡풀이게이리도자꾸낚아채는가 너는
눈물보다 아픈 쌍소리가 되었다.

떠오르리라, 미싱 바늘 아래
흐린 별빛들 박으면서 구로동
남들은 멀리멀리 돌아서 가는 곳
타이밍 몇 알 속에
먼지처럼 쌓이는 밤
엉겨붙는 졸음보다 먼저 손등을 찌르던
미싱 바늘 곁에 웅크리고 말없이
검은 피들 닦아내면서

화장실 같은 곳에서나 어쩌다 쉴 수가 있어요
희망 같은 것을 생각해도 좋을까요

쓰면 또 부러지고 말 문자들 곁에 기대어
내가 한밤중 차나 끓이는 동안
산다는것은무엇일까 떠밀리는 옷감들 속에서
무엇이우리를이곳에묶어두는것일까 비틀거리면서 너는
열여덟 어린 벗들 엉키는
잠 속을 돌아
간다. 빗방울 어둡게 밀려드는 신새벽 가리키며

외로움도 두려움도
눈물들 위에 쌍소리들 곁에
고쳐 쓰면서

3
뜬소문처럼 잠시 빛나던 네 이름도
시(詩)들도 다 버리더니 더러는 불빛도
보이느냐, 현저동 일번지 손등 얼어터지도록
움켜쥐던 말들 미싱 바늘에 박으면서
웃기도 하더니

안양천. 비로소 떠날 곳조차 없는 이곳에서
흐를수록 목마름은 차오르고
어지러워라 헛발 디뎌 일당마저 빠뜨리고
돌아보면 성장이라는것이어찌쉽게손안에쥐어지랴
때때로가슴쥐어뜯고진흙밭에나뒹굴어도
소, 리, 내, 지, 마, 라
고개숙이고눈물씻고다시천천히걸어야한다
사소하게사소하게말이다 검은 물빛
상처 속엔 듯 깊어지고

막막해서 내가 먼저 살아갈 날들 앞에
엎드리고 네 곁으로 떠미는 것이 바람인지 넋두리 같은
그리움인지 몰라라 오줌 억세게 갈기고 돌아서는
밤길
낮게
눈물은 말고
더 낮게 너는
내 가슴에 내려앉는다.

취업 공고판 앞에서

　제대를 하고, 세월도 믿음도 무심히 멱살을 잡고 흔들던 스물
다섯 계급장을 떼고도 나는
　갈 곳이 없었다. 바람 불면 허수아비 제 가슴을 치는 가을 저녁
답, 어머니 또 우시고

　높은 굴뚝에서는 연기가 솟아올랐다 잘 다려진 작업복을 끌고
어쩌다
　계집아이들이 크래커를 씹으며 지나갔다 가로수 가지마다 매
달려 떨고 있는 하나, 둘
　눈물방울 같은 잎새들 이른 아침 누이의 세숫대야엔 붉은 피가
자꾸만 번졌다
　발밑에서 으깨지는 비명 소리, 나뭇잎들 들판이나 한번 둘러보
고 가거라
　갯벌이나 한 번 또 한 번 돌부리에 넘어져 어머니
　검정 치맛자락에 피가 흘렀다 여전히 굴뚝에서는 연기가 솟아
올랐다

　출신도전북 본적지서해중학교졸업 고향도두고사랑마저등진
신세가핸드카를밀면서울어야하나
　울어야하나 부르면 고향은 조막손 아프게 찌르던 낫 자국들
　잘살자진성전자공원들아 어둡게 화장실 낙서 같은 곳에서도
얼어붙고

오줌을 갈기며 얼어붙은 아랫도리로
　이름을 써갈기며 군대삼년몸으로때워나가자 개새끼처럼 웃던
　날들 모집공고 위에도 눈발은 내리쳤다

　내려앉고 싶었다 이력서도 구겨버리고 문득 공고판 아래 얼어
붙는 어머니
　　엉겅퀴 들판도 밀어버리고
　　등 뒤론 움켜쥔 손 마디마디 풀며 떠오르는 눈송이들
　　하얗게 쌓여가는 불빛들 내려앉고 싶었다
　엎드려서 감출 수 있는 것은 눈물들뿐일까 전봇대 같은 곳에
기대어 바라보면 어느새
　　눈발 그친 곳에서도 불빛은 흐려지고
　　누이여
　　흩어지고 어디로 또 떠나는 밤기차 소리에도 부서지고

아버지는 잠들 수 있을까

아버지의 노동은
한밤중, 무엇으로 남아서
잠 속에서도 곡괭이 날마다 자루를 박고
아니다, 아니다 부서진 잠뜻으로
홀로 쓰러지고 있을까, 정임아
잠 속에서도 이룰 수 없어
날리는 돌가루 맞으며
자갈을 져 나르고 있을까

어머니를 울리고 있을까
이래도 한세상 저래도 한세상
막소주에 목이 타는 밤마다
어디론지 떠나 소식도 없는
동생을 부르며, 뚝방촌을 흔들며
억새에 밤눈이 찔리고,
노래보다 먼저 날아오던 돌멩이
또 부서지며 공장 폐수를 따라
파묻히는 꿈들
한 올 한 올 맺히는 밤들로
아버지 꿈속을 더듬는 어머니,
종이를 접고 떨어지는
감꽃이 되고 돈이 되기도 하고

검은 굴다리를 지나
저마다 깊이 패인 흉터 서로
서로 감추고 공장에 들어서는
우리들 어둡고 쓸쓸한 새벽길
잠에 쫓겨
누런 웃음도 눈짓도 없이 흩어지는
야근반 친구들의 발걸음은
어둠엔지 허기엔지 자꾸만 흔들리고
야윈 손목들만 흐느끼듯
캄캄하게 쏟아지고, 정임아
어느 가문 날에야 우리들 울음은
빛날 수 있을까
아버지는 잠들 수 있을까

앞날을 향하여

허기진 형광등 불빛 아래 뒹구는
시간들 곁에 엎드려 며칠째
일감은 들어오지 않고 미싱틀 위에서 졸고 있는
친구들 중학교를생각하면자꾸만눈물이 납니다
누님은잘있는지 봄날은
잠꼬대 속에서나 밝아오는지
웅크린 어깨들 문득 깨어나 어둡게 더 작게 떨고
햇살 가까운 담벼락에 쭈그리고 앉아
신문 펴들면 흐린 눈빛들 머무는 곳엔
까맣게 울고 있는 구직 광고
여초보침식월20만원보장 말없이 깨무는 입술 위에 엉키는 피들
싸구려 극장 한구석에 기대어 남몰래 울기도 하면서
서울은왜이리먼지흰눈만펑펑쏟아집니다
목구멍에 차오르는 붉은 기침을 누르며
돌아눕는 하룻길 철없이 내려 쌓이는 봄빛들 곁에 엎드려
또 며칠째
텅 빈 작업장 어둡게 구석으로 밀리는 땀방울들
흔한 눈물들 큰소리로 나무라면서
고향 땅 환한 햇살들 허기 속에 구겨넣고
들판처럼 텅 빈 웃음 밟으며 돌아보면
가위에 잘려서 무릎에 쌓이던 밤들
어머니 돈, 을, 벌, 고, 싶, 어, 요

양짓말너른들판청치마띄우며달려가고싶어요
흐느끼는 말들 끓는 다리미 아래 눌러 감추고
엉겨붙는 쌍소리들 씹으면서
손 흔들어보아도 저 홀로 단단해지던
불빛들이여 함께 머물 수 없던 곳에서나 때때로
다정한 나날들 쌓여갔던 것인지

떠나면서 핏방울처럼 번지는 눈물들 걷어차며
길가에 나서면
등 뒤에서 하얗게 얼어붙는 신새벽
가로수 가지마다 매달려 울고 있는
별빛들 말없이 껴안으면서
보았다 지나간 날들 여기일까저기일까 솟구치던 손목들
어디쯤에서 멈추고 있는지
고향집 가까이 고개 수그리고
오래오래 불빛들 멀리
서성거리던 시간들을 걸어 부평이나 인천
구로동 어두운 소문들 부서지는 공고판 앞에서
살아 있으므로 믿어야 할 앞날들 다시
만나면서 시리도록 발등을 덮는
흐린 날들 억세게 밀어내면서 넘어지는
우리들 곁에서 무엇으로 다시

솟구치고 있는지

새벽길 1

야근을 마치고, 얼룩져 패인 작업복들로
돌아오는 만석동 온밤 내 살별들 떨어져 뒹굴고
어느새 갯바람은 비린내처럼
쿡쿡 쑤시는 실밥들처럼 불어와
이미 울어버린 스무 살,
나이마저 구기고 쌍소리들로 몸을 넘어뜨리고
살아남기 위하여 검게 타버린
마음들 서로 감추며 하늘엔 듯 돌을 던지며
돌아오는 새벽길

누구의 부름일까, 함께 웅성이는 곳은
공장 뒷담벽 깨알같이 씌어 있는 글씨들
내리는 빗물에 지금은
조각조각 헤프게 지워지는 우리의 마음들
인숙아, 멀리 있어도 환히 보고 있겠지
떨리는 작은 손으로, 가루가루 손톱에 패이던
그 하얀 분필로 새기던 불빛들
지워지며 빗속을 절뚝거리며
흐느끼는 말들
……………………………………
    ……………………………………

휘젓는 손바닥 마디마디 패이던

고향집, 민들레 고운 산허리 돌아, 인숙아
소리 죽인 박수 소리들 목에 잠긴 노래들
그리움 속에 환히 비치겠지

아아 무엇이었을까, 공장 뒷담을 적시는 이 빗물은
무엇을 지우며 너를 부르고 있을까
흔들리지 않게 흔들리지 않게
일당 이천 원만큼 흔들리는 노래 속에
가난보다 억울한 죄명 위에
달려오는 너, 새겨지는 우리들
지우면서 뻗치면서 부릅뜨고
다시 새기면서 소리치는 비들

한 줌 눈물로 마른 목 축이고 네가 떠나던
캄캄한 만석동 너 홀로 갯바람에 젖어
온몸은 끝내 감긴 실밥들인 채
흔한 절망의 몸짓도 잊은 그대로
두려워 숨는 우리들 부끄러움 밟으며
캄캄한 싸움이 되어 네가 떠나던 새벽길

새벽길 2

서둘러 겨울은 오고, 이미 쓸려간 핏자국 위로
무심히 눈은 쌓이고.
아무도 우리를 부르지 않았다.

버릇처럼 새벽길 따라 공장 뒷담을 돌아
언 발 구르며 길목을 서성거리면
마주치는 얼굴들, 웬일일까
두려워 숨고.
반가워 순옥아 불러도
멈칫멈칫 돌아서버리는 친구들.

어디로 갈까, 무엇으로
우리들 떠돌 수 있을까.
가로수들이 묻히고, 눈보라에
길목이 막히고

무엇을 덮으려, 우는 아우성으로
눈은 내릴까. 가자, 가자
가슴 붉게 붉게 그리운 얼굴 있을까.
지우지 못해서 자꾸만 돌아보면
공장 굴뚝 위에서 흐린 부두 멀리서
하나둘 번지는 작은 불빛들.

지우고 나면 또 그만큼 울고 있는
시간들 속에서 비로소 만져지던
우리들 맨살. 감출 수 없는 맨살들로
출렁이는 눈물의 뜨거운 몸짓으로
서리서리 피 적시는
눈송이, 눈송이여

어디로 갔을까, 정임이순애인숙이……
더러는 역전 뒷골목 행상이 되었는지
고향벌 갯가에서 머리를 풀었는지
떠나서는 모른다, 모른다고 우기면서
바람으로 바람으로 몰려오는지
아, 모진 세월의 뒤를 밟는 말사국들
몰라라 어디선들 씻겨질 리야 있을까.

두드리는 공장 문마다 울음만 남고, 이미 지워져버린 이름들 위로
  무심히 눈은 쌓이고.
  아무도 우리를 부르지 않았다.

전곡(全谷) 어느 부근에서
김민기에게

눈발 어지러운 난장판 바람은
함마 소리를 지르며 바라크를 두드리고
날리는 석탄가루에 까맣게 부서지는 하늘을 따라
멈추어 서는 화차 구겨지는 눈빛들 퍼담으며
돌아왔는가 철길을 따라
너를 찾아가는 길
무더기로 피어난 개나리, 아픈
봄빛들 적시며 비는 내리고
내가 술자리에서나, 무심히 깊어가는 밤중
차를 끓이며 바라보던 네 얼굴
지우는 것일까

큰 물 건너 서울이라 지척 하늘에
개칠을 하고 붉은 흙 움켜쥐어도
수그려라 네 머리 둘 곳 없는
남의 땅 내려치는 괭이 끝마다
울먹이며 끌려나오는 돌멩이들
살아갈수록 세상은 더 멀리 비켜가는 것인지
네 큰 손으로 던져보아도
멈추는 곳엔 어지러운 봄 햇살들뿐
수그려라 손마디 아프게 부서지는
노여움들 가슴팍을 떠미는

땀방울들

가자 천릿길
굽이굽이 헤쳐가자
흙먼지 모두 마시면서
내 땅에 내가
간다

주먹엔 듯 솟구치며 엉키는 노래들 아래
핏방울들로 곤추서서 노을들이 달려오고
민통선에 쑤셔박힌 탄피들이 와 박히고
육순의 네 어미 등을 두드리던 한탄강 물소리
우르르 쏟아져 내리고
문득 괭이자루가 부러지고

자꾸만 고개를 떨구는 고추들 곁을 서성이다
찬비 더듬어 돌아오는 길
백 번 술잔을 들어도 취하지 않는 것은
독하게 감추지 못하는 눈물 때문일까, 하나
둘 네 곁으로 달려오는
들판의 불빛들 때문일까

어떤 전태일

데이신따이 데 이 신 따 이 먼먼 조선 땅
돌아갈 수 있을까, 그리울수록 넘치던
왜파도 소리. 작업복 속에 나라도 여자도 눌러 죽이고
허기진 목구멍에 눈덩이 뭉쳐 구겨넣고
달게 씹던 시절은 또 와서, 어머니
돈 벌러 서울 가시고.

좋은 나라 우리나라 씩씩한 새 나라의 어린이
푸른 하늘에 돌멩이를 날리던
열세 살, 구두통 속에 쌓이는 동전들을 세면서
채이면 구르면서 아주 먼 곳에서도
어머니 부르며 기도하면서
울기도 했었지.

태일아
태일아

밤꿈마다 독새기풀 엉키는 땅을 딛고
억세게 뻗치던 그리움마다 어머니
소스라치다 깨어나시고
서러운 숟가락 위에 아버지
머리맡 떨고 있는 소주병들 위에

자꾸만 눈은 쌓이고

눈을 씹으면
눈물이 나와
입맛이 달았지.

까각까각 숨어라
회초리가 보인다
까각까각 숨어라
꽃고무신 감추어라
어서어서 나와라
서울 가신 우리 엄마
고봉 쌀밥 이고서
순덕아 부르신다

집을 나왔지. 무더기 눈발을 따라
가다가 가다가 한 몸
세울 곳 없어 가슴만 두드리다가
순덕이 얼어터진 조막손 가리키는 곳을 따라
희망을 쓰기도 했었지.

신문이오, 웅크리고 오빠를 기다리다

신문이오, 떨리는 몸 몰래 화로에 기대이다
신문이오, 눈발 속에 얼어붙는 졸음 끝에 매달리다
쓰러진 곳 어두운 미아보육원
풀빵 씹으며 이것은 천막집이고
저것은 토막 단칸방이야 좁은 골목길을 따라가다
부러지는 몽당색연필 곁에서
울음을 터뜨리다 마룻바닥에 엎디어
더듬던 맷자국은 무엇으로 깊어져서
장대비 퍼붓던 시간들을 건너서도
무릎 꿇고 두 손 들고 너를
그리움 속으로 걸어찼던 것일까

이십 원짜리 무허가 하숙집 누렇게 천장에서
벽에서 떨어지는 꽃들을 세며
올 때마다 순덕이
여름치맛단이 자꾸만 나풀거렸지.
수천 장 밀려오는
신문 더미보다 많은 날들을 목구멍에
구겨넣고 씹던 시절은
환한 봄날 개나리꽃 노란 도봉산 골짜기에도
재단칼 위로 어둡게 세월이 잘려나갈 때에도
물러나지 않았지.

철거민 1

어디일까, 주저앉는 신음 소리를 밟고
잦아드는 망치 소리를 따라
해가 기울고 판자 더미들 흔들며
캄캄하게 바람이 멱살을 잡는 곳.
알 수가 없네, 한길 건너 번지는 아파트 환한 불빛들 곁에
매달려 떨고 있는 깜부기 같은 얼굴들
구둣발 같은 것들이 무심히 밟고 갈 때
언제부턴가 작은 불길들이 오르고 밤을 따라
깊어갈수록 모여드는 사람들
알 수가 없네.

집을 짓세 집을 짓세 사시장철 어디서나
불던 바람 아니던가 한숨일랑 걷어차고
갈퀴손에 횃불 들고 어서어서 집을 짓세
집을 짓세 집을 짓세 쏟아질 듯 잔별들도
찬 바람에 떨다가 먹장구름 속에 숨는 밤
밝은 하늘 너른 땅이 눈앞에 넘실 가슴에 뭉클
눈물짓는 사람들아 이 밤이 새고 해 솟으면
남는 것은 이름 석 자 서슬 같은 인심일세
비켜서는 걸음걸음 반평생 어둡던 빛
큰 삽날로 베어내고 어서어서 집을 짓세

망치 소리 치맛자락 속에 기어드는
애기 울음소리 밤새 솟아오른 하꼬방 위에
쇠망치 소리 열두 살 순이 허기진 손바닥 위에
구호품 떨어지는 소리 잊혀질 것인가
김씨 오장육부에 화주 타는 소리

가자, 가자 또 어느 언덕바지 어두운
빗줄기 속에서 남쪽 하늘을 바라볼 것인가
계고장 움켜쥐고 손이라도
흔들 것인가, 정이월 눈보라 건너
이 거리 저 바닥에
철없이 봄빛 쏟아질 때.

철거민 2

저물도록 타오르는 한세상
울면 터져버리고 웃으면 일그러지고
흘려야 할 피 말고 더는 움켜쥘 것도 없는
빈 벌판 더 캄캄한 곳으로 모가지를 파묻으면
그리움도 메마른 사랑도
한 삽의 흙처럼 분명해질까

눈부시게 하늘 저 홀로 청청할 때
비명처럼 살아서 꿈틀거릴 때

산다는 것은 부서진 울타리 너머
타는 별빛도 멀리 엎디어 더 낮게
꿈틀거리는 것
걸으면 하늘이 서럽고 먼먼 남쪽
지금은 갈 수 없는 곳 그리움은
붉은 가시가 되어
눈물을 찌르고 아아 산다는 것은
한밤을 울고 눈 뜨는 새벽빛마저
무심히 스쳐 지나갈 때
소리칠 수 없어서 더 캄캄하게 타오르는
소리들 보듬고 말없이 피 흘리는 것

목숨이 질어서 죄랑가, 하눌만 지다리고 산 인생도 아니건마
는, 허난드난 굽혀 살아온 평생이 죄랑가.

빈 벌판 먼 불빛 곁에서
웅크리고 손짓하는 나날들이여 하얗게
솟구치다 멀리 뒷걸음치다
휴지가 된 계고장 위에서나 머물고 있는지
말없이 건네는 술이 오를 때
신명인지 서러움인지 어깨들 걸치면
번지는 모닥불 아래
판자 더미에 뒤덮인 골목들 아프게 깨어나서
굵게 상처 패인 손목들끼리 물소리처럼 나직이
서로 엉키고, 보이더라
고개 숙이고 비켜설수록 단단해지던 어둠이
또 어디로 뻗치고 있는지
검게 빛나는 샛강 어디쯤에서 더
깊어지고 있는지 흐리게
희미한 만큼 두려웁게
뒤를 밟듯이

철거민 3

어허이
고향 자랑에 마른 눈물 글썽이다
석이 할미 객사할 때
무명치마 쌈지 속에
쇠푼 닷 닢 울던 소리
어너어허이
뒤밟으면 어이하나

어허이
호루라기 소리 울릴 때마다
석이 애비 유치장에 묶이며는
리어카 바퀴에
굵은 대침 박던 소리
어너어허이
생각하면 눈물 나지

어허이
두 평 방 낡은 사진첩 아래
큰 별처럼 가난을 내려보던
국민학교 적 우등상장
진학 못한 순이 돌아설 때
눈빛 속에 고이던 애비 모습

어너어너어너허이
떠올려서 무엇하나

어너어허이
한밤중 큰비 내려
축대가 무너질 때
임시피난소 마룻장에 주저앉아 울다
굵은 빗줄기 따라 떠나서는
소식도 없는 석이 얼굴
어너어너
어너어허이
생각하면 눈물 나지

철거민 4

찬 새벽 하얗게
무서리가 내려 지나간 밤
머리맡을 서성거리던 개꿈도 얼어붙고,
빈 깡통 속에 쌍소리들
유행가 소리 흔들며 달려가다
열두 살 제 나이보다 언제나 단단하던
돌부리들 내팽개쳐진 순이
책가방 곁에서 버릇처럼
뒷걸음치는 김씨. 사과 사려
맛 좋은 제주도 밀감 사려
빗방울 소리 후두둑거리던
저 많던 날들도
개꿈이었을까

불빛 멀리 벌거숭이 야산
언덕바지 더 보이지 않게
안양천 넘치는 물도
몰라라 뚝방 아래 살아도
억새는 억새 모가지마다
꽃이 오르면 독새,
뽑혀져서 뒤돌아보면
고향 하늘은 저물도록 내려앉아

머무는 곳마다 푸르른 날들을 덮고
까막손 내미는 것일까.

    다시 볼 수 있을랑가 밤이면 별빛 따라
    기러기떼 울며 가는 늦가을
    빈 들판 허수아비 빚에 겨워 쓰러질 제
    떠나왔네 고향 땅 가락재 넘어
    냇갈물로 타는 가슴 축이고
    낡은 터라 최씨 부자 큰기침 소리 걸어차고
    모르겠소 모르겠소 옥녀봉 높은 골짝
    상수리 붉게 우는 뜻을 나는 모르겠소
    빚 독촉에 전답 팔고 남은 땅을 지어 먹다
    대처라 너른 세상 품을 팔아 살아간들
    보리 모가지 익으면 다시 올 수 있을랑가
    나락꽃 피면 이내 설움도 피어날 수 있을랑가
    신작로 가 노란 탱자 떨어지고 멀리
    갯들에서 큰바람 서성일 때
    떠나왔네 고향 땅 뒤울의 댓이파리
    울타리마다 곱던 오동색 나팔꽃
    언제 다시 볼 수 있을랑가

더듬는 듯 아주 낮게 떨다

청보리밭 둑을 지나
춘삼월 마파람에 지천으로 흐느끼는
독새기풀을 뜯다
허리를 밟고 무논 가에 주저앉아
울다 고개를 넘어
파고드는 북소리
그리고 넘치는 눈물처럼
하늘에 붉게 쏟아지다
흔적도 없이 캄캄하게
떨어지는 것일까 때때로 노란 배추꽃 위에
햇빛 내려 좋던 날들 곁에서
아이들이 자라고 어느 날 얼어붙는 물줄기를 따라
걸어가다 병이 들고 비틀거리는 발자국 위에도
고이는 북소리

    시월비 맞으며 철길을 따라 안양천
    밤마다 폐수 아래 건너 공장의 불빛들
    구겨지고, 넘치는 허기 위에 쓰레기 더미
    쌓이던 곳. 샛강 밑으로 찾아들었네
    잡아보면 주먹 같은 쌍소리들 씹으며
    우는 논바닥 헛가래질로 울음 삭이던
    손목들, 서럽던 인연은 더 많아서

뜨내기라 뱃나루 같은 인생들 서로
서로 못생긴 얼굴들 부비면서
고향을 다시 만나면서 뚝방촌을 이루었네.
다시 아이를 낳고 에미는
장터 어둡게 구석진 곳에서
생선을 팔고 허기진 막걸리판 일당을 세며
벽돌을 찍고 루핑지붕 위로
슬레이트가 올려지기도 하던 좋은 시절
더러는 부서지기 전에 떠나기도 하였지만
아이들은 자라서 공장에 들어가고 사과 사려
제주도 밀감 사려 김씨 도부를 쳤네

흐른다, 눈이 내리면 마음보다 먼저
얼어붙던 안양천 하릴없는 날품팔이들
돌멩이나 던지며
봄을 기다리던 곳. 무너진 집터
마지막 불꽃마저 빠뜨린다
버릇처럼 검은 물빛 위에
오줌을 갈기고, 김씨
막소주에 취해 돌아가는 밤
발밑에서 으깨지는 보상비여 셀 수 있는 것은
보상비뿐일까. 헛고함을 지르는 김씨

잠들 수 있는 곳은
얼마나 먼 곳일까

    맛 좋은 제주도 밀감 사려어
    몽땅 떨이요 밀감 사려어
    못난 평생
    땡전 닷 푼에 사려어

철거민 5

안전장치에 붉은 불이 켜지고, 하얗게 떨리는
손가락들을 빼내는 밤 여덟 시나 아홉 시
수당 위에서 손가락처럼 붉게 떨어지는
졸음을 깨물며 늘어가는 적금통장의 까만 숫자들을
떠올렸다. 이유도 없이 밝은 일요일
교회당 종소리보다 먼저 작업종 소리를 들으면서
절단기를 밟으며
아무도 들을 수 없을 만큼 작았지만 나는
인간 승리라든가 성실이란 말을
불러보곤 하였다.

일당과 아버지의 담뱃값과 생선을 굽는
어머니의 모습이 소중했던 시절 어쩌다
간단한 곡소리와 보상비를 치르고
불량품을 고칠 때처럼 입고량을 확인하고
도장을 누를 때처럼 친구의 핏자국을 지우는
사람들 속에서 산다는 것은 막막한 것이 아니라
두려운 것이라고 남몰래 깨우치기도 하였지만
슬프지도 않게 그것은 어쩌면 내 살갗을 찢는
쇳조각들은 아닐 거라고 우겨도 보았다.

열아홉 혹은 스무 살

가릴 수 있는 것은 아무것도 없을 때
또 어디로든 떠날 수조차 없을 때 불행이란
바람 같은 것은 아니었고
어린 방울나무에 패인
칼자국 같은 것

여자 나이 스물셋이면 결혼도 할 수 있지만
나는 소리와 먼지와 냄새 속에서
화려한 책표지 위에 풀을 치는
공순이에 불과하다오
여자 나이 스물셋이면 엄마도 될 수 있지만
나는 차가운 기숙사 전등불 아래
남몰래 일기를 쓰며 눈물을 짓는
공순이에 불과하다오
여자 나이 스물셋이면 사랑을 알게 되지만
나는 한 달 급료를 세며
단칸방의 불빛을 그리워하는
공순이에 불과하다오

누이여 불행이란 어두운 화장실 혼자 울면서
반장은 나쁜 놈 죽고 싶다 오늘도 야근까지
삼천이백 원 벌었다 울지 말자 갈겨쓰던

낙서 같은 것은 아니었고
어린 방울나무에 패인 칼자국 같은 것

어린 시절 밤술에 취한 아버지
어머니를 걷어차고 단칸방과 다섯 식구를 후려칠 때
형과 함께 판자 울타리 뒤울
방울나무에 그어대던 칼자국
집을 나간 형은 돌아오지 않고 언제부턴가
언 새벽밥을 지어 소년원에 나가시던
어머니 뒷모습 위에 홀로 훌쩍이며
그어대던 칼자국 누이여
가지마다 방울 노랗게 열리고
잎 푸르게 출렁거릴 때
자라온 날만큼 칼자국은 깊어져
허리 더 아프게 쑤셔오고
비로소 일당처럼 분명하게
성실 같은 것들이
하얗게 솟아오를 때 성장이란
말없이 묵은 피 흘리는 것인지

무너진 집터 위에서 꿈틀거리는 것인지
떠나는 것만큼 분명하게

두 팔 들고 무릎도 꿇고 눈빛마저 죽이고
걸어가도 용서하지 않던 안양천 샛강 물이
어디로 흘러가고 있는지
보았다 맘잡고 살겠다고 설치던 형도 이제는
떨리는 주먹을 뒤로 감추고 어린것들과 함께
떠나면서 다만 오래도록 뒤돌아보는 뜻을
사노라면 좋은 날도 있겠지
좋은 날도 있겠지
믿지 않아도 될 유행가와 누이의 고단한 잠 곁에서
매일처럼 안전장치에 붉은 불이 켜지고
화려한 책표지에 풀이 쳐지고
눈이 쌓이는 것만큼 분명하게

철거민 6

잘 가세 잘 가세 서러운 이름 석 자 모질게
버리지 못하고 집을 잃고 떠돌던 사람들아
낯선 땅에 삽을 세우고 돌억새 우거진
또 한세상을 쳐서 갈퀴손에 움켜쥐면
개명천지 밝아올까 서러운 까막눈에도
날빛 영롱히 맺혀들까 잘 가세 잘 가세
만나자는 기약일랑 샛강 위에 띄워보내고
가다가 눈발 때리면 주저앉아 울지 말고
기대이던 몸 허전해서 얼싸안은 사람들아
잘 가세 찬 바람에 기러기떼 울기 전에 어서 가세

      너네는 어디루 가니
      여기보다 훨씬 좋대
      어딘데
      몰라
      너네는
      나라에서 좋은 땅을 준대
      어딘데
      몰라
      구호품인데
      너 가져 사과 두 알이야
      응 이건 연필 두 자루야

잘 가
　　　잘 가

밟아보세 밟아보세 말 못해서 억울한 사연
어허덕궁 어허덕궁 잊힐세라 밟아보세
빈 벌판의 찬 바람을 서러운 맨발로 밟고 보니
웬일인가 칼꽃 같은 눈물 속에 아하 도부 치던
김씨네 정도 많던 청춘과수 순이네 벽돌 찍던
장씨네 생선 사려 목청 좋던 석이네 아하
골목 어귀 담배집 까망둥이 연탄집 훤히 보이는데
공사판의 이씨야 도부판의 김씨야 돈이 많아
떠나는가 시화연풍 세월이 좋아 떠나는가
아니라네 아니라네 이리 뒹굴 저리 미끌
어쩔거나 벽돌 찍기 삼 년 만에 집 한 칸은
고사하고 남의 땅에 살았던 죄 막심하여
다섯 식구 단칸방을 두고 반봇짐을 싼다네
　　　어허덕궁 어허덩더궁
　　　깽매깨깽 깽매깨깨깽
돌아보세 돌아보세 어허덕궁 어깨 걸치고
동지섣달 물지게 골목 궂은비에 연탄재 골목
집을 나간 칠복이 놈 술잔 속에도 비치던 골목
바람아 불어라 돈바람아 불어라 흥청망청 선거 골목

어허덕궁 굽이야 굽이 굽이가 눈물 골목
어허덩더궁 사람들아 속 타는 굽이를 돌아보세
    깽매깨깽 깽매깨깨깽
     어허덕궁 어허덩더궁
물어보세 사람들아 청청하늘이 무심해서
죄를 졌는가 고개 숙이고 길 떠나는 사람들아
굿거리장단마저 웬일로 신명을 감추는데
덩 더 덕 궁 깽 매 깨 깽
어 허 덩 더 궁 어디 한번 물어나 보세
이대로 돌아서면 장승이 될까 돌이 될까
안양천 검은 물에 어린것들 뛰어들까
서성거리던 발길들아 덩더덕궁
목에 잠긴 소리 하나이 꽃망울 터지듯
열이 되면 어덩더덕궁
핏속에도 굳어버린 곰배손들아 둑이 터지듯
백이 되면 깽매깨깨깽
한 골목이 넘쳐서 열 골목이 넓혀지면
덩더덕궁 어덩더덕궁 어허덩더덩더덕궁
깽매깨깽 깽매깨깨깽 깽매깽매깽깨깨깽
돌이 될까 장승이 될까 넘치는 벌판이 될까

    고향질도 아닌디 왜 이리 먼지 몰라

동지도 안즉 안 왔건마는
떼바람은 불어쌓고
울 오매 객사질이 이랬을까 몰라
반봇짐 위에
밤이슬은 내리는데
먼 하늘을 치다볼거나
나이 오십을 기대볼거나
슬피 우는 기러기야
먼먼 남쪽 바람도 고운 나라
너를 따라갈거나
눈발도 안즉 멀었건마는
발길은 왜 자꾸 얼어붙는지 몰라

가세 가세 어서 가세 까막눈 묻고
피 묻은 삽을 드릴 곳은 떨리다 작게
떨리다 큰바람 쑥대머리 때릴수록
더 크게 울다 눈발 씹으며 흐느끼다
새하얗게 떨리는 주먹들 더 캄캄하게
흔들리다 얼어붙는 흐느낌으로 잠든 땅에
끝까지 흔들리다 눈부시게 타오르는 땅
속 쓰린 허기 끝에도 맺히던 검은 손의
미소 목마른 혀끝에서는 달던 약속도

멀리 우우우 갈가마귀떼 우짖어 하늘도
뜨거운 땅 저물도록 소리치는 사람들아
가세
어서 가세

서울 가는 길

경님아. 이름 한번 부르지 못하시고
마당에도 텃밭에도
참미나리 하얀 꽃 같은 서리
내려앉은 새벽. 아버지
큰 병원 한번 다녀오시지 못하고

      너후너후 에이넘차너후 간다 간다 나는 간다
      휘영청 달 밝으면 기다리는 주인일까
      외까막눈 반짝이는 다순 낫날 버려두고
      너후너후 에이넘차너후 간다 간다 나는 간다

큰돈 벌러 서울에 갔다더니 오빠는
무얼 하다 왔는지. 수주나 한 병 취하면
쐬주나 한 병 살아온 날들을 잡아 흔들고
오래도록 잠들지 못하면서 밤개 짖는 소리에나
구겨진 몸 기대면서
비 묻었다
비 묻었다
이 풀 저 꼴 짊어지고 내려가자
비 묻었다 옛말도 감추고
서울보다 더 먼 곳엔 누가 살고 있는지
비 맞은 농약병들 걷어차며 또 떠나야 한다고

입술을 깨물었다.

    너후너후 에이넘차너후 스물여덟 상두꾼아
    이내 평생 흘린 눈물 찬 서리로 떨어져서
    북망산에 간다 한들 바닥살이 아니드냐
    에이에이 에이넘차너후 에이에이 에이넘차너후
    명년이라 춘삼월에 꽃 피며는 돌아오까
    저 건너 마포벌에 새 세상이 찾아들면
    너후너후 기러기 따라 저 강나루 건너오까

학 교 를 갈 라 하 면 눈 물 이 나 올 라 한 다
구구단보다 먼저 손바닥 시퍼렇게
새겨지는 잡부금들 거머쥐고 살구꽃은살구꽃
바람맞으면개살구 동생은
자주 울었다. 죽고 싶은 것은
어머니뿐이었을까, 열여덟 살
빈 들판 같은 바람이 불어왔다.

    아버지 무덤가에 핀 담배꽃
    그 꽃 한 줌 꺾어다가 말아 피웠소
    또 한 줌 꺾으려니 눈물이 났소
    너울너울 담배 연기 간 곳이 없네

경님아. 밤기차 어둑한 창가에 기대어
서울 가던 날
손 한번 흔드시지 못하고
번지는 들판의 불빛들 속에서 어머니
손 한번
흔 드 시 지 못 하 고

고향의 말 1

빈 들녘 가득히 몰려오는
어두움의 떼,
그 검은 말씀 속에 멈춰 서서
돌멩이 몇 개 흐느끼고 있네.

어디로 갔는가.
주먹밥처럼 굳어진 노여움으로
황톳길 길목마다
밭이랑마다 눈부신 흙마음마다
애비의 이름 다시 쓰며
하늘을 가리키던
사람들, 이름마저 지우고
아아 어디쯤서 무엇이 되어 있는가.

모래일 듯 흔들리는 들녘에서
부끄러워라 부끄러워라
어두움의 말씀 섬기며
더는 참을 수 없어 감출 수 없어
벼 몇 포기 등 부비며
흐느끼고 있네.

고향의 말 2

소리쟁이 애비는 어너 어너 어너리 넘차
꽃상여 따라 한 청춘
노래마다 피어나던 진달래 송이송이
어너 어너 어너리 넘차 다 쏟아낸 바닥살이
봇짐장수 에미는 장터 길 따라 한세상
어망저망 흐른 세월 첩첩고개 다스리며
여든 고개 깊은 밤중 어이 넘고 있을까
뜬눈으로 밤 밝히고 저문 고향 뒤로하고
귀가 번쩍 눈이 번쩍 서울이라 좋은 세상
가락재 넘어 철길을 따라 허위허위 떠나왔네
사랑도 팔고 고향도 팔고
하루하루 곪은 자리 피고름만 쏟아내고
식모살이 저녁살이 온몸 바쳐 보지 바쳐
굽이굽이 눈물바람 눈물 위에 주먹바람
가도 가도 속는 가슴 돌아앉는 고향길이여
꿈꾼들 무엇하랴 빈 세월의 맨몸으로
앞뒤 청산 진달래꽃 밤꿈마다 쏟아져도
눈 녹으면 돌아갈까 찔레 붉게 익기 전에
돌아갈까 그리움에 기대어서 손 내미는 명월공산
어너 어너 어너리 넘차 우리 엄니 황천길엔
베옷 한 닢 있었을까
이 한세상 휘휘 도는 쌍소리로 살았네

찢긴 사지 엉겨붙는 비린내로 살았네.

고향의 말 3

예까지 흘러왔구나.
떠나지 못한 쑥대머리, 바람들뿐인
겨울 억새 들판을 건너
왼팔 하나이 난리통에
이슬밥 속에 삭혀버리고,
오뉴월 개구리밥풀보다
흔하던 눈물방울들
까마귀떼의 잉잉대던 아우성들
삽 한 자루로 묻고 또 묻고
아하 흙을 밟아서
예까지 버텨왔구나.

먹칠아, 고개바나 목숨은 길어서
가락재, 굽이굽이 산을 돌아
붉게 타는 단풍잎들
더러는 타오르지 못하고
아우성으로 울고 있는 것들을 보아라.
서울바닥 어느 뒷골목 몇백 원짜리 좌판 위에서
고향집 말소된 주민등록초본 위에서
너는 또 삽자루가 되어 떠돌고,
이장집 잘 익은 고추밭 이랑이랑 더듬으며
성한 팔 하나로 잡초를 뽑고

뽑을수록 성난 얼굴 쳐드는
평생을 뽑고.
돌아보면 낮눈으로도 세상은 어두워
발길 휘청거릴 때
고향집 불빛 가까이 비틀거리면서
까막눈 속으로 달려오는 너

탁배기 한 잔 속에
울고 가는 한세상 넘어 넘어
고인 설움 따라 별들은 가득 쏟아지고,
정들어 품어볼 흙 한 줌 없이
더 어두운 땅에 버려질지라도
섬기던 뜻 몇 마당으로 버티며
부서지고 말 삽 한 자루밖에
덕칠아, 애비는 다른 이름이 없구나.

고향의 말 4

돌아오너라, 해창벌 밀물이 들어도 어둡고
돈 한 푼에 팔려서 네 아우들
헛주먹 감추고 떠나고 있으니
싸락눈 내려 쌓이는 노루목
흐린 서울길 지우며 큰바람 올 때
보리밭 외진 두렁에서
네 어미, 옷고름마다 끓는 눈물로
시퍼런 쑥물을 들이고
보듬는 하늘 캄캄히 서리서리 피 적시는
눈송이여 뜨거운 맨발로 붉은 흙 한 짐 다져지고
허기진 별빛으로 들잠 밝히며
발자국들 시퍼렇게
돌아오너라, 봄빛 서러운 눈길 위에 네 어미
칼꽃 그려 접고 있으니
불도저에 깎여버린 산허리 돌아
갯들을 건너

고향의 말 5

찬 새벽 지는 별빛들 무서리에
얼어붙는 논둑길을 지나
내주여뜻대로
내주여뜻대로 신작로를 따라
살아온 날들을 따라 사납게 맺히던
눈물은 또 어디서 맺히는지
알 수도 없이 달려드는 바람
떨다가
떨다가
기대일 것도 없이 어머니
십자가 앞에 눈물 글썽이다
엎드리면 까막눈도
더러는 밝아지는지

한 발
두 발 목발을
짚고 하루
또 하루 약값도 없는
내일을 짚고
어디로 가는지
우리아들편지읎당가
가실이다가는디기별이읎네

우체부 앞에서 문득
헛디딘 한 발
두 발 고쳐 밟는
깨금발 기다림은
눈발이 되는지 빈 벌판만
후려치는지

가슴만 칠 것인가 어머니
수그린 평생 어두운 십자가 곁을
서성거리며 나는
기도 소리만 들을 것인가

고향의 말 6

작은 아이가 논둑길을 걸어갑니다.
아랫도리는 벌거벗은 채
훌쩍거리며 뙤약볕 아래
작은 아이가 걸어갑니다.
영희야 철수야
들판에도 방죽 둑길 위에도
둘러보아도 아무도 없습니다.

허기진 한나절, 어메는
돌아오지 않고. 사금파리를
입에 물고 훌쩍훌쩍 울면서
돌아오는 길.

장대비를 맞으며
백제 1

오래 산자락 아래 고개 수그리고
서러운 하늘 울다 간 날들
돌아보며 막막한 어둠을 따라
걸어온 것은 아니다.

밤장승 홀로 흐느끼는 땅
아무도 잠들지 못할 때 울지 마라
후려치는 바람 속에서 어둡게
비틀거린 것은 아니다.

앞냇강 뒷개울 두렁물아,
네가 적시는
들판이 목마른 혀를 축이고
주저앉아 떨리는 손 감추며
헤프게 웃음을 판 것은 아니다.

장대비 맞으며 쏟아지던 서러움도
타고 소매 속에서 울던 그리움도
타고 정이월 벌판을 두드리는 발자국 소리
말없이 죽창 깎으며 너는 오래
기다렸다.

한강수야 한강수야
백제 2

네 땅 너머로도 해마다 붉던
진달래, 질긴 그리움으로
눈부시던 은모래 한강벌, 달려가면
창칼 끝에서 밀리는 물이랑이
먼저 멈추고, 얼어붙는 물줄기. 엎디어
너는 어머니를 불렀다.

한강수야 한강수야
이 물 저 물 합수하면
어디서 깊어지더냐
두렁물아 두렁물아
아랫녘 윗녘 돌고 돌아
어디서 만나느냐

여섯 마디 퉁소 가락 마디마디
물이랑에 띄우면 강둑에
부딪쳐 우는 아우의 이름
번지는 피들로 목을 축이고 너는
돌아서곤 하였다.

들잠
백제 3

허기져 봄빛도 달던 한나절
쑥잎 뜯던 네 에미 보따리 고개 너머
달 기울도록 씨아를 돌리며
물레를 잣고, 봉창 곁에서
홀로 명씨기름이 탈 때 너는
들잠이었다.

창칼을 쥐고
패랭이 서러운 눈꽃 던지며
무명베를 끌고 흰 고개 넘더니
아우는 끝내 돌아오지 않고
물레가 울 때, 먼 갯들
춤추는 불이랑 타는 갈대밭 속에서 너는
들잠이었다.

살별들 떨어져
밤눈을 찌를 때
다스리는 자들아 우리 에미
열 손가락 시퍼렇게
쑥물이 드니
나라가 기울더라

달래 고개
백제 4

돌아올랑가, 지는 갯메꽃
물이랑마다 밀리는 노루목
서러운 밤파도에 누워도
모질게 삶은 검은 바다 더 캄캄한 곳으로도
흘러가지 않고

먼 부역질
산판에는 그리움도 베어지는지,
어지러운 소문들 밤꿈마다
문고리를 잡아 흔들고.

꽃이 피면 달래 고개
기러기 울다 가면
눈물 고개 모가지 파묻고
끌려간 사내들 돌아오지 않는
칼 고개, 그이는
넘어올랑가.

길 어두워 못 오는가
별을 보고 찾아오지
허기 들어 못 오는가
발길마다 익은 고향초

달래 먹고 달려오지
님아 님아 큰 칼이 막아
못 오는가 칼을 물고
헤쳐오지

어린 삐비꽃 깨물다 우는 아이들
부르는 에미 낮은 흐느낌에도
풀물이 들고. 눈 녹으면
물버들 피는 강물을 따라
뗏목이 뜨면 온다더니,
누렁벼 익어도 남의 땅
바치는 손목만 하얗게 야위고.

묶여 올랑가, 굴참나무숲 산막마다
불이 올랐다더니
까마귀 나는 어두운 들판,
그이는
돌아올랑가.

솟구치던 칼꽃들이었을까
백제 5

아무도 없었다. 몸 바치지 못한
들꽃 몇 송이
캄캄하게 피어 떨고 있는 핏방울 더듬으며
네가 목마른 한밤중. 움켜쥐고
기다린 것은 버리지 못하고
더러운 몸 풀고 받아들인 사내들이었을까.

맞을수록 단단하게 엉키던 흙들 꼿꼿하게
뻗치던 칼꽃들이었을까, 강 건너 서라벌
골골마다 흘러 배어드는
황하 흙탕물들아. 너희 오지랖 눈부시게
백기가 나부낀들 금강이
피로만 흐르겠느냐, 익을수록 서러움도
주먹 쳐들고 하늘 가리키는 것일까.

연산 벌판. 죽어서 비로소 우는
한 나라의 뼈들을 솟아
푸른 솟아 강물 위로 마지막 사랑을
드리던 누이들 곁에 뿌리는 너는
떠날 수 없어서 더 분명하게
어둡게 묶인 몸 후려치는 날빛들
움켜쥐는 것일까.

솔아 푸른 솔아
백제 6

부르네 물억새마다 엉키던
아우의 피들 무심히 씻겨간
빈 나루터, 물이 풀려도
찢어진 무명베 곁에서 봄은 멀고
기다림은 철없이 꽃으로나 피는지
주저앉아 우는 누이들
옷고름 풀고 이름을 부르네.

솔아 솔아 푸른 솔아
샛바람에 떨지 마라
어널널 상사뒤
어여뒤여 상사뒤

부르네. 장맛비 울다 가는
삼 년 묵정밭 드리는 호미날마다
아우의 얼굴 끌려나오고
늦바람이나 머물다 갔는지
수수가 익어도 서럽던 가을, 에미야
시월비 어두운 산허리 따라
넘치는 그리움으로 강물 저어가네.

만나겠네. 엉겅퀴 몹쓸 땅에

살아서 가다가 가다가
허기 들면 솔잎 씹다가
쌓이는 들잠 죽창으로 찌르다가
네가 묶인 곳, 아우야
창살 아래 또 한세상이 묶여도
가겠네, 다시
만나겠네.

타네
백제 7

빈 소매 끝에 바람 떨다 가는
늦가을 허기진 낟가리 곁에
주저앉아 바라보면
밟히는 땀방울들도 무심히
울리는 쇠방울 소리 따라 갈티재 넘어
실려가는 살찐 양곡들
고개 쳐들고
버티는 맨몸 아래
한 벌판이 시퍼렇게 묶이고,
비명처럼 문득 부러지는 낫자루.
논바닥에 오줌 갈기며 들이삭
줍는 에미 말없이 보듬으며
돌아서는 밤길, 얼굴 파묻고
넘어지며 서로 더운 몸 부비다
까막눈 평생
고운 피 땅에 드리던 벼포기들아.

낫자루마다 번지던 눈물이
타네. 고부(古阜) 들
내려치는 육모방망이 아래
빈손마다
똥세(稅) 눈물세(稅) 올려질 때

새야 새야
백제 · 마지막 노래

새야 새야 파랑새야
전주 고부 녹두새야
백설이 펄펄 휘날리는
동지섣달 분명한데
너 어이 나왔느냐
서러운 하늘 옛 노래 따라
녹두꽃은 떨어져서
나라여 나라여
부르는 이름 어둡고
돌아서는 발길 잦나니
윗녘새야 아랫녘새야
전주 고부 녹두새야
시호 시호 시호로세
칼춤 추던 좋은 시절
다시 보러 나왔느냐

수유리에서 1

흔한 바람으로는 흔들릴 수 없어
숱한 발길질의 농간에도
함구한 가슴 그저 툭툭 채이는
돌멩이로는 구를 수 없어
흙먼지에 버려진 거리의 끝,
쫓기는 주먹 하나로
수유리를 찾았네.

쓰러진 우리들 묘비 곁에서
잠시 뒤를 돌아보면, 하늘은
갈가마귀들로 더욱 낮아지고
차라리 우는 몸
스스로 디치듯 넘이뜨리고
아, 눈물보다 깊어가는 두려움이여
두려워 자꾸만 흔들리며
마음보다 먼저 쓰러지는 수유리여

돌아서서 더듬는 얼굴 겹겹이
혼자서 보듬는 가슴들 깊이
굶주린 듯 내려앉는 어두움
그 어두움 속 질긴 바람 따라
부서진 싸움터 가지마다 울며

골짜기를 날으는 새들을 따라, 수유리는
감추었던 손 내밀고 있었네.

수유리에서 3

돌아오지 않네. 찔레꽃 지는 시월,
하얗게 떨고 있는 잎새들 멀리
뭇새 몇 마리, 살아서 목숨보다 깊이 패이는 날갯짓으로
스스로 저희 허물을 벗어
하늘 가득히 빈 산을 우러르고.

돌아오지 않네. 가슴 뜨거워질수록
바람은 가장 아픈 곳으로 불어와
잠 못 들어 자꾸만 마르는 귓가론
족쇄잠그는소리 자갈물린입들잠긴말소리
새벽은 다만 홀로 빛나고 있어
치닫는 별들만 끝없고.

아직 살아 흐르는 눈물은
어느 가슴에 고이겠는가
저희 노래가 그리워 온 어둠을 울고 있는
뭇새들의 하늘은
눈물로도 일어서지 못할
골짜기와 골짜기
어느 가슴에 푸르르겠는가

돌아오지 않네. 찔레꽃 지는 시월,

남겨진 한 사내의 부끄러움처럼
비켜 앉은 곳마다 자욱이 쌓이는 무서리
부서진 뼈마디의 피들 깨우치며
감추었던 손 내밀고.

어느 곳일까
한곳에서 만나야 할 그대.

수유리에서 4

겨우내 눈이 쌓이고, 묻히는 살붙이들
그 어둠만큼 흩어지는 눈송이들 속에서
듣는다, 우리들 목마른 입맞춤 찾아서
한밤중 허공을 떠돌며
서로 부르는
목소리 몇 조각.
깊은 골목을 쓸고 있는
눈 몇 송이, 눈 몇 송이.
바람은 다시 일고
살붙이들 가까이
흙들이 패이고 있다.

말하지 말라, 말하지 말라
듣지도 말며 다만, 어둡게 하라
풀잎이 떨고, 기진한 숲들이 울고
가로세로 베어지는 우리들.
서둘러 숨고 있는 눈빛들.
어디쯤일까.
저기 저기 핏자국들 보아요
철조망 가의 손목들이
우리를 부르고 있어요
물 한 모금 속에 떨고 있는

거리의 고요 고요

온밤을 눈이 쌓이고, 묻히는 우리들
그 어둠만큼 흩어지는 눈송이들 속에서
듣는다. 살아 있으므로
쉽게 버릴 수 없는
우리들 쓸쓸한 아우성
닿을 수 없는 하늘을 돌며
서로 부르는 이름 몇 자여
헤매듯 아픈 몸짓으로
눈 몇 송이, 눈 몇 송이
한밤중 허공을 쓸고 있다.

수유리에서 5

누구에게 물을까, 저문 거리의 인파 속에
울부짖음으로 속살 깊이 짓이겨져서
종로나 광화문, 헤매는 어느 골목이나
시궁창에서나 함부로 더럽게 버려져서
헤픈 웃음도 잊은 꽃.

수유리에서 8

1
저무는 한세상, 그대 비켜 살 수 없어서
거느린 뜻으로 골백번 함께 저물며
용서할 수 없는 것들을 용서하기 위하여
살아남은 문자들로
이 세상 가장 낮은 곳을
흔들어 깨우치고
비 내려 낮게 낮게 울고 있는
수유리, 골목과 골목
그대 이 악물고 버티면서
구겨지고 있는
스무 살짜리 깃발들 위에
두 주먹을 새기고 있나니

2
검붉은 파도들 다스릴 수 없어
지워버리자, 한 바다가 쓰러져 눕던
스무 살 정직한 술잔들
돌아서서 무심한 하늘 바라보면
부러져서, 그리운 이름 따라
아하 깃들 곳도 없이 쏟아지는
활자들이여

고개를 숙이고, 수유리 청청하늘 위에
개칠을 하고
잘나빠진 예수전이나 쓸거나
쓰면 또 부러지고 말
이 작은 몽당연필로
진달래 개나리, 다 쏟아내지 못한
피무더기 노래들
다시 부를거나
잠 못 들어 펴들면
구약 출애굽기를 적시는
그대 캄캄한 눈물방울들이여

3
씻기어질 리야 있으랴, 다시 고쳐 쓰던
불면의 시 몇 구절이
아직 뜨거운 그대 두 주먹 속에
흐느끼고 있으니
가락재 누락재 어느 마을에서나
청진동 정든 주막거리에서나
두려운 것은
발길마다 우수수 밟히던
살붙이들이 아니라고 우기면서

남보다 먼저 넘어지던
그대, 지우지 말자
다시 껴안는 약속들 위에
비틀거리면서

수유리에서 9

1
캄캄한 밤길을
끌려가듯 하나, 둘 얼굴을 지우는
불빛을 따라
비가 내린다.
빈주먹엔
구겨진 소문 몇 개
빗소리 속에 깃들고 있는
울며 울며 숨고 있는
네 노래 몇 구절
  위험해요
  달리지 말아요
  다친 뿐이에요
우수수우수수 제 몸을 터트리고 있는
가로수 잎들과 함께
밟히듯,
우리들 앞에 쓰러진다.

2
어두움을 걸으며, 더 깊이 쓸쓸함들을 드러내며
어디일까 어디일까 헤맬수록
너에게 가까이 갈수록

패이는 상처,
상처들의 그리움 속에서
붉디붉게 부서지는
수천의 불면들

살아 엎드려서
너와 함께 한없이 구겨지면서

이 어두운 비들뿐일까. 잠시 비켜갈 뿐
네 곁에 서지 못하는
두려워 어둠 깊이깊이 숨어서
제 빛을 잃은
별들과

수유리에서 10

1
까마귀떼여
어둠들이 하늘 가득히 달려오는 저물녘,
너희 손때 묻은 살점들을
무엇으로 다스려서 길들여서
거리거리 슬픔들이 울고 있느냐.
검은 먹구름 아래 엎드려
굶주린 알몸을 가리고 있느냐.
터져 오르지 못한 사월의 꽃망울엔
캄캄한 피가 맺히고,
묵은 삽으로 언 골짜기 헤쳐보면
바람 셀수록 서로 뜨겁게 부딪쳐서
하늘 푸르게 숲을 흔들던
나무들, 베어져 흙이 되고
떠도는 울음이 되고,
까마귀떼여
상처만이 검게 익어가는 땅
어디 푸르를 하늘이 있어
날개 다쳐서 피를 부리고 있느냐.

2
다시 일어서야지. 어지러운 꿈속의

끈끈한 살맛이었을까
살 깊이 고인 비린내였을까
몰라라 두려운 얼굴 서로 감추는
삼각산의 뜨거운 잠이여
자갈길 위에
다시 일어서야지. 다쳐 온 길섶마다
흔들리는 풀뿌리마다 쌓이던
뿌리도 없이 뒹굴던 붉은 울음들
가슴 깊이 쏟아지는 뜨거운 소금기
닿을 수 없는 곳일수록
눈물은 깊어지고,
아아 용서할 수 없는 생애여
녹두꽃길 따라 사월의 핏자국 따라
다시 일어서야지.

3
까마귀떼여
보이느냐
무너져 내려
사지의 밑동까지 무너져 내려
뿌리의 맨 끝 눈부시게 빛나는
두 눈이 보이느냐

언제인가 가슴을 터뜨리기 위하여
가슴을 터뜨리는 불꽃이기 위하여
폭풍의 핏줄기를 다스려온
두 눈 속의 해일이 보이느냐
푸른 파도의 검붉은 싸움으로
쓰러진 등심뼈를 일으켜서
튼튼한 마음들을 이루어서
다시는 굴복할 수 없는 주먹들로
곧은 사랑으로 밀려오는
저 해일 속의 바다가 보이느냐
저 산의 바다가 보이느냐
까마귀떼여
일어서는 바다여
……………

반계전(磻溪傳) 1

눈 내려 밤내 싸리울대를 넘고, 곡기도 끊긴
한밤중. 붓을 쳐서 그리운 사람 불러도
묶인 몸, 부를수록 먼 서울길 더 아득하고
목필유화(木必有花)
화필유과(花必有果)
날빛 박히는 신새벽에도 너는
잠들 수 없었다.

어지러운 꿈이었을까, 네 손을 묶던
오랏줄 희게 뻗치던 비웃음의 찬 뼈
사방 문이 닫히고, 가을비
장삼을 구기던 밤길을 걸어
기침 소리 밟고 강 건너
버림받은 몸 캄캄하게 눕히고 너는
떨어지는 살별도 두루마리 밟은 한지(韓紙) 내려앉는
십장생으로는 부를 수 없다는 것을
알아야 했다.

송피도 벗길 수 없는 겨울밤은
길었다. 깊을수록 모여드는
발자국 소리 낮게 두런거려도
소금배 닿는 샛나루마다 뻗치던

무식한 육두문자들이여, 눈길 헤치며 너는
굳어버린 열 손가락 마디마디 하나
둘 조금씩 어디서 펴지는가를 보았다.

반계전(磻溪傳) 2

서러운 물이랑 낮게
부딪쳐도 부서지는 부안 땅 우반동(愚磻洞)
허기 든 강둑을 따라 걸어도
걸어도 억울한 남쪽
기울면 들판마다 시리던
별빛을 따라 기침 소리 깨물고,
긴 밤이 가도 찬 새벽
네 뜨거운 이마 위를 구르던
불립문자들 구겨지던 몇 권의 경서(經書).
부끄러운 것은
네가 머무는 땅이었을까

달빛을 등에 지고
진흙물에 들어가서
이 농사를 이리 지어
누구하고 먹자 하요

바치지 못한 몸 뒤척거리는
봄밤 어지러운 마디마디에서
논밭이 울고
오래 등 뒤로 서성거리던
큰비, 쏟아져라

괴로운 맨상투 쑥대머리로 풀고
흙손을 잡을까 누더기 버선발로
하늘빛 밟을까 어두운 네 이름
찌르던 들억새 곁에서 경서를 고쳐 쓰면서
빈손에 비로소 엉키는
피들을 번지는
하늘을 너는
보았다.

반계야
반계야

비, 고향에서

비가 내린다
못다 한 몇 마디 말이 되어
해종일 절룩이듯 절룩이듯
비가 내린다
아득할수록 더욱 가득하게 내려앉는
서울의 비
홀로 손 흔드는 마음이 되어 혹은
흔들던 손 내미는 마음이 되어
한없이 뒤를 밟는 뒤를 밟는
어두운 영등포의 비

강가에서

물결은
소리, 소리 하며
겨울 한천(寒天)을 밀어내며
진달래 바람 속 이파리 속에서도
깨어나고 누구일까
내 님, 내 님
손 흔드는 밤

편지
ㅎ에게

들억새 찌르는 추운 밤도 건너
흐린 별빛에 매달려 떨고 있는
시간들을 넘어도
흐르는 피는 멈추지 않고

아직은 더 많이 걸어야 할 때
아픔이 아픔으로만 남아
엉겅퀴 들판
어디서든지 바람 같은 것으로
눈물 같은 것으로
우리를 후려칠 때

슬픔이라든가 희망 앞에서 나는 아직도 아무 말도 할 수가 없습니다. 마음의 떨리는 가지들 곁에서도 잠시 잠시 머물다 가던 별빛들과 기도를 생각합니다

넘치는 바다 부서지는 밤파도 따라
어디서나 뒤집히던 스물다섯 살
불면 속에 그대
멈추지 않는 밤물결 속에
발목을 담그고
흐르고 부딪치면서

하얗게 피어날 수만 있다면 피가 흘러도 좋았습니다. 떠나갈
곳이 있다면, 소스라치던 밤꿈들 멀리 어머니 곁으로

    무심히 손 흔드는 시간들 가까이
    아직도 오래 서성거리는 그대
    구로동에서나 고향 밤벌판에서나
    그대를 또 넘어뜨리면서
    무엇이 되어 나는
    잠시 잠시 머물던 불빛들도
    구겨버렸는지

편지
시흥길

가랑잎 아프게 떨어지던
시흥길 누렇게 손 흔들던
103번 유리창 성에에 쓰던
ㅎ이 젊음도 엉키는 꿈도
마지막 남은 소금기마저
어둠 속에 빠뜨리고

무엇이 되었는지
나 또한 여기서 건강하듯이
너 또한 거기 살면서
거 기 살 면 서
오래도록 기도하면서

경산이나 더 어디 먼 곳을 가리키는
날빛 따스한 하늘을 밟아도
모르겠어요
아무것도 모르겠어요
뒤를 밟던 살별이 되어
떨어져 밟히던 그대

모래알처럼 사소한 일상과 눈물방울처럼 안타까운 그리움이 시를 깨뜨리고 열두 번 찾아오는 겨울 감기를 물리칠 때 다시 만

날 수 있을 거라고 생각했습니다.

편지
어머니에게

새떼들이 날아가고 있어요, 어머니
들판의 가득한 벼포기들도 오늘은
내 앞에서 자꾸만 흔들리고 있어요. 보고 싶은 어머니
만나야 할 얼굴들도 웬일인가요
고개 숙이고 내가 없는 곳으로
더 먼 곳으로 가고 있는 것일까요
가위질에 부르튼 손마디는 더 시리고
자꾸만 어디선지
눈물이 나네요, 어머니
외롭습니다.

편지
사랑한다는 것은

보이지 않는 곳에서 자주 기차 바퀴 구르는 소리가
들려왔다. 여기는 어디일까
다시 어디로 또 갈 것인가 하얗게 쏟아지는
형광등 불빛 아래
이름과 주소와 살아온 날들이
떨리는 마음 서로 보듬고
엎드려 있었다.

찢겨진 스케치북 위에 엉키는 얼굴들
부르튼 손가락들 잡으며
기다림도그리움도업어주며가고싶어요
아직우리들가진것눈물이지만
수천방울한곳에서얼어붙으면
담찬돌멩이가되잖아요 너는
책상 후려치며 달려드는 주먹 위에도
빗줄기 속에도 내 가슴속에도
밝아올 세상 또 그리면서

사랑한다는 것은 모두 흔들리는 것들과 함께 흔들리다, 모든
부서지는 것들과 함께 부서지다 흔들리는 것들끼리 부서지는 것
들끼리 부딪치며 내는 소리가 기도가 될 때
 말없이 엉키는 따뜻한 피들일까요

엉키다 쏟아지는 힘들일까요 사랑합니다.

편지
안양천 내리는 눈 속에서

얼어붙는다 안양천 고개 숙인 것들
낮은 하늘에 걸려
우리 오래 걸어왔던 길도
돌아갈 곳 없는 곳에서 얼어붙는다

더는 고개 숙일 곳도 없다
살아야 한다고 들꽃이 울고
억새가 발목을 묶는다

맨땅에 얼어붙어
언 입술을 맞추고
얼어터진 살갗을 부비고
더러움도 아름다움도
한 몸 속으로 쏟아버리면
무엇이 될까

탄다 안양천 더는 얼어붙을 수도 없는 것들
속살로만 엉키는 그대와 나
쏟아지는 눈송이들도
내려앉는 어느 곳에서나
불꽃이 된다.

서시(序詩)

가다가 가다가
울다가 일어서다가
만나는 작은 빛들을
시라고 부르고 싶다

두려워 떨며 웅크리다
아주 어두운 곳으로 떨어져서
피를 흘리다 절망하는 모습과
불쌍하도록 두려워 떠는 모습과
외로워서 목이 메이도록
그리운 사람을 부르며
울먹이는 모습을,
밤마다 식은땀을 흘리며
지나간 시절이 원죄처럼 목을 짓누르는
긴 악몽에 시달리는 모습을
맺히도록 분명하게 받아들이고
받아들이고 부딪치고
부딪쳐서 굳어진 것들을 흔들고
흔들어 마침내
다른 모든 생명들과 함께
흐르는 힘을
시라고 부르고 싶다.

일하고 먹고 살아가는 시간들 속에서
일하고 먹고 살아가는 일을
뉘우치는 시간들 속에서
때때로 스스로의 맨살을 물어뜯는
외로움 속에서 그러나
아주 겸손하게 작은 목소리로
부끄럽게 부르는 이름을
시라고 쓰고 싶다.

제2부

대열

풀빛 | 1987

면회

1
면회를 마치고 돌아오는데
길섶의 나팔꽃들
죄도 없이 고개 떨구고
까막소 건너 들판으로
저녁 햇살 슬프게 떨어지는데
웬일인지
눈물도 나지 않고
마음 무겁지도 않고
아우야, 내 빈주먹에 힘이 솟는구나.

무슨 힘일까, 아우야
접견실 안타까운 유리벽 너머
며칠째 단식으로 야윈 얼굴
퀭한 눈으로 형에게 보내던
밝은 웃음 때문이지
지쳐 떨어진 모습이 아니라
탄식이 아니라, 그래
더 큰 싸움으로 열려진
다짐의 눈빛 때문이지

2

"얼굴이 많이 상했네."
"나흘 동안 단식을 했거든요.
모두들 열심히 싸웠어요.
잡범들도 신이 나서 박수를 치고……"
웃음. 교도관도 따라 웃더니,
"……좌우간 3131번 땜에…… 어휴!"
"무슨 일로?
금치당한 것 때문에?"
"그래요. 결국 우리가 이겼어요."
웃음. 교도관 또 한마디,
"정 이러면 면회고 나발이고 종 처버리겠어, 조심해요!"
"떡순이 편지 자주 날라오냐?"
"사흘에 한 번꼴인데.
며칠 전 까치통신엔 글쎄
제 편지 글씨를 작대기 글씨라고 야지 놓잖아요."
"떡순이 자식, 매일 일 나갈 텐데……
면회 날은 조퇴를 하겠구나."
"오지 말라고 자꾸 말리는데
제 말을 안 들어요.
아 참, 식이랑 ㅎ이 누나랑 잘 지내요?"
"안에 있는 네게 많이 배운다고 하더라.

무척 보고 싶어 해."
3131번 면회 끝! 면회 끝!
"책들하고…… 우유 다섯 봉 들여보냈어."
"형. 제 걱정 하지 말아요.
여기서 나갈 땐
더 단단한 놈이 돼 있을 테니까."

 3
까막소
총칼 짚고
하얗게 번득이는 저 벽은
파쇼의 얼굴

야위어가는 삭동가지 노동자의 몸을 감고
가슴 한 주먹 성한 피 한 자죽
남김없이 빨며 오르는
칡넝쿨 착취의 칡넝쿨
넝쿨마다 맺히는 노동자의 눈물

모가지에 칼을 쓰고
아아 가다밥 이 년 내내
푸른 옷 입고

싸워 끝내 해방되리라
큰 주먹 터뜨리는 아우야
너는 노동자의 가슴

아우야, 보이는구나
하는 일도 세상도 답답해
가슴만 치는 내 손을 잡고
네가 가리키는 곳
우리들의 노동을
힘차게 세워야 할 곳

4
밤길 쫓아 돌아오는 길
하얗게 불 밝힌 ○○ 피스톤
네가 달마다 200시간 야근 뺑뺑이를 돌며
지쳐 비틀거리는 몸으로
친구들의 굽은 어깨 끼고
노여움으로 수백 번 술잔을 뒤집던 곳
어린 플라타너스
초록으로 뻗어오르던 봄날
분진 덩어리 썩어가는 노동 내던지고
철커덩 철컥 철커덩 철컥

끝없이 돌아가는 순종의 박자 걷어차고
눈부신 햇살을 타고 가듯
공장 옥상에 올라
박수 소리 아아 단결의 합창에 싸여
네가 외치던 말
겁에 질려 발을 구르며
다디단 약속으로 뻥끼칠하는
사장 나리
우우우 함성으로 누르고
개새끼처럼 따라 짖어대는
파쇼의 쫄병들을 향해
주먹 흔들며 부르던 노래
오늘도 ○○ 피스톤 네 아우들
밤새워『새로운 사회』를 읽는 눈동자 속에
타오르는구나, 아우야
까막소 어두운 창살 아래 새기는 네 그리움
큰 만남으로 이루어지고 있구나

이름
친구 섭이의 말

삼 년 구형 받고
검사 나리 말씀에 풀풀 웃으며
재판정을 나와
찬 섣달 바람 날리는 흙먼지 맞으며
호송차에 오르는데
웬 반가운 꽃들이냐
교도관을 밀치고 달려오던 아우들

까막소 두 평 방에 돌아와
홀로 덜렁 앉아
아우들 이름 하나하나 불러보았다.
철이
찬이
단발머리 숙이
⋯⋯⋯
그리고 벅차게 목구멍에 걸리던
한마디
동지라는 말!

꿈

꿈을 꾸었다
꿈속은 아우성이었다

최루탄 맞아
비명 소리 낭자하게 뒹구는 거리
못다 던진 보도블록 어지럽게 남기고
골목으로 밀리고
다리 절며 쫓겼다
물러가라 물러가라
다시 북이 울리고
적들의 머리 위까지 쏟아지는 삐라
마침내 사거리를 빼앗고
트럭을 타고 만세 깃발 흔드는데
문득 앞에서 도망치는 놈 하나
나를 고문했던 형사였다
공습경보 울리는 소리!

꿈 깨어 보니
천장 불빛에 어른거리는 모기들
멀리서는 일찍 일어난 소년수들의 밥 짓는 소리
짬밥통을 씻는 날카로운 소리

아아 사면의 벽과 쇠창살
어느덧 사 개월이 흘렀구나

최후진술

1

내가 왜 이 자리에 서야 했는가? 남의 재산을 훔치기라도 했단 말인가, 아니면 나라의 은혜를 입은 잘난 나라님들 흔한 손버릇처럼 나랏돈으로 사기라도 쳤단 말인가. 나는 왜 포승줄에 묶여, 시장판에서 고생하시는 늙은 어머니 손목 한번 잡지 못하고 위로의 말 한마디 건네지 못하는 철창의 몸이 되었는가?

국보법이라는 터무니없는 죄를 뒤집어씌우고, 또 웬 영문인지 법정에서 잘못했다는 진술을 하면 내보내주겠노라 우스운 사탕발림으로 꾀어내며 본인의 양심을 우롱하는 이 권력의 의도는 무엇인가?

이 시대를 보다 올바르고 정직하게 살아가기 위해 노력하는 수많은 청년들 중의 한 사람으로서, 그리고 민중의 비참한 생활을 보고 나 또한 민중을 착취하는 모순의 한 부분이 아닌가 하는 양심의 자책으로 괴로워하다 스스로 일터의 노동자가 된 청년으로서 분명히 말하고 싶은 것은 지금 이 순간에도 민중을 탄압하고 본인의 경우처럼 포승줄에 묶는 이 나라 군사파쇼와 자본가들이야말로 이 자리에 서야 하지 않겠는가라는 진실입니다.

본인이 취업한 회사는 자동차부품 생산업체인 ○○ 주식회사입니다. 임금은 초임자의 경우 3,500원이었고, 근무 경력이 이삼년 된 장기근속자의 경우도 이삼백 원 차이가 있을 뿐 열악한 사정은 마찬가지였습니다. 또한 노동시간은 8시간의 기본 노동시간과 의무잔업 4시간으로 하루 12시간이었는데, 그럼에도 불구하고 서로 철야·특근을 하지 못해서 안달이 날 만큼 저임금 지대였던 것입니다.

문득 가슴 아픈 추억 하나가 떠오릅니다. 그것은 우리가 달마다 치렀던 월례행사로서, 월급날로부터 20일 정도가 지나면 생활비가 떨어져 서로 돈을 꾸러 댕기던 나와 동료들의 모습입니다.
본인이 배치된 곳은 가공반 기어 라인으로서, 그곳에서는 하루 500개 이상의 봉고 피스톤을 단순가공하였는데 선반 기계를 단순하게 개조시켜 한 면만을 깎도록 되어 있는 분업화된 공정이었기 때문에 누구나 마찬가지로 기술을 배울 수가 없었습니다. 그것은 관리자와의 관계에 있어서 노동자들의 입장을 아주 불리하게 만들곤 하였는데, 왜냐하면 나이 든 노동자일수록 기술 없는 처지로는 다른 회사로 옮겨가기가 힘들기 때문에 관리자의 횡포 앞에서도 눈치만 보는 기회주의적 인간으로 되는 까닭입니다. 그래서 동료들과 마음에서 우러나오는 이야기도 할 수 없는 불신감 속에서 노동을 해야 했고, 이로 말미암아 서로의 단결이 몹시 어려웠는데, 영리 추구에 혈안이 된 기업가는 큰 일 작은 일이 터질 때마다 이런 약점을 이용하려 악착을 떨었습니다.
첫 달 월급을 받을 때 있었던 일입니다. 생각보다 많은 액수 때문에 몇 번이나 월급봉투를 들여다보았습니다. 웬일일까, 한 달이면 고작해야 12만 원도 채 못 될 텐데 무슨 사정일까…… 그러나 잔업 시간이 260여 시간으로 적혀 있는 것을 보고 스스로도 깜짝 놀랐습니다. 곰곰 생각해보니, 20여 일 이상을 저녁 5시 30분에 출근하여 아침 8시 30분에 퇴근하는 15시간 이상의 장시간 노동을 했던 것입니다. 24시간 내내 작동하는 기계에서 뿜어대는 뜨거운 열기와 시끄러운 소음, 그리고 바이트가 알루미늄을 깎아낼 때 생기는 시커먼 연기, 뿌옇게 떠다니는 쇳가루 속에서 동틀 무렵까지 밤새워 작업하다가 지친 다리와 뒤틀리는 듯한 속쓰림으로 아침 퇴근을 하여 가겟집에 둘러앉아 목에 걸린 쇳가루를 씻어내기 위해 쓰린 빈속에 막걸리를 마셔야만 했고, 자취방에 돌아오면 벌써 10시⋯⋯ 그때부터 씻고 잠들어 3시에 깨어나 출근을 서둘러야 하는 생활의 연속이었습니다.

이렇게 이 땅 천만의 노동자들이 억압과 착취 속에서 찌들고 환장하게 살고 있을 때, 살찌는 자들은 누구인가? 골프장에 가랴 헬스클럽에서 똥배 줄이랴 돈 쓰기에 여념이 없고 밥맛이 없어 우리의 일당 6일분인 2만 원짜리 우동을 사 먹으며, 밤이면 요정에 나가 술값도 아닌 팁값으로 우리의 한 달 월급을 내던지는 자들은 누구인가? 그리고 그들을 정치적으로 비호하고 있는 자들은 누구인가?

고문실의 캄캄했던 날들이 생각납니다. 빼앗긴 노동의 가치를 되돌려받기 위한, 너무나 정당한 우리의 임금투쟁을 비웃던 얼굴들! 무릎을 꿇리고 구둣발로 가슴을 차고 철제 의자로 등을 찍고…… 본인은 그때 기억나는 투쟁가요들을 속울음으로 부르며 생각했습니다.

'우리가 노동자로 당당히 세상에 서기 위해서는, 희망과 신념을 끝까지 지키기 위해서는 얼마나 더 강고해져야 할 것인가!'

임투 준비를 하면서 동료들과 어린 동생들과 함께 보낸 지난날들이 그리움으로 가득 밀려와 손과 몸을 조이는 포승줄마저 풀려 나가는 듯합니다. 비좁은 두 평짜리 자취방에 모여 라면과 소주로 얼어붙은 가슴을 풀고 작업일지를 넘기며 서로의 고민과 과제를 나누어 가지며 지새우던 밤들, 등사판의 먹지에 우리의 이야기를 새길 때나 현장 동료들과 소식지를 나누어 읽을 때 가슴을 타고 밀려오던 기쁨들! 그곳에서 나는 비로소 대중을 믿지 않는 지식인의 이기적이고 기회주의적인 삶의 태도를 극복할 수 있었고, 당당한 노동자의 이름으로 기록될 새로운 역사를 꿈꿀 수 있었습니다.

그리고 투쟁의 와중에서 우리를 좌절시키기 위해 가해진 죽음 직전의 폭력과, 돈으로의 회유와, 두려움으로 지쳐서 모든 희망을 포기하고 싶은 유혹 속에서 끝내 무릎 꿇지 않고 오히려 자본가와 파쇼의 정체를 더욱 분명하게 깨우치면서 더욱 굳세게 단결의 손을 잡던 동지들의 뜻을 평생을 걸어 지킬 것입니다.

어떤 탄압의 어두운 시절에도 노동대중 속에서 끊임없이 희망을 준비하고, 고생하는 동지의 삶을 뜨거운 눈물로 사랑하며, 적대적 관계에 대해서는 전체 노동자의 이름으로 한 치 양보 없이

싸워나가는 것이야말로 얼마나 큰 인간의 모습이며, 장한 역사이
겠습니까!

   어린 노동자가 가르쳐준 노래 구절들이 생각납니다.
        사람 사는 세상이 돌아와
        너와 나의 어깨동무 자유로울 때
        모순덩어리 억압과 착취
        저 붉은 태양에 녹아내리네
        아아 우리의 승리
        죽어간 동지의 뜨거운 눈물
        아아 이글거리는 눈동자로
        두려움 없이 싸워나가리
        어머니 해맑은 웃음의 그날 위해

2
살아 끝없이 울려라
두려움으로 떨리는 가슴 일으켜 세우며
가야 할 곳의 밑바닥까지 환히 비추어주는
북소리
노동운동의 북소리

형들은

돌팔매처럼 떨어지는
판결문을 밟고 서서
우리가 노동으로 수없이 죽고 깨어나며
외쳐야 할 말 가르쳐주며
저렇게 당당하구나

포승줄 속으로 조여오는 삼 년 형기
벽을 타고 쇠창살을 타고
온몸 부딪쳐
노동자 만세
노동운동 만세
아아 눈부신 핏방울로 새겨나갈 날들을
꽃처럼 활짝 터뜨리며
환히 웃으며
총을 잡고 나가듯 호송차에 오르고

울지 말자고 손에 손을 잡고
바람을 타고 아우성을 타고 달려오는 눈발 속에서
우리는 보았다.
싸움의 그날
부서진 농성장을 지키며 부르던 노래
터진 이마

피에 젖어가던 머리띠에 새겼던
새 세상!

어머니

가을걷이 끝난 빈 들판에서,
추곡 수매장
바람 드는 한구석에서
떨어진 이삭처럼 주저앉아
홀에미 농사 서러운 뜻으로
서울로 공장으로 흩어진 식구들 그리움으로 부르다
어쩔거나, 끌려간 아들 소식을 듣고
겨울살림으로도 모자란 나락값 쥐고
육니오 적 무슨 총소리 앞에서처럼
마을의 눈치를 보며
아무에게도 알리지 못하고
강물의 밑바닥 같은 얼굴
눈물로 적시며
달려왔네

편지 1

숙에게

장맛비에 하루 삼십 분 일광욕마저 빼앗겨
몸도 마음도 구죽죽이 내려앉는데
곁의 왈왈이 친구도 턱 괴고 앉아
말 한마디 없이 빗소리에 하염없는데
까막소 높은 담 넘어 날아온 까치통신
당신의 편지 참 반가웠습니다.

공장 문턱이 까막소 문턱보다 높더라는
당신의 말 누구보다 내가 잘 알지요
신분과 경력 때문에
몇 번이나 공장 문을 되돌아서야 했을 안타까움
쫓기다시피 돌아와서 가슴을 치는
당신의 모습이 눈에 선합니다.
검열 때문에 편지 행간 속에 숨겨둔
뜻도 환히 보입니다.
하지만 그 어려움 속에서 취업을 했다니
힘을 낼 일!

이곳에서의 내 생활은
아주 참담습니다.

가다밥 한 주먹 한 알갱이가
그렇게 소중하게 보이고
책 한 권 글 한 줄이
얼마나 새로운지요.
헛된 비애 한 토막 끼어들 틈 없이
건강합니다.

감옥이야말로 우리들에게는
지난날의 오류를 똑바로 비판하고
미래를 희망스럽게 건설하는 학교라는 이야기
매일매일 실감합니다.

日新又日新!

지난주 당신 보러 접견실 가던 날
화단에서 캐어온 어린 채송화
이제 막 꽃망울이 생겼어요.
며칠 밤 자고 나면
활짝 붉게 터지겠지요.
우리들 서로의 믿음도
오래지 않아 생생한 현실과 '일' 속에서
기쁨으로 피어날 것입니다.

그럼, 안녕

당신에게

면회 때는
몇 마디 말도 못 했지요.
그냥 바라보는 시선만으로도
많은 이야기를 할 수 있었지만,
그래도 못다 한 말들은
가슴속에 쌓여가요.

퇴근해서 텅 빈 방에 돌아오면
자꾸만 밟히는 당신의 모습
엊그제 일처럼 떠오르는
당신과의 대화
당신과 내가 원하던 일
그 모든 기억을 되새깁니다.

눈가에 맺히는 눈물은
하지만 슬픔이 아닙니다.
당신은 내게 큰 힘입니다.

당신에 대한 모든 기억은
'일' 속에서 언제나 내 힘이 되어
솟구쳐 떠오릅니다.
방을 옮겨야 할 것 같아요.
그런데 방값은 비싸고
싸구려 월세방은 드물고

정말 살아가기가 고달플 때
「의연한 산하」를 부르며
가사를 되씹으며
당신과의 약속을 생각해요.
우리의 진실을 위해서
먼저 작은 생활 태도로부터
큰 현실에 이르기까지
어떻게 변화시켜야 하는가
억압에 길들여진 심성의 잔 티끌 하나에까지
그 모든 변화를 위해
나는 얼마나 싸우고 있는가 생각해요.
그래요,
당신과 내가 원하는 것을
아무도 막을 수 없어요.

헤매이고 막 속상하다가도
당신 생각을 하면
졸린 눈 크게 떠지고
베개라도 끌어안고 싶고
웃음이 돌고……
그렇습니다.

편지 2

숙에게

교도소에서 보낸 여름은
해종일 뜨거운 태양이나
소금땀 흐르는 무더위가 아니었습니다.
삼십 분쯤 허용되는 바깥 운동 시간을 빼면,
쇠창살 아래 여름은 오히려 서늘해서
늦봄 같았습니다.

현기증 나도록 까맣게 밀려오는 부품 더미
PCB 작업 라인에서
어린 노동자들과 함께
소금물 축이며 여름을 견딘 당신을
걱정했습니다.
35°C가 넘는데 강제 철야라니!
하지만 그 모든 어려움들이
우리의 진실과 세상에 대한 '노동자적 입장'을
오히려 강철같이 단련시킬 것입니다.

맞은편 사동에서
집시법으로 들어온 동지 한 명이
지금 노래를 부르고 있는데

당신도 들어봐요, 힘이 날 테니!
……사람 사는 세상이 돌아와
　　　사람 사는 세상이 돌아와

그 여름이 다 가고,
닷새 전까지도 운동 시간이 오면
팬티만 입었었는데
이제는 하나둘
러닝셔츠와 바지를 입지요.
계절이 바뀌었습니다.

당신에게

공단의 여름 플라타너스 잎사귀들이
썰렁한 바람을 타고
가을빛으로 물드는 동안
참 많은 일들을 겪었습니다.
높은 산 위에 오른 듯 내려다보니
가슴에 아픔으로 남는 것
깨우침과 기쁨으로 되살아오는 것
'일하는 사람'에게 일상적으로 달라붙는

긴장과 불안
무엇보다도 매일매일의 노동으로
나무껍질처럼 거칠게 단단해지는 생활
……그 속에서 부대끼며 조금씩 변화하고
겨웁게 성장해온 '나의 현실'!
그 모든 일들이 숱한 기억의 산줄기를 타고
꿈틀꿈틀 올라와 내 손을 잡고
저 큰 산에 오르자 합니다.
당신과 함께!

많은 친구들이
일터를 잃었습니다.
일터를 찾기 위해 몸부림쳤습니다.
당신도 겪은 일이라서
눈에 선하겠지요.
나에게도 멀지 않은 것 같아
하루하루가 더욱 성실해지고
일꾼들과의 만남 하나하나가
소중하게 느껴집니다.
죽어도 대중 속에서 죽는 것이
책임을 다하는 일이겠지요.

당신이 보던 책갈피를 넘길 때마다
당신이 그어놓은 볼펜 밑줄을 따라
문장의 뜻을 캐낼 때마다
떠오르는 당신의 모습
무수히 되살아오는 당신의 표정과 몸짓
나는 눈물덩어리가 되지만
여전히 의연한 당신

한 달째 면회를 못 갔지요
'내가 잘못하고 있는 것은 아닌지' 생각해보지만
그러나 '우리의 현실'은
나를 면회 다니는 사람으로만 두지 않고
당신도 '그럴 수 없다'고
몇 번이나 말했었지요.
회사 생활과 활동에 지장을 주는 면회라면
그런 애정이라면 서로에게 독이라고!
그러면서도 가슴은 아프고
원망이 생깁니다.

그러나 우리는 잘 알지요.
왜 이렇게 힘들게
살아가야 하는지를.

편지 3

숙에게

이틀이 지나면 재판입니다.
자주 꿈을 꾸는데
재판을 받는 꿈입니다.

판사검사 나리들 모습은
어쩌면 그렇게 탈판의 옴쟁이 먹중을 닮았는지,
시커먼 곰보 쌍판에 호령하는 꼴이란!
당신의 모습은 자주 바뀌는데
어느 날은 초조하게 떨고 있는 모습이고
큰 물소리같이 노래하고 있기도 하고……
그리고 어릴 때 돌아가신 어머니가 찾아와
"늬가 꼭 이길 꺼잉게
늬가 옳으니께……" 하고
눈물 그렁그렁한 눈으로
나를 찬찬히 바라보십니다.
그러다 어머니 얼굴과 당신 얼굴이
겹쳐 보이기도 하고
함께 걸어가기도 하고

재판정에 서면

두꺼비 노래를 부를 거예요.
"두껍아, 두껍아
헌 집 줄게 새 집 다오
헌 집 줄게 새 집 다오."
재판을 받는 우리의 입장이 알려지면서
다시 반성문이 강요되고 있습니다.
진실과 양심을 팔라고 말입니다.
애걸하는 꼴이에요.
당신 우리가 얼마나 모질게 싸워 쟁취한
진실인지요.

당신에게 기쁜 소식 하나,
드디어
대중집회 시간을 갖게 되었다는 것.
단결과 강고한 투쟁으로.
저녁 식사를 먹고
소내 상황을 평가하고
토론으로 의견을 통일하고
새 노래를 배웁니다.

당신,
무엇보다도 일에 바쁜

당신 모습을 생각합니다.
이틀 후면 보겠지요.

당신에게

어제도 오늘도
작업할 때에도
방에 홀로 앉아 텅 빈 마음을
노래로 달랠 때에도
밤샘으로 동료들과 토론할 때에도
당신의 모습을 봅니다.
재판정에서 본 당신의 모습이
온갖 소리와 빛깔을 달고 내게 와
부드러운 바람처럼 나를 감싸주기도 하고
벼랑의 소용돌이 물살로 부딪쳐와
약해지려는 내 마음을 거칠게 부수고
햇빛 나는 기슭으로
보듬듯이 내 몸을 끌어올리고
……그렇게 당신의 모습을 붙잡다
잠 깨듯이 내 자신으로 돌아오면
어느덧 새벽 세 시나 네 시,

때로는 작업 끝을 알리는 벨소리,

포승줄에 묶인 당신의 모습은
눈물 따위 슬픔이 아니었습니다.
고문을 폭로할 때
터진 당신의 흐느낌은
우리가 어디에 서 있는가
우리를 가로막고 있는 것이 무엇인가를 가르쳐준
외침이었습니다.
그리고 난생처음으로
울면서 가슴 치면서
주먹 흔들며
당신을 따라 불렀던 애국가!

한 어머니가 생각납니다.
아들이 재판정에 나오자
몇 번인가 불러
검사님 말씀 잘 들어라 잘 들어라
신신당부하더니
삼 년 구형이 떨어지자
눈물범벅 얼굴로 검사에게 달려가
"내 아들이 무신 죄여?

무신 죄여?" 하고
소리쳐 따져 묻다가
교도관에게 질질 끌려가던 그 어머니

그 모든 것들 속에서 나의 생활을 되돌아봅니다.
의연함과 유연성의 부족,
일관성 있고 당당한 노급성의 부재,
하지만 다시 힘을 내지요.
더디고 완만하지만 분명하게 보이는
회사 동료들의 변화와 성장이
나를 다시 일으켜 세우고 달려가게 하지요.
'운동'에 대한 회사의 온갖 역선전에도 불구하고
나에 대한 신뢰를 전하는 노동자들!
'이것만 있으면 아니 이것이면 된다,
이것이 전부다' 다짐하지요.
그리고 내 곁의 당신의 사랑.

선고 공판이 기다려집니다.
당신이 자유로워져서
나와 함께, 우리의 진실을 위해 활동하는 모든 동지들과 함께
'일'을 할 수 있을 때를
얼마나 기다리는지요

그리고 당신의 뜻대로
고향의 어머니 무덤 찾아가
어머니께 큰절 올리고 싶습니다.

겨울밤 학습

1
독촉량 2천 PS를 싣고
달달거리는 고물짜 내 몸뚱이 찰싹 감고
환장하게 돌아간다
저놈의 컨베이어벨트
피 한 방울 없는 물건

언제나 잔업은 끝나려나
하루 종일 쥐어짠 땀방울들로
얼굴에도 땀수건에도 소금기 하얗게 번지고
이리저리 발발발발 빨빨이 공장장
재촉하는 쌍소리에
내 가슴 터지는데

작업장 덜컹대는 유리창 너머 어두움 속으로
성난 눈발 퍼붓고
바람 몰려오는데
지친 마음 활활 태우며 치솟는 덩어리 하나
내 손을 붙잡고 외치는 말

공돌이 십 년 내 인생
임금 몇 푼으로 속이고

누가 빼앗았나
말하라 한다
두려움으로 떨던 세월
피로 씻듯 바로 세워
이제 외치라 한다
싸우다 끌려간 친구
노동자의 큰 이름으로
다시 부르라 한다

오늘은 학습하는 날
함께 모여 기름때처럼 굳어가는 어두운 마음 풀고
노동에 치여 아픈 허리 서로
서로 힘내라 밟아주며
손을 잡는 밤

어디 참에서 끓였다가 부어터진 얼굴로 이제야 오는지
작업 끝 종소리 울려오고
문득 한꺼번에 숨을 멈추는 기계 소리
와자지껄 살아나는 우리들의 아우성,
서둘러 탈의실에 달려가 작업복을 벗는다

2

배고픈 초생달 차갑게 얼어붙은
하늘 아래
눈 쌓여 하얀 새 나라 슬레이트 지붕들
나무판자로 루핑 조각으로 기운 어깨들
연탄 두 장 달랑 사들고
우두커니 서서 말이 없는 보안등을 지나
골목을 돌아 오르면
사글세 삼만 원짜리
손바닥 같은 내 자취방

산꼭대기 끝까지 밀려나
한 치도 더는 갈 수 없는 막판의 삶으로
말뚝을 박고
강파른 얼굴에 날을 세우고
버텨 선 이웃들

얼어붙은 빈방 얼음장 같은 마음에
활활 연탄불을 피우고
친구들을 기다리며
지나간 한 주일
학습 준비로 졸음을 깨물던 밤들을 생각한다

『일하는 사람들을 위한 철학』 3장이던가
프랑스 르노 주물 공장
한 아주머니를 생각한다
기계 칼날 아래 죽어
무덤에 갈 한 푼 장례비도 없이 묻힌 남편과
빵 몇 조각 남아 있지 않은 한겨울
주린 입 찬 바람에 언 몸으로
품을 파고드는 어린것들을 보면서
파업에 가담하면 쫓겨나
더 비참한 생활이 올 것을 알면서
전체 노동자의 임금 인상을 위해
함께 주먹을 흔드는
새로운 노동자의 모습

넘기는 책장 위에서
내 살아온 내력 되살아 되살아와
눈물이 되고
노여움으로 뻗치고,
어슴새벽 책장 덮고 일어나
내 모습 바라보는데
답답한 가슴에 가득 밀려오던
깨우침의 기쁨!

3
눈발은 떼를 지어 우우 바람을 타고
수출공단을 건너 안양천 똥개울을 질러와
산언덕바지 단칸방 불빛들 앞에
한꺼번에 쏟아지고

온몸에 희허연 눈발 쓰고
라면 몇 봉지
두꺼비 한 병 옆에 차고,
"오시는고나 오시는고나
작년 섣달에 죽은 우리 엄니
험한 세상 다시는 안 볼란다 허고 가더니
내 얼굴 못 잊어 오시는고나
하얀 꽃 달고 작대기 짚고
눈송이 타고 오시는고나"
고향 땅 막걸리 장단 두드리며
똥칠이 놈 청승 떨며 오고

눈비 와 날 궂어서
프레스에 철커덕 잘린 손가락 두 마디
가슴까지 시리게 쑤셔오면

씨발씨발 하늘 보라고 주먹을 먹이는 철이 놈
갯값으로 손가락 날리고도
세상에 나와 돈벌이라 배운 게 한 가지뿐이라고
제 가슴을 치며
돈 나와라 밥 나와라
악발새발 프레스를 밟는 철이
형님 하고 내 손을 잡으며
얼어붙은 얼굴 활짝 편다
"병식이 형은 오늘 모임에 못 나와요."
"왜? 무슨 일로?"
"사무실로 끌려갔어요.
배 과장인지 똥배인지
그 똥 싸다가 죽을 작지기
똥간에 갔다 낙서를 봤나 본데,
병식이 형을 찍은 거죠."
"낙서? 무슨 낙서?"
"사장님 전상서……
낮이나 밤이나 불철주야
노동자들 쥐어짜느라 고생하시고
오늘도 한 푼 주고 금값 건졌으니
싸우나에서 한 탕
골프채 날리며 또 한 탕 몸 푸시고

마지막으로 룸살롱 꽃탕 속에서
뒹굴며 노시고
......"

저마다 변소간 낙서 앞에 있는 듯
웃고 또 웃고
변소간 똥통 속 끗발 좋은 사장님
낙서 보듯 끙끙끙 똥줄 타는 꼴 눈앞에 선한 듯
배꼽 떨어져라 웃음보 터지는데
똥칠이 놈 뚝 웃음기 거두더니
끌려간 병식이 걱정을 한다.

병식이는 무슨 죄,
유언비어허위날조죄?
노동자선동죄?
죄는 무슨 얼어 죽을 죄,
우리들 노동의 피와 살 삼켜
호화 살판으로 임금님 배 두드리니
제놈들이 죄인이지

하얗게 몰려드는 눈발 속으로
꼿꼿하게 솟아오르는

병식이 얼굴
시름에 처진 우리들을 향하여
염려 말라고 큰 주먹 흔드는
당당한 모습
곁에 있는 듯 얼싸안고
손뼉 치며 해방노래 부르는데,
"어따따, 그놈의 노래 참 푸지기도 허다.
춥고 배고픈 인생들 그 한가운데
해방귀신이 찾아오셨으니
어허 살판이로다."
언제 왔나 덜컹덜컹 바람문을 열고
눈사람으로 서 있는 말뚝이 친구

대학물 먹고 배운 건
권세깨나 있는 놈 앞에 받들어총
없는 놈 등쳐먹고 찔러총
그뿐이었다고 노여움을 씹던 친구
권세가 싫어 노랑내 나는 학문이 싫어
친구들과 어깨 겯고 싸우다
희망을 찾아 힘을 찾아
노동자가 되었구나
새 친구가 생기면 신명이 받쳐

얼쑤절쑤 어절쑤 모순덩어리 세상
탈노래로 뽑는 말뚝이

말뚝이 놈 우쭐우쭐 들어서서
콧물 한번 쓰윽 닦고 기분 좋게 씨익 웃더니
바람 들어 맹맹한 소리로
제 꽁무니에서 주춤주춤 얌전 빼는 새 친구
우리들 앞에 인사 신고를 시키는데,
"이 사람이 누구냐
거무튀튀한 쌍판에 우뚝 왕코가 섰으니
좆심으로 말할 것 같으면
뱀장수 아들이요,
주먹으로 말할 것 같으면
팔도강산 뒷골목 깡패 양아치들
너도나도 형님으로 모시니
김두한 사촌이요,
한번 인연에 백년친구가 되니
의리로 말할 것 같으면
이놈 말뚝이 동생이라
......"
낯선 새 친구와 악수를 나누고
라면 잔치를 벌이고

우리는 굳게 하나가 된다.
아아 눈보라여 어둠이여
멀리멀리 꺼져버려라.

4
이 세상은 누가 만들어가나
온갖 값진 물건들, 금 은 기계 자동차
빌딩…… 석탄 옷 종이 말 잘하는 테레비
나사 한 개 수돗물 한 방울
좌우간 세상의 모든 것
돈 많은 사장님이 만드나
힘 좋은 장군님이 만드나
머리 큰 짱구 안짱다리 볼폐 인생
뒷돈 좋아하는 주사 나리들이 만드나
이 세상은 누가 만들어가나

——누군 누구여,
　　우리 노동자들이지.
　　우리가 일 없네 하고 손 터는 날이면
　　잔소리 힐 것 없이 암흑천지여.
　　돈은 종이때기가 되고
　　나라님 잘 들던 칼도

노인 냥반들 지팽이감이여.

그런데
우리의 노동이 세상을 움직이는데
우리도 세상의 주인인데
이게 웬 꼴?
명색이 인간으로 태어나
힘깨나 쓸 만큼 기본적으로 먹고
월부장수 앙알앙알 조르는 소리 제발 없이
남부럽지 않게 기본적으로 입고

일주일에 하루 기본적으로 쉬는 것쯤
배워서 아는 문자가 아닌데
이게 무슨 사연?
――그거야 뻔하지요.
　　자본이란 놈 본래 생겨먹기를
　　우리와는 웬수지간이어서
　　우리를 잡아먹지 않고는
　　제 놈이 크지도 살지도 못하지요.
　　또 그놈 성격이
　　제 몸에 좋은 일 아니면
　　똥개 차듯 하는 놀부 심보여서

아무리 그놈 잡고
양심이니 정의니 하느님 말씀 외쳐가며
통사정에 애걸 애원 해봐도
돌아오는 건
보리눌은밥 몇 태기 묻은
놀부 마누라 밥주걱이지요.

개털 같은 임금 10% 올려 받자 했더니
왈, 없는 놈들이 단결하면 나라가 불안해진다
사회불안조성죄
나라가 불안해지면 빨간 놈들이 쳐내려온다
이적행위 및 국가보안파괴죄
순진무구에 건전건강하고 애국충성하는 근로자들을
현혹했으니
갈데없는 선동죄 및 유언비어날조죄
거기다가, 무식한 연놈들이 함부로 문자 쓰고 아는 체했으니
에라 먹어라 괘씸죄
……앞장선 친구들 까막소에 집어넣고
깡패 사서 조지고
모가지 잘라 밥줄 끊고

……그러니 국가란 무엇?

법은 누구의 것?

──국가가 뭐냐 법이 뭐냐
　　거 다 우리 사장님 끗발이여
　　없으면 보태주고
　　싸움판 벌어지면 막아주고
　　잘되면 상장 주고
　　거 다 우리 사장님 끗발이여
　　국가가 뭐냐 법이 뭐냐
　　노동자 조지는 깡패여
　　합법적으로 어디까지나 정치적으로
　　말 잘 들으면 떡고물 쪼께 주고
　　울면 겁주고
　　찍히면 패버리고
　　못 참겠다 못 살겠다 일어서면
　　안정민주적으로 어디까지나 반공적으로
　　따르르르르 갈겨버리고
　　거 다 깡패여 정치 깡패여

우리가 노동으로 일군 세상
일제 때 호남쌀 눈물 구슬프던 군산 부두
미곡선 하역부 목도꾼 할애비로부터

할애비로부터
양키 군대 설치던 군정 시절
아우성 끓던 경성 철도 노동자
해방노래 부르다 총 맞아 죽은 애비로부터
애비로부터
주물에 썩어가는 십 년 노동자 이내 몸까지
이내 몸까지
뼛골 박아 일군 세상

어떤 놈이 물어갔나
어느 손이 채갔나

──우리가 사는 세상 자본가의 세상
　　우리가 사는 세상 파쇼의 세상
　　이런 세상 나는 싫어
　　눈물은 싫어 압박은 싫어
　　아아 해방의 세상은 어디에
　　노동자의 세상은 어디에
　　가자! 가자! 가자!
　　새 세상 찾으러

5
어려운 대목을 넘어갈 때마다
조목조목 짚어가며
쉬운 말로 이야기로
재미난 말뚝이 사설로 풀어주는
시원시원 씨원이
답답한 마음 얼마나 후련하게 하는지

노동운동의 역사를 읽는 시간
노동자가 이긴 싸움에는
'아무렴 그렇지
차(車)로 가나 포(包)로 치나 이기게 돼 있다니까'
우쭐우쭐 박수 장단을 치다가
싸움에 져 판이 깨지면
'이런 순 망나니 자본가 놈들!
돈다발 세다 급사할 놈들!'
소리 나게 휑 코를 풀며

속을 끓이는 막내 철이 놈
억세게 당찬 참나무 같아라

어절씨구 똑소리 나는구나

우리 똥칠이
학습 첫날엔
두렵다, 무식해서 모르겠다 잘도 소가지 부리더니
오늘은 새로 온 친구 곁에서
이 소리 저 소리 신이 나서
형님 노릇 하는구나

동지 바람에
온 세상 쌩쌩 얼어붙는데
두 평 방 우리네 가슴은
얼마나 훈김 나는 봄기운인지

내일은 저 싹싹한 현장에 놀아가
죽어도 못 잊을 노동자의 진실
큰 기쁨으로 외쳐보리라
체념과 슬픔으로 쓰러진 친구들에게
진실을 두려워하는 친구들 곁에
파도가 되어 파도가 되어
밀려가리라
나는 내 가슴 가득히 울려오는
희망의 말들을 듣는다

소식지를 보며

야근길을 걷는다.
한나절 햇볕보다 작은 아내의 소원 위에
눈물이 되어 어른거리는
단칸방 생계비를 생각하며
산동네 서글픈 하늘을 바라본다.

안 되겠어요
지긋지긋한 공순이 생활 생각하기도 싫지만
다시는 작업복 안 입으려고 했지만
암만해도 안 되겠어요
나서서 돈 벌러 댕겨야겠어요

뜨거운 쇳물이 되어 흐르고
불꽃이 되어 타는 것은
강판만이 아니다
용접기 아래 살점처럼 튀어오르는 것은
아내의 울음만이 아니다
라인 스위치가 내려지는 한밤중 세 시나 네 시
작업다이 위에 널빤지를 깔아
식어가는 몸뚱이를 붙이고
기름불을 피우듯 깡소주로 속불을 질러
동료의 가슴을 끌어안고

낯선 부서로 쇠토막처럼 억울하게 끌려간
대의원 서씨의 이야기를 들으며
눈썹 끝에 매달려오는 잠을 내려찍는
우리의 가슴에 뜨거운 쇳물이 흐른다
불꽃이 되어 타오른다.

그 잡것들 허는 수작이 걸작이라
"여봐, 무단결근이 이틀이잖어" 하고 딱지를 붙이더라네
그거야 서씨 마누라가 산일도 전에 아이를 쏟고는
죽네 사네 허는 바람에 생긴 일 아녀
그래 따졌더니 잡것들 꼬라지 좀 보소
그런 거 저런 거 들은 일이 없다는 거라
죽일 놈들, 부서기 이동되면
자동적으루다 대의원 자격이 박탈될 건 뻔한 일
지난번 싸움을 보고 들어라 허는 소리일시 틀림없다니께

용접 가스에 잠혀 속절없이 짓물러가는
캄캄한 눈을 뜨고 우리는
우리들 싸움의 깨우침을 물어뜯는
회사의 미친 개나팔 소리를 듣는다.

무엇일까 와야 할 것은 무엇일까

곱빼기 철야 20시간 몸부림의 물결을 타고
잠을 뺏으며 병드는 육신을 삼키며
솟구쳐오는 노동의 바다 아아 착취의 바다 건너
우리들은 끝도 없이 팔려가고
한 푼의 땀도 피도 돌아오지 않고
어느 날 병들어 쓰러진 폐질의 몸 곁에
비웃음의 차디찬 바람으로 와
생활의 더러운 문풍지를 울려댈 뿐

아아 와야 할 것은 무엇일까
오르는 생계비의 거친 파도에 뒤집혀
우리들의 임금은 물거품이 되고
우리들의 바보노동은
캄캄한 저임금의 절벽을 타고
잘려나간 친구의 손목을 밟고 오르고

이제 우리는 안다.
싸움의 피투성이 열매를 빼앗기 위해
저희가 우리의 얼굴에 붉은 개칠을 하고
아직도 우리의 함성이 들려오는 저 마당에
술자리판을 벌이고 축구대회를 하고
미친 치맛자락을 펄럭이지만

우리는 믿지 않는다.

  속지 말아야지, 친구여
  달콤한 약속 뒤엔 언제나
  착취의 칼날이 숨겨져 있네
  속지 말아야지, 친구여
  우리의 노동을 단결로 지키고
  싸구려로, 빼앗기지 말아야지
  친구여, 싸움을 두려워하지 말고

하얗게 언 볼 부비며
주간조 동료들 왁자지껄 떠들며 들어서고
공장을 나서면 눈은 펄펄 날리고
함성을 지르며 바람을 타고 우우
아스팔트를 덮고 가로수들을 넘어뜨리는구나
덜컹거리는 버스에 앉아
소식지를 펴들면
다가오는 반가운 얼굴들……
……끌려간 벗들의 얼굴

단식을 했다고 한다 찬 마룻장을 두들기며 노래를
불렀다 한다 캄캄 흑방에 끌려가 맞았다 하고

엔진부 김씨는 피를 쏟았다 한다
눈은 펄펄 날리고 우우 바람을 타고
온 거리를 덮고 달리는구나
핏자국 같은 벗들의 소식 더듬으며
목메인 울음과 떨리는 가슴으로
우리들 노동이 만나야 할 더 크낙한 싸움과
굳은 어깨를 낀다.

싸움 전야

발자국 죽이며 숨죽이고 오씨에서 서씨로
도장부에 엔진부로 연판장이 돌았다
임금 인상 20%, 두려움으로 돌아서는 어깨를 두드리며
차체부를 쓿고 짠뭇국 식탁을 건너
퇴근길 답답한 술자리를 쳤다
"뒷짐 지고 하늘만 쳐다볼 거요?
처자식 생계 걱정 좀 합시다."
기름투성이 작업복 뒷주머니에 꽂혀
나사처럼 가슴과 가슴을 조이며
저마다 되살아오는 사연의 뒤를 밟으며
너울너울 불길이 타올랐다

어허, 내 속 타는 소리 한마디 들어보소
간밤에 느지막이 쏘주 한잔 걸치고
집이라고 들어갔더니
우리 마누라 쩍쩍 말라터진 얼굴로
"배 속에 애새끼가 들어앉아 우는 것 같은디
암만해도 병원에 갔다 와야 쓰겠소."
우는 소리를 내는데, 어쩌겠능가
모르쇠 하고 돌아앉겠능가
같이 보듬고 아따 불쌍코나 울겠능가
그래 탕탕 호기를 부리며

가봐라, 가야 옳지 않으냐 그랬네
그 말을 들은 우리 마누라
눈을 지릅뜨고 정색을 하더니
"여보, 시방 우리 형편을 알고나 허는 소리요?
우리 살림 내력을 말할 것 같으면
방세, 수도세, 전기세, 쌀값, 연탄값
오물세에다가 우는 자식 과자값
아프면 약값 가겟집 외상값
뒷집 순이네 묵은빚……
당신 벌이가 얼마나 되길래 큰소리요?
이런 판국에 병원 신세를 진다는데
가봐라? 가봐야 옳지 않으냐?
아이구, 공자님 말씀이 여기 있는 줄 몰랐구만."
허허 영락없는 죄인이 되더란 말일세

김천만이, 말깨나 하는 동료의 뒤통수를 찍는
반장의 귓속말을 타고
작업장 구석구석 내려앉아
주동자의 이름에 낙인을 찍어
회사 측에 물어가는 노조지부장
무엇을 하는 것일까,
흥청거리는 요릿집에 고참 반장들을 불러

잘 해보자고 어깨를 두드리며
돈뭉치를 풀고
흥에 겨워 니나노 젓가락 장단을 두드리고

우리 회사 지부장님은
얼마나 마음이 고운지
요릿집 여자들에겐
언제나 친절하대요
우리 회사 지부장님은
멋쟁이 스텔라 타고
날마다 어디를 가는지
작업복 우리는 싫은가 봐

뒷전

1
"양놈 좆을 빨면 딸라돈이 생기고
조선 서방 가슴에 앵기면
정이 붙더라……"

얼씨구씨구 도도리장단으로
재담판을 올려치고 내려치던 김씨
언제부터일까
퇴근길 소줏집에도 끼어들지 않고
반가운 휴식 때에도 혼자가 되어
햇빛받이를 맴돌며
두세두세 몰려가는 동료들 어둑히 바라볼 뿐

연판장이 돌 때부터일까
기름만 뎅뎅이 뜨는 고깃국 식탁
친구 최씨가 소식을 돌리며 불러도
굳어지는 얼굴에 억지웃음뿐
웬일일까
이유도 없이 조수에게 쌍소리를 갈기고

2
"김성구, 너와 난

회사 이름이 두 번이나 갈리도록
같이 일했어."
"……"
그렇구나
십 년이 넘도록 이 바닥을 뜨지 못했구나
기다린 것이 무엇이냐
삽자루를 박고 싶은 땅마지기도 없구나
일 년만 더, 일 년만 더
눈물덩어리 아내의 소원인
장사 밑천도 없구나
갈 곳이 어디냐
개새끼같이 살았구나

"너만큼 회사 사정에 밝은 놈도 드물잖아.
당할 만큼 당했잖나 말야."
"……"
알지
하루 일당이 짜장면 세 그릇 값도 못 된다는 것
누가 모를까
우리 집 여섯 살짜리 자식놈도
지 에미 한숨 터지는 꼴 보고
환히 알지

기계 속에서 돌아가는 하룻밤이
누구를 즐겁게 하는 것인지 누가 모를까
그런데 연판장에 이름 한 줄 쓰지 못한
이 마음은 무엇이냐
두려운 마음은 어디서 오는 것이냐
"너도 당당하게 소리쳐야 해.
오히려 늬가 나서서
어린 친구들 약해지는 마음을
보리같이 밟아줘야 돼.
단단하게, 단단하게."
"헛일이야."
"개선되지 않으면
십 년 공돌이 세월에
쪽방 신세라는 것 몰라서 그래?"

정상 조업

모든 것이 잘되어갈 거라고 박수가 쏟아졌다
입을 맞추어 회사 사칙을 읽고
발바리 최 과장이 축배의 잔을 돌렸다
벌거벗은 가수들이 '사랑해 사랑해'라고 외치며
빙글빙글 무대를 돌고
사장님이 치하의 말씀을 하였다

하나가 된다는 것은 무엇인가,
쫓겨난 친구들의 차디찬 자취방이 떠올랐다
보기 좋은 악수처럼
'노사단합'이라고 찍힌 수건을 흔들며
콩쿨대회의 막이 오르고
헤실헤실 웃는 얼굴로 와서
우리들 손목을 잡아끌었다

우리가 끝내 부르지 못한 노래
기계 앞에 돌아오고 싶어
목마르게 우리를 찾는
친구들의 모습

옛일이라네
친구여 옛일이라네

두려움 속에 고개 수그리고
우리의 진실 어둠 속에 묻고
살아온 것 다 옛일이라네
친구여

어머니, 저는 왜 이 대열에 섰을까요

기동대 군홧발들에 이리 밀리고 저리 채이며
호루라기 소리에 쫓겨
들어오지 못하고 발을 구르며
농성장 담 밖에서
우리를 부르는 노랫소리 들려오네요.
벌써 사흘째 물 몇 모금으로 버티는
단식의 밤
기진한 몸을 일으켜 창문을 열고
우리의 외침을 새긴 머리띠를 풀어 흔들면서
흔들리지 않게 흔들리지 않게
흔들리지 않게 우리 단결해
노래를 부르면서
새벽이슬같이 맑게 돌멩이처럼 단단하게
깨어납니다, 어머니.
딸의 이름 앞에 붉은 딱지를 붙여 보낸
회사의 편지를 움켜쥐고
덜컹거리는 삼등 완행열차
한밤을 시리도록 깨물고
뜬눈으로 달려와 울먹이며
훼훼 손을 내젓고 있는 어머니

언제이던가요 아버지 돌아가시고 이듬해이던가요

고향 땅 새터 재 너머
양파밭이 떠오르네요.
뽑혀져 밭고랑마다 뒹굴며
푸르른 줄기 그대로 썩어가는 양파를 보며
허청대는 걸음으로 다가와
호멩이를 쥐듯이
어린 딸의 슬픈 조막손을 잡던 어머니
"세상천지 믿을 것이 있간디?
웬수 같은 땅이여.
에린 너그덜도 몰라라 대처바닥으루 내몰등마는
인자는 나까장 쫓아내겄다고 지랄굿을 떨어쌓네.
허기사 느 애비 생목심도 벗겨간 잘난 인심이니께 말해 뭣혀.
땅농사가 망허믄 천지가 썩는다등마는."
아아 어머니, 언제야 좋은 세월이
밭머리 적시는 물이랑처럼 정답게 와서
입 맞추듯 기쁜 낯으로 땅을 갈며 살겠느냐고
하늘을 부르듯 비나리하며
어린 딸에게 텅 빈 마음을 기대며
저린 가슴앓이 타는 속불을 다스리던 어머니
아아 이 강산은 누구의 것일까요

친구들이 쓰러지고 있어요.

탈춤 팔목장단 가락에 해고의 사연을 담으며
끝까지 함께 싸우겠다고 하더니
어깨춤 한번 올리지도 못하고
어린 경실이 복숭아꽃처럼 어둡게 떨어져
병원으로 실려가고
호소문을 쓰던 정순이는
찬물만 들이켜다
한 움큼 구역질로 물을 다시 토해내며
못다 쓴 호소문 구절을 깔고 바닥에 눕고
쓰러지고, 쓰러짐으로 하나가 되어 어우러지고,
어머니, 저는 왜 이 대열에 섰을까요

온전한 사람으로 살고 싶었습니다.
공순이라는 말 공돌이라는 말
기계라는 말 착취라는 말
던져버리고 태워버리고
떳떳한 사람으로 살고 싶었습니다
인간이라는 말 자유라는 말
노동이라는 말 평등이라는 말
아아 얼마나 눈물겨운 아름다움인지요
해고 아니라
그 뒤안길에 찍히는 취업불가 낙인 아니라

깨어져 밟힌 노동조합
주저앉아 외치는 통곡 소리 아니라
당당하고 자랑스러운 노동자가 되어
세상 끝까지 환히 밀려가고 싶었습니다

어머니, 폐농의 양파밭을 눈물 그렁그렁 더듬어 찾듯이
딸의 이름을 부르며
어두워가는 하늘
내리는 빗발에 보따리 젖는 것도 잊고
밀리고 밀려오는 친구들 노랫소리에 싸여
흔들다 떨어진 우리들 머리띠
우리들 노래 우리들 아우성을
편지말처럼 소중하게 챙기고
먼 길에 주먹밥을 뭉쳐줄 때 같은
보따리를 꾸려줄 때 같은 눈빛 몸짓을 보내주시는
어머니, 언제 그날이 올까요
노동의 강산 어디에나
우리들 튼튼한 바윗돌이 되어 굴러가
서러운 눈물 터뜨리는 날
굴러가 오래 헐벗은 어머니의 들판에 박혀
곧게 설 날

농성장의 밤 1

군화 발자국 소리 못을 치듯 우리들 가슴속에 박으며

믿지 못할 약속들로 확성기를 울리며
조여오는 무리들을 향하여
작업다이를 세워 바리케이드를 친다.

찬밥 한 덩어리
새우잠 한숨도 없다, 아아
주먹을 휘두르며 달려오는 눈송이들.

죽어버리겠다고 창틀에 매달려
일자리를 돌려달라…… 깃발을 흔들며
엉싴이는 눈두 귀도 없는 세상
캄캄한 총칼들을 가리키고

찢어진 노동조합 깃발을 깔고
어두워가는 농성장의 밤
서로의 울음으로 껴안고
죽어 살던 날들의 서러운 사연을 풀어
우리는 노래를 외쳐 부른다.

농성장의 밤 2

너희가 누구 팔아서
좆나발 불고 있는데
멀쩡한 청춘 위에
블랙리스트 말뚝을 박아
병신을 만들겠다는 거냐
죄인을 만들겠다는 거냐
너희가 누구 팔아서
꽃세상 살고 있는데

너희는 몰라
이대로 찬 바람 거리에 내몰리면
우리가 무엇이 되는지
무엇이 되어 너희 앞에 다시 서게 되는지
몰라 칼자루밖에 너희는 몰라
맷자국 깊어져 곪는 자리에
무엇이 생기는지 너희는 몰라

다시 돌아올 때는
머리 수그리고 납작 엎디어
노동을 팔기 위해서가 아니야
그게 아니야
빼앗긴 우리들 노동의 땅에

깃발을 세우러 올 거야

농성장의 밤 3

굶주림도 깨우침으로 와
찾아야 할 노동의 활짝 핀 얼굴이 된다던
네 당당한 모습은 어디로 갔는지, 혜순아
무슨 두려움이 너를 불러
거친 손마디마다 박혀 있는
미싱 바늘 자국의 진실도 버리도록 너를 시켜
쌍년이 되고 잡년이 되는
각서를 쓰게 하였는지 우리는 생각한다
혜순아, 찍히면 이 바닥 공순이 노릇도 끝장이라고
우리들 밥줄을 거머쥐고 아아
단결의 가장 약한 고리를 흔드는
블랙리스트를 생각한다

혜순아, 우리들 가슴마다 성에처럼 답답하게 낀
네 모습을 우리는 비겁함이라고 부르지 않는다
부끄러움으로 짓물러터진 네 눈물을 밟고
농성장 네가 떠난 빈자리를 돌며
어허야 몹쓸 세상 풍물판을 벌인다
자진모리에 발을 맞추고 어깨를 끼고
돌아간다 어허 눈물 나는구나
산동네 쪽방살림 늙은 에미 철없는 동생들
한 식구의 굶주림이 되는 취업불가

블랙리스트 두려움과 약해지는 가슴을 밟고
어허허이 시퍼렇게 독 오른 쑥꽃들로
모두 함께 쏟아져 눈물이 되어
주먹이 되어 외침이 되어 뒹굴며
꽹과리를 치고 두둥 두두둥 북을 울린다

친구

친구야, 싸움의 길 얼마나 험하던가
겁이 많아 뒷전에서 맴돌기만 하던 친구야
억울한 사연에는 하 눈물도 흔하던 친구야
이제는 아무도 너를 겁쟁이라 부르지 않지

    고참이 주는 눈칫밥
    남 몰래 씹는 주먹밥
    회사가 던지는 기름밥
    노동자가 만드는 주먹밥

너의 노래는 얼마나 멋있었는지
박수 소리에 싸여 노동자 만세, 임금 인상
쟁취하자, 노동운동 만세 외치던 너의 모습
얼마나 당당하던지 자랑스러운 친구야
어디서 우렁찬 힘 솟구치던가 친구야
너는 말했지, 동지들의 튼튼한 어깨였다고

감옥

철창만 없을 뿐
감옥일세
찍히면 니기미
작업장도 더 악발로 떨어지는 부서로
벌방으로 내몰리는
영락없는 감옥일세
썩어가는 몸에 불을 댕겨
사람의 권리 찾았더니
불온하다
뎅겅 목 잘라 없애버리더라니까

조의금

과장님인지 사장의 팔촌인지 무엇인지
가는 곳마다 와장창 큰 소리로
한푼 쓰잘데기 없는 껍데기 헛소리로
것뿐이냐, 형님뻘 되는 장씨도
이십 년 고참 강씨도 에라 제까짓 것들
꼴리는 대로 쌍소리로
들으면 없는 노동자들 서럽고
몰라라 고개 돌리면
제격 너 이놈 하고 찍어 돌리는 개소리로
좌우간 없는 놈만 골라 물어뜯는
개장인지 무엇인지
좌우간 덜떨어진 인생 한나
한밤중 지 생긴 대로 차를 몰아가는데
그날 밤 신사동 이백만 원짜리 술판
코쟁이와 무엇도 신나게 벌이면서 처먹은
양주라는 놈이 뒤늦게 느물느물 올라와
죽일 놈 하고 멱살을 잡았는지
갈비찜이라는 놈이 오장 속을 헤매며
똥줄을 찾지 못하고 여기인지 저기인지 뱃가죽을 차다가
벌컥 성이 나서 갈겨버렸는지
저임금이라는 물건이 사방 길을 가로막고
"너희 술값은 무슨 돈?

싸구려 우리들 임금을 뜯어
하루 열네 시간 노동을 뜯어
아귀같이 아귀같이 긁은 돈!"
수천수만 귀신살로 뻗쳐와 덜컥 채가버렸는지
좌우간 한강물에 떨어졌것다.

죽어 저승에 갔으되 보낼 슬픔이 없고
반평생을 살았으되 새길 말이 없는
그 허무한 인생의 그래도 못다 한 살풀이인가
작업장 밖으로 푸지게 눈이 내리고
거친 바람이 눈을 쏠던 며칠 후
컬컬한 목구멍이 막걸리를 찾는 퇴근길
무심허니 게시판 앞을 가는데
눈 밝은 껄쭉이 놈이 어깨를 친다
며칠째 횅허니 저 혼자 쓸쓸하더니
멀끔헌 종잇장이 나풀거리는데
왈, "회사에 충성하고
　　근로자 위해 불철주야 애쓰시고
　　애국 수출에 몸 바치다
　　불의의 사고로 저승에 가신 ○○님의 뜻을 새기며
　　동시에 유가족의 슬픔을 위로하기 위해
　　조의금을 걷기로 결정하였습니다……"

어허, 저 게시판이란 놈은
어느 시절이 와야
좋은 소리 한마디 씨월거릴랑가
언제야 철이 들랑가

배출출이

배출출이 놈이 달린다
희허연 분진 가루 털털 훔치며
중식(中食) 벨소리 땡 허니 울기도 전에
상하좌우 눈치도 없이
마구잡이 반장 놈
뱁새눈에 오르는 독기
쇠토막 부러지는 호령 소리
아금발로 꽉꽉 밟아주며 간다 달린다

안 그래도 먹통인데 라면살림으로
어디 전디겄어, 출출헌 배로 공돌이 깡다구는 있응께
열 시까진 이냥저냥 허겄는디 그 뒤로는 환장허겄단 말여.

보아라 배식구로부터 저놈 뒤로
줄줄이 나래비로 서서
하염없이 앞꼭지만 보고 있는 인구들을 보아라
고향 장날 읍내 영화관 앞
뙤약볕 아래 촌색시들 행렬이 저만하겠느냐
어디 보아라 먹어치우는 시간은 삼십 분인데
큰일이구나 끝물 인생은 숟가락질마저 제 마음대로가 아니겠구나
지친 몸 햇볕 드는 풀잔디에 눕힐 틈도 없겠구나

숟가락 입에 물고 출출이 놈
쪼르르륵 배창자 우는 소리 들으며
배식구를 바라보는데 이게 웬일
전기가 끊어졌나 물이 끊어졌나
밥이 나오지를 않는다
젓가락을 한참 두드리며 불러도 이게 웬일
짠지 아줌마 코빼기도 보이지를 않는다
무슨 일이 꼬여가는 중이긴 한데
어허 모를 일이다

헌데 저 뱁새눈은 웬일로 달려오는 거냐
절구통 같은 납작키에
삼 년 묵은 똥색 완장을 두르고
지가 무슨 사장이라고 훌러덩 까진 민머리를 쟈우뚱거리며
무슨 말인지 콩알콩알 메기입으로
침을 튀기며 오는 거냐
뱅글뱅글 돌아가는 저 뱁새눈

"어떤 씨발 놈이야? 나와 개새끼들!
벨소리 울기 전에 튄 놈들 나와, 씨발 놈들!
조회 때마다 인간적인 말루다 강조했으면 알아들어야지, 개새

끼들!
　작업 시간에는 변소간으로 새서는 담배나 빨구 앉아 있고
　잔업 하라고 시키면 솔솔솔 빠져서 술잔이나 빨구
　……너, 너, 너, 너!
　회사를 느들 장기판으로 아는 모양인데……
　필요 없어, 당장 사표 쓰고 꺼져, 알아!"

술렁술렁 행렬이 꿈틀거린다 술러덩
주눅 들어 고개 숙이고 숨죽이던 버릇들이
마음들이 불속 같은 답답함으로
기계밥에 꿇려 살던 억울함으로 발딱
발딱 고개를 쳐들고 있다
노동자가 죄로구나 아호 노동자가 죄로구니
던져버리고 싶은 숟가락들이
떨고 있다 우우 한곳으로
벌건 노여움으로 몰리고 있다
밥그릇이 죄로구나 아흐 주린 입이 죄로구나

출출이 놈 보아라
저놈 눈가에 맺혀드는 눈물 좀 보아라
저 모양은 출출이 놈 열여덟 살 적
한번 보고지고 또 한번 보고지고

눈 덮인 보리밭 언 뚝셍이를 돌아
고향을 떠나는데
콩가루 주먹밥을 안기며
지 에미가 흘린 눈물이로구나
쌀 한 됫박 제 이름으로 챙기지 못하고
있는 집 땅을 갈며 갓난 출출이 놈 등에 업고
하늘 보고 땅을 보고
의지가지 할 데 없는 잡초 같은 인생을
호미로 치며 밭고랑마다 뿌리던 눈물이로구나

출출이 놈 보아라
부들부들 떨고 있는 저놈 주먹 좀 보아라
비웃는 듯 배실배실 웃고 있는 배식구를
당장 꽝 뚜드려 부수고 쳐엎앨 기세로구나
저것은 출출이 놈 조막손으로 들쑥 뜯으러 댕길 적
새터 너른탱이 최부자집 고지논 닷 마지기
소출이 적다, 게으르다 미움살로 떼이고
지 애비 들판에 힘없는 삽자루로 떨다가
피처럼 쏟아지는 저녁노을 이마로 치며
휘저어 갈기던 주먹이로구나

출출이 놈 눈물 훔치고

온갖 소리로 웅성거리는 친구들 한번 바라보고
큰 주먹으로 빈 식기 하나 들어
개폼에 거드름 매기고 서 있는 반장 놈 개장 놈 앞에
터져라 던져 와장창 깨뜨리고
한마디 한다 들어보아라

　좋시다.
인간 고재술이 속엣말 한마디 하겠시다.
아시다시피 밑바닥 공돌이 인생
말 한자리 잘못 벌이면 꽉 찍혀 몰린다는 거 잘 압니다만
이런 때일수록이 높은 양반 면전에 고개 숙여 제 분수를 차려야 할 줄 왜 모르겠습니까만
그러나 오늘 이 자리 하고 싶은 말 그냥 넹기고 말면
그 말들 악귀 들끓는 사나운 꿈자리로 평생을 쫓아댕기며
공돌이 인생 그나마 병신 쭉쟁이로 만들고 말 것 같아
말하지 않을 수 없는 심정이올시다.

　인간 고재술이 솔직한 말로
밥때마다 뛰었시다. 왜냐
먼저 가면 신 김치 한 쪽이나마 더 얹어 나와 그랬느냐
아니다 왜냐
과부댁 짠지 아줌마 얼굴을 못 잊어 그랬느냐

아니다 그럼 무엇이냐
무정한 식사 시간은 삼십 분이라
먼저 먹고 쉬고 싶었다는 말이올시다.
십 분 휴식도 없이 무작정 기계가 돌아가는 작업 시간
담배 한 참 빨려 해도 눈치가 보이는 판에서 멍든 몸뗑이
인간적으로 쉬고 싶은 건 당연지사
육장 서서 온갖 체조 해가며 기계를 밟는다
오죽허겠느냐 이런 말이올시다.
따지고 보면 살자고 뛰었다는 말이올시다.

새파란 청춘 한나 밑천 삼아 노동을 팔며
피고름 찍어낸 사연이 한둘이 아니겠으나
딱 한 말씀만 더 보태겠시다.
잘살고 교양 있는 인품들이야 고개 돌릴 말이겠으나
허나 먹는 일이 인생의 기본인 것은 틀림없는 일
그냥 어물쩡하게 넘어가면 이 인생 목젖이 탈 것 같아 하는 말이니
여기 모인 우리 기름밥 친구들
서로 자존심을 챙겨 생각해봅시다.

다름이 아니올시다.
허구헌 날 먹어온 짠못국 이야기올시다.

소가 지나간 쌀뜨물 같은
영양식 이야기올시다.
창고에서 삼 년 묵다 나온
정부미 삼등품으로 찍은 밥 이야기올시다.
군대 짬밥 유치장 가다밥 두루 겪은 이 인생
성실한 산업전사로 일하는 몸으로
그 시절 그 맛을 다시 느끼는 슬픔이란
각별하지 않을 수 없시다.

다름이 아니올시다.
우리들 희멀건 식탁 저 칸막이 너머
잘난 넥타이 인생들 이빨 쑤시며 먹는
왼갖 양념 왼갖 정성 그득한
쇠고깃국 이야기올시다.
아하 인간 고재술이 환장하게 하는 말이 있으니
저 회사 정문 앞 바람에 너펄대고 있는
회사 일을 내 일처럼 근로자를 가족처럼
눈물 나도록 아름다운 문자올시다.

보아라 출출이 놈 보아라
질질 개처럼 끌려가고 있구나
일도 하는 둥 마는 둥 연병장에서 축구에만 열성이던 놈들에게

우리 배출출이 터지고 왕창 밟히고
피 흘리며 질질 질질질질 끌려가고 있구나
허나 출출이 놈 지 생긴 대로
그냥 가지를 않는다 들리느냐 저 소리
한번 들으면 다시 못 잊을 저 소리

개밥은 싫다
인간대우 하라
인간대우 하라 저 소리
가슴에 대못을 박는
한번 들으면 가슴마다 피 솟는 저 소리

자본가 1

파쇼와 양키 절색으로 만나
귀허신 이 몸 지켜주시니
에헤루야 좋을시구
싹쓸이판 장땡 끗발일세

자본가 2

강제 잔업에 철야도 좋아
정부미 삼등밥에 무짠지
머얼건 된장국 개밥도 좋아

허위허위 소금땀 쏟아
제 밑에 꿇려 빡빡 기면
개밥도 떡도 주지만
삐끗 한번
제 눈 밖에 나면
우리들 밥줄에 칼을 드는 놈

우리들 노동자의 진실 찾아
굴종의 작업복 훌훌 벗어버리고
불같이 싸움으로 살아나는 날
어허 그놈
화들짝 놀라 튀는 꼴 보며
북장구 치고 노래하겠네

아메리카

진달래 삼천리
반공으로 치고 자본으로 밀고
허리마저 자르고
반쪽 강산에 우뚝 섰구나
람보 아메리카
꼴리면 악수도 잘하고
밀가루도 던져주지만
화나면 무차별로 총을 돌리는 나라
아메리카

돈도 빌려주고
하느님도 빌려주고
총잡이 정치꾼들 불러
맹방이라 선전하여
냄새 안 나게
핵 기지 만들고

공단마다 공장 지어
노동자들 문어발로 빨아먹고
밤새도록 디스코로 풀어주고
다정히 웃는 나라
아메리카

진달래 삼천리
해방의 꽃 가슴마다 달고
소리소리 외쳐 일어서는 노동자들
꼭두각시 시켜
고문틀에 묶어 피 적시며
How do you do?(잘 지냈어?)
악수를 청하는 나라
아메리카

노동 1

　야근의 핏발 선 눈동자 속으로 떨어지는 형광등 불빛 같은 것
일까
　프레스의 시퍼런 칼날 끝에서 떨어지는
　살기일까 떨리는 손가락일까
　캄캄한 밑바닥일까
　아아 썩어가는 청춘 잊어버린 고향 흐느끼는 유행가 속에
　소주를 붓고 쓰러져 잠드는 밤일까
　몸부림 속으로 눈물 속으로
　목구멍의 피비린내 속으로
　터지는 외침은 무엇일까

어머니

1
한숨도 몰라라 눈물도 몰라라
철없이 찔레꽃들 왁자지껄 피어나는 공장 울타리
그늘진 전봇대 밑
갯고동 삶아 좌판을 벌여놓고
어머니는 어린 여공들을 부른다
허기지면 라면 한 봉지 끓여 먹고
야근이 끝나는 밤중까지
가로등 불빛 아래 앉아
한 봉지에 백 원짜리 갯고동을 팔며
하루를 저물린다

돈이 무엇인지,
큰돈 생기면 고향 땅 찾아가
검불같이 남아 있는 살붙이 식구들 얼싸안고
산동네 게구멍살이
속불 나던 십 년 내력 원없이 풀고
까치산 옥니백이 살카시나무숲
죽은 애비 혼백도 불러
잔치 한 상 차리고 싶은
늙은 어머니

아아 나는
잘난 세상이 공돌이라 부르는
하루 사천 원짜리 인생

2
"느 애비가 그랬어야.
육니오 인공 세상도 지나가고
내 스무 살 적 첫애기 뺐을 땐디.
느 애비가 동네 최부자집허고 쌈질을 헌 거여.
최부자 그놈, 면사무소 댕기는 지 사촌하고 짜고
못 하는 짓거리가 없었지.
알고 보니 물소 뱀시 생긴 쌈실인디
그 집 머슴들헌티 삽자루로 주먹으로 몽씬 당헌 거라.
느 애비 며칠을 죽어라 끙끙대다 일어나더니
그날부텀 시작헌 것이 무엇이냐,
느 애비 또래 친구들
장가 못 간 총각들…… 젊은 축들을 모은 거여.
역시나 없는 집 자식들이 모이드만.
마을굿 상쇠 아저씨 저리 가라 허게 놀기도 잘 놀아서
느 애비를 잘 따렀지……"

없는 놈들 사랑방에서 소리가 나면
양반 호령 소리 높아진다더니,
아버지를 찍는 최부자집 시퍼런 서슬에
소작이 떨어질까
친구들 얼굴을 돌리고
아버지는 읍내 난전판 털렁뱅이가 되어
돌멩이가 되어 구르고

아버지를 생각하면
어머니는 아직도 가슴이 떨린다 한다
최부자집 들판을 바라보던
아버지의 눈빛을 못 잊는다 한다

아아 꼿꼿하게 독 오른 얼굴로
세상 천대 가진 놈의 멸시
찬 이슬을 밟고 오는
내 가슴속의 외침 소리

구로동 일기

구로동의 제본공장 제본공장 공돌이
이천 원에 하루를 팔며 오늘도 한숨이구나
앞을 보아도 뒤를 보아도 뺑이질 쳐봐도
갈데없는 찬밥 신세 공돌이는 서러워

퇴근길
미쳐 돌아가는 기계에 해종일 시달려
어깨와 허리 쇠토막처럼 뻣뻣하게 굳어가는데
허기진 목구멍으로 새카맣게 가래만 치미는데
거리엔 배부른 얼굴로 폼나게 웃고 있던
움베르또 쎄베리
행복하다고 웃는 넥타이 인생들 앞에서
신나게 북을 치던 양키 기수

보안등도 없는 어두운 산동네 언덕바지를 오르면서
참나무 찢어지는 목청으로
노래를 불렀다.
서럽게 흘러가는 밤하늘의 별들을 보고
이리칠 저리칠 니기미 씨팔 똥칠
낙서투성이 판자벽 위에
오줌을 갈겼다.

내 지금 비록 밑바닥 인생이지만
빡빡 기는 구로동 인생이지만
야, 야 이 세상 잘난 놈들아
내 인생 못 났다고 깔보다가는
야, 야, 뱃가죽에 구멍이 난다

집안이 원망스러웠다.
멍들어가는 몸뚱이에 파스 떨어질 날 없어도
철 따라 옷 하나 사 입지 못하고 찔찔거리는
벌레 같은 생활이 싫었다.

생일

잘 알다시피
찬밥이고 더운밥이고
기름밥이고 짬밥이고
가리고 자시고 할 것 없이
허천나던 시절이었지만
내 집 돈 들여 생일상 따로 챙기는 것은
천부당만부당 좌우간 안 될 말

그러나 산동네 쫄쫄이 친구들
이놈 저놈 쑤월대는 소리에
큰마음 먹었던 것인데
이게 웬일
부황 난 귀신이 생일밥을 체갔니

아침부터 구질구질 비까지 오더니
납품한 물건마다
보기 좋게 불량 도장 찍혀서
돈사장 얼굴에서 호랭이 우는
크레임이 걸려
하루 종일 이놈 저년 겁을 주는데
꼼짝없이 잔업에 철야를 때려야 할 판인데
에라, 사람이 먼저지 일이 먼저냐

생일 노래 부르며
밤일 못 하겠소 손들었더니
사직서가 떨어졌다

너희들끼리만 살라는 세상이냐
억울해도 똥간에나 앉아
한숨으로 때우며
하세월 너희들 아래 납작납작
벌레 모양 울 것 같으냐

어허 안 될 말
밀리고 깨지고 터지며
소리소리 하는데
겁먹은 얼굴로 뒷전으로
돌아서던 작업장 친구들
되살아나 가슴 아프게 찌른다 그 모습
옳은 말 곧은 몸짓이 죄가 되어
친구들 쫓겨날 때 내 옛 모습

공단의 플라타너스 유난히 푸르던 그 여름
철새가 되어 나는 공고판 앞을 서성거렸다.

프레스 ○명
주물공 ○명
나이 18세 이상
자격……

여우발

기름밥 세월 이십 년짜리 구닥다리
안전등도 없는 프레스라는 놈
개눈깔을 달았는지 제멋대로 내려앉아
덜컥 손가락이 잡혔는데, 과장 놈 하는 소리
"작업 중에 졸지 말랬잖아!"
젠장 칠 것, 억울한 가슴을 돌로 치는구나

병신이 된 것도 억울한데
오만 원에 팔려간 나의 손가락
꿈결같이 찾아와 병신 손을 더듬는데
이게 또 무엇이냐 죽일 놈들
일이 없으니 회사를 떠나라네
"일류 병원에서 치료도 했겠다,
섭섭잖게 보상금도 타먹었겠다.
날마다 찾아와 왜 징징거려?"
이리저리 가봐도 같은 말
결국 먹고 떨어지라는 소리
일감을 주지 않는다.

감추고 말하지 않아도
너희들 속엣마음쯤 나도 안다
귀향으로 설레던 구정

떡값으로 떨어진 이십 프로 보너스 찢어 던지며
친구들 앞에 내가 섰을 때
이미 찍혔다는 거
찍히면 언젠가 너희 여우발에 채인다는 것쯤
누가 몰라

얍샬이 만수 놈 보아라
손가락 두 도막 기계에 물리고
꿈꾸던 반장이 되었구나
앞자락에 떨어진 보상비도
헤실헤실 복지비로 내어놓고
회사의 자랑이 되어
내 뒷등을 비는구나

아직도 내 비명 소리 들리는 작업장을 밟고
뒷짐을 지고 계장 놈 거들먹거려쌓는데,
친구들 얼굴 더듬어 바라보니
팔 흔들어 제 마음 보내며
눈빛들로 내 몸을 감싸고
나는 터지는 울음을 삼킨다.

그 여름
점례 이야기

람보 영화 보았을 때던가,
신나는 무차별 사격에
덤펑으로 얻은 식민지 여자
늘어진 젖가슴 물고 웃던 USA
하나님도 보따리로 내다 파는지
물 건너 성경책 하청 오다
지겹도록 밀려오던 여름

핸드카 밀며 밀며 오뉴월 파김치 되어
흐들흐들 떨어져나가는 몸뚱이
악으로 받치고 풀풀 쌍소리 내뱉던 그 여름
나는 점례를 만났다
나오시 나오시 탈 일 늦으니 탈
여시 같은 조장 년 온갖 까탈에
얼굴 시퍼렇게 질려하던 애
한마디 우기지 못하고
맹물같이 당하며
무슨 부끄러움이라고 눈물만 그렁그렁하던 애

"하느님인지 무엇인지 좌우간 웬수덩어리여.
좋은 말은 혼자 다 함시롱,
날이면 날마다 쌩작업으로 찾아와설랑

젠장맞을 철야까지 시키니, 원."
둑 건너 안양천 비린 물 냄새
바람을 타고 넘어오던 밤
환히 지금도 생각난다.
내 거친 손 잡으며 수줍게 웃던 점례.

소원
점례 이야기

빈털터리 주제에
이백 퍼센트짜리 특근도 까먹고
기름때 벗기고 거울 앞에서 광내고
휘파람 불며 나가 보면
점례는 다방 한구석 외진 자리에서
얼굴을 붉히고 있었다.

뻗어오르는 초록빛 플라타너스
흔들리는 잎새들 위
푸지게 내리던 햇살,
점례를 만나면
지겨운 일감도 악살 떠는 관리자 놈도
행상 나가는 어머니 무거운 뒷모습도
알 수 없는 곳으로 날아가버렸다.

휘파람 소리 찍찍 날리는 삼류 영화관
힘센 양키들 말달리며 갈기는 총알에
인디언 평원 피로 물들고,
부잣집 처녀 업고 검사가 된 촌놈
제 홀에미 무식하다 내모는
영화를 보며 박수 치고 눈물 짜다
거리에 나서면 어느새 저녁

불 켜진 공장 뒷담을 돌 때
힘센 양키가 되고 싶던 꿈도
흘러가는 공장 폐수 속에서 물거품이 되고
멋진 여주인공 생각에 수다 떨던 점례도
담 너머 웅웅 굴러가는 기계 소리에
울적해져 말이 없고
그렇구나,
우리는 총잡이도 돈 많은 검사 부인도 아니구나.

"제일 소원인 것은
무시당하지 않고 사는 것인데,
그럴려면 이빨 물고 세상일에 싸워야 하는데
⋯⋯약해빠져서 눈물만 많고."

철야 명단
점례 이야기

에라
제껴버릴까
아침나절부터 핏발 세워
철야 명단 제멋대로 위에 넙죽 올리고
반장 놈 해종일 설쳐대는데
말 못하는 벙어리 가슴만 활활 타는데

듣기 싫다 저 소리
생산량 어쩌구 사장님 말씀 어쩌구
눈밭의 토끼 몰듯
짖어대는 소리
보기 싫다
저놈의 저녁 식권
축축 늘어지는 몸뚱이에
채찍처럼 감기는
야근 철야 때마다
곁에서 헤실헤실 웃는 놈

에이 꼴 보기 싫다
하기는 저 삽사리 놈처럼
윗놈에게 붙어 살살거린다면
동료들의 진실을 팔아

떡고물이나 주워삼킨다면
하룻밤 철야쯤
사유서 쓰지 않아도
까짓 하루이틀쯤
우습게 넘길 수 있겠지
여자애들 온갖 까탈로 울려
작업 점수 올리려 든다면

속울음만 삼켜야 하나
왜 나는 당당하지 못하고
쭈뼛쭈뼛
병신같이 주눅이 들었나
짐레 홀로
하염없이 기다리며
공장 밖 서성거릴 텐데
찍히면 어때 아 니기미
노동자는 연애도 못하나

한 공장에서 함께 일하던 점례
하루 일당 백 원인가 더 준다는 곳으로
슬프게 떠나고
달포도 넘게 무심하더니 꽃편지 날아와

대짜로 걸린 밤일도 제끼고
점례 만나러 가던 길

"내일 선적 날짜라는 거 잘 알지?
알면서도 빠져?
야, 최동섭. 너 회사 알기를 말야,
씹다 버릴 껌쯤으로 생각하는 모냥인데
그럴 양이면 니 까이 궁둥이 쫓아가거라. 알겠냐?
오늘같이 일치단결 뻥이 치게 돌아도 허적부적한 판인데
정 가겠다면 말야, 좋다
씨발, 간부들 앞에서 내 얼굴을 니주가리 송판으로 만들겠다는 심보인데
좋아, 너한테 한번 죽어보자, 맛이 어떤지.
내 말 알아듣겠냐. 최동섭?"
"……"

야유회

잘난 계장의 눈치도 생산량 독촉도 없구나
개미좆만 한 임금으로 부리기가 좋아서
특근 오다가 떨어지는 일요일마다
침을 갈기던 슬픔도 없구나
기차를 타고 들판을 질러
멍텅구리 배낭을 끼고 야유회 가는 길
철길에 개나리가 환하게 웃는구나

강가에 앉아 찌갯거리에 소주를 까고
목구멍에 낀 기름먼지를 벗겨내며
조약돌을 두드려 각설이 박자를 맞추며
노래를 불렀다
흔들흔들 엉덩이춤이 없을쏘냐
어리칠 저리칠 허리춤이 빠질쏘냐
에라 작것 난장판이 트이는구나

짜짜 짜라 짜짜 짜라
몽둥이로 막는다고 못 갈 것 같애
큰 칼 차고 폼 잡으면 기죽을 것 같애
짜짜 짜라 짜짜 짜라
웃기지 마라 야야 똥폼 치워라
이내 몸이 지금 비록 깡통 찼지만

서울 장안 조선 팔도
골목골목 구석구석 쓸고 가며
배운 게 있어 야 닦은 게 있어
짜짜 짜라 짜짜 짜라
화나면 뚝심 구석에 몰리면 뱃심
꼴리면 좆심 불의를 보면 싸나이 양심
야야 웃기지 마라 똥폼 치워라

물결도 두런두런 작은 어깨들을 끼고
우리들 발밑에 모이는구나
서러움도 저렇게 어깨를 끼면
파도가 되는구나 힘이 되는구나

최고참 노동자

주물공 강 형은
물 많고 들 넓기로 소문난 전라도 만경벌
하루에 쌀 한 됫박짜리 생일꾼 큰 자식으로 세상에 떨어져
육 년짜리 핵교도 가다 쉬다 오락가락
일에 잡혀 낫자루에 어린 손가락 피 묻혀가며
풀짐하기
"울 애비는 을매나 사람이 같잖길래
남의 땅 목숨을 붙잡고 저 사정을 허는지 모르겄어.
예배당 말이 읎는 놈헌티는 하늘만 넓다더니 말여."
일하다 허기 들면 못난 집구석 원망을 쌓다가
무논의 개구리 회초리로 잡아 구워 먹기
지서 순사보다 산지기가 무섭다는 어머니 따라
한겨울 산날등을 기어올라 몰래 나무 치기……
어린 몸땡이 막돌로 굴리다 에라 작것
서울 가서 허천난 목구멍 하나 막어보자
못 배운 자식은 일심 품지 말라는 말 개소리다
서울에 왔는데 질바닥에 보이는 건 죄 쇠푼들인디
주울 것은 없어 열두 바퀴 하냥 돌아도
알아주는 놈 개코도 없어 아아 주린 배로 떠돌기를
닷새던가 엿새던가 밥 냄새에 창자가 꼬이는데
하루는 허고 댕기는 폼이 그럴듯한 놈을 만나
따라가보니 구로동 하고도 철공소 하고도 시다 자리

열 시간도 좋아
밤새우고 곱빼기로 또 하루도 좋아
허리 도막에 일 나도록 쇠를 쳐서 받는 돈이 얼마냐
일구육구년도 가격으로 얼마냐
없어 초짜들은 한 푼도 없어
기술 배우고도 공밥에 공잠을 잤으니
감사허는 마음으로 더 땀을 내서 쇠를 쳐야 해
원수같이 쇠를 치다
철공소도 징그러워 털어버렸다

세상에 팔 수 있는 것은
맨몸으로 굴리는 노동뿐
가슴에 새긴 청춘의 일심
모래알 씹히는 공단 인심 속에 날려버리고
눈물 나는 고향도 검정투성이 주물공장
뜨거운 쇳물 속에
손가락 지문처럼 지우고
벌써 몇 년이냐
강 형은 우리 공장 최고참 노동자

친구

1
여기까지 함께 우리는 흘러왔다.
끝물 시래기국밥으로 허기를 채우던 고향
쑥잎 타는 누우런 하늘 밑을 떠나
맨주먹 우라질 헛맹세로 허공을 치며
돈을 찾아서
기계를 잡고 노동을 굴리며
싸구려 단칸방 낯선 번지수를 따라
우리는 살아왔다.

언제나 이 바닥을 떠나야 한다고 생각했다.
가구공장 후끼부
앙칼진 세상을 향하여
총잡이처럼 스프레이 건을 휘두르며
신나를 뿌리다
콧속이 헐고, 현기증 속을 비틀거리더니
어설픈 악당처럼 네가 쓰러지고
우리는 한 세월 잡고 흔들 수 있는
끗발을 생각했다

반반한 기술도 알아주는 자격증도 없으면서
잘난 세상 입지전 속에서 반짝이는

큰 별을 훔쳐보았지
십오만 원짜리 코오롱 맨스타 월부로 걸치고
공돌이 티를 벗기면서
속 깊이 썩어가는 노동의 몸을 감추고
웃기도 했었지

그러나 우리가 큰 별을 바라볼수록
세상은 우리에게 더 크낙한 적의로 다가와서
빈 깡통 맨가슴을 밟았다
시리도록 찬 비웃음을 받으며
천대받는 노동자로 돌아와
술 취한 밤마다 터지는 속울음으로
몇 번이나 세상의 멱살을 잡았던가

그렇구나, 친구여
우리들 꿈틀거리는 핏줄 속에 솟아오르는 이것은
미친 듯이 휘두르고 싶은
절망의 칼날이구나

 2
돌아와
공단 뒷길 쩔룩이 아줌마 막걸릿집

군대 가는 어린 깡패 철진이
쓸쓸하고 가난한 뒷길 따뜻이 감싸며
경조비 떼내어 함께 술잔 돌리며
뜨거운 숨결 다시 느끼는구나

공장 뒷마당에 모여
다 큰 딸마저 어디론가 떠나버린 과부 아줌마
서러운 마흔 살 생일을 함께 돌며
과자 잔치를 벌여놓고
아줌마 애처럼 눈물 속에서 얼룩지는 사연 속에서
슬픔만으로도 우리는 하나가 되는구나

경실이

경실아, 아직도 우리는 그 아이의 이름을 모른다.
마지막 그 무슨 그리운 고향 땅 팍팍한 고개
눈물 바람처럼, 열아홉 다 내주고도 끝내 줄 수 없던
순정처럼 네가 남기고 떠난 핏덩이.
소문도 없이 3공장으로 전출된 이 과장
더러운 멱살 한번 흔들지 못하고
공순아, 공순아 밑바닥 끝까지 후려패는
다른 세상의 눈빛들 속을 절뚝거리며
산언덕바지 싸구려 조산원을 더듬어 내려오던
우리의 이름도 모른다.

무엇일까, 떨다 떨다 잠 깨어 쭈그리고 앉아
바라보는 신새벽
함께 눕던 자리 기숙사 벽도배지 위에
하얗게 얼어붙은 성에 아래
죽어 있던 수백 송이 꽃들일까.
아아 비명 소리를 내지르며 기계는 다시 돌아가고
기계는 돌아가고, 돌아가는 만큼 짓밟히는
삶은 어디서 멈추는 것일까 경실아
네 죽음을 가리키는 허전한 손짓 위에서 타는
저 푸른 하늘이 우리의 이름일 수도 있을까.

마지막 수업
야학 이야기

비철의 텅 빈 날들을 가득 채우는
라면 봉지 같은 허기와 어지러움 속으로
빗줄기는 캄캄하게 밀려들고,
우리의 믿음과 우리의 배움을 뒤지며
붉은 줄을 그어대는
낯선 얼굴들은 자주 찾아오고
며칠째 끌려간 형들은 돌아오지 않았다.

어두움 속에 창백하게 박혀 있는 교실 유리창 위로
우우 쏟아지는 바람
떨리는 온몸을 서로 감싸고
우리는 두려움을 찍어 넘기며
밀리 뒷걸음질치는 친구들 찾아 끌어안고
발을 구르며 노래를 불렀다.

    가자 어서 나가자
    가자 노동의 억센 핏줄 꿈틀거린다
    피 묻은 햇덩이가 산맥을 타고
    떠오른다 우리를 부른다 가자

형들은 잘 있는지.
엊그제는 희망야학이 깨졌다 하고

끌려가고 길목을 가로막고 명단을 체크하고
그곳에서 우리를 찾는다 하고,
뒤를 밟는 소문에 쫓기며
산언덕배기 자취방으로 답답한 가슴으로
소줏집으로 몰려다녔다.
어디엔가 박혀 있을 칼날을 찾아
낯모르는 작업장 속에 가명들로 흩어져
먼지와 원단 냄새와 싸구려 일당 속으로
쑤셔박혔다.

형들은 무엇이 되어
고문실 피비린 살냄새 속에서
한마디 진실도 추억도 될 수 없는 자술서를 쓰며
아무것도 말할 수 없는 혓바닥으로
비명으로 울고 있을까
쇠창살을 타고
우리들을 부르고 있을까
      소리쳐 가자 어서 나가자
      가자 싸움의 수레바퀴 힘차게 밀자
      억울한 젊음이다 눈보라 자갈길이다
      아아 노동의 열매가 돌아온다

흩어지지 않았다,
미싱판 위에 단풍잎 고운 가을옷도 떨어지고
겨울 코트가 올려지고
문 닫힌 야간학교 뒷길을 밟는 발자국마다
살얼음이 낄 때에도
우리는 외롭지 않았다.
싸움의 두려움을 넘어 주먹을 쥐는
깨우침의 기쁨 속에서
작업장 동료들의 손목을 잡고
하나가 되면서

촌극을 만들며
야학 이야기

손에 손 맞잡고 눈물 흘리며
깨우치리라 땀 흘리리라
끝내 이기리라, 아직도 어려워서
더 묻고 싶은 평등의 세상과
사장님의 얼굴처럼 답답하기만 한
근로기준법 곁으로
여섯 달이 지나가고
어느새 졸업식 마당.

돌아가는 미싱 바퀴 속에서
손목과 무르팍이 해종일 아우성치다가
야근을 넘기면
옷감처럼 툭 툭 떨어져나가는 노동 속에서
촌극을 만들며
순녀는 몇 번이나 쓰러지고

"가난은 끈질기게
가난한 자 뒤에 따라붙나 봐요.
아무리 발버둥쳐도 늘어나는 건
손등의 미싱 바늘 자국과 나이뿐이에요."
영철이는 배불뚝이 사장이 되어
순녀를 걷어차고

"제 병든 몸을 보상해주세요.
우리 네 식구 이끌고 가던
내 젊음 돌려줘요."
납중독이 되어 쓰러진
혜순이의 사연 속에서
무대 위 흐릿한 알전구가
슬프게 흔들렸다.

병수는 기동경찰이 되어
조합을 까부수고
수십 개의 플래시 불빛들 구둣발들 우르르 밀려와
후려패고 뒤집어엎고 비명 소리
아우성 소리마저 걷어차고

모두가 울음이 되었다. 불질러오는 노여움으로
어깨들 걸치고 얼싸안고
우리는 일어섰다.

노랫소리 막이 내리고 오랜 박수 소리
가슴속 밑바닥까지 밀려오는
노동의 거친 북소리

미친 듯이 참을 수 없이 솟아나
살아온 날들을 덮는
희망의 풀 냄새

야간학교 밤마다 책장 위에 어리던 눈물 속에
흑판 위에 새기던 희망의 말들을
우리는 소리쳐 불렀다, 서럽고 쓰리던 지난날들은
오지 말라고 다시는
다시는 오지 말라고.

노동자

내 나이 열다섯부터 공장엘 나갔지
나는 언제나 부끄러움에 젖어
노동자라는 내 이름
숨겼다네

언제부터였나
스무 살 방직공장 시절이었지
다정한 언니들을 따라
지친 마음 녹여줄
사랑을 찾아다녔네
아아 억압도 눈물도 없는 곳

친구야, 가난한 노동자들의 집에서 나는 배웠다네
노동자가 가장 소중한 사람이라는 것을

이제는 노동자라는 내 이름
감출 이유가 없어졌다네
싸움이 어려우면 어려울수록
모진 비바람 몰려올수록
노동자라는 내 이름
세상에서 가장 당당하게 빛난다네

노동 2

아니다 탄식이 아니다
쇳가루 쌓여가는 폐질의 몸을 끌고 가며
기다리는 죽음이 아니다
노동이란 돈에 팔려
밥덩이에 팔려 쇠붙이가 되어
노여움의 가슴을 파묻고
아아 죽음으로 잊어버리고
기계가 되어 돌아가는 것이 아니다

고향집
무너진 돌담을 기어오르는
시퍼런 호박넝쿨을 따라
어린 시절 누더기 가슴을 헤치고

안전등도 없는 절단기 아래
손가락을 바치던 시절을
일으켜 깨우고
오를수록 피 흐르는
노동의 캄캄한 골짜기
희망의 푸른 삽으로 찍어 오르며
쓰러진 친구들의 아우성 퍼올려
나아가면서

출렁이는 뜨거운 눈물로
그리움으로 상처투성이 온몸을 서로 씻어주는
공동체가 되어
거듭 태어나는 것이다

노동이란
굶주림의 추억으로부터 사슬의 두려움으로부터 일어나
사람의 일을 하는 것이다
사람의 땅에 서는 것이다

희망

공밥

"워쩐다냐, 구들장에 누워설랑
공밥 먹어서 워쩐다냐, 아이구, 내 새끼."

가마니때기 같은 노점을 깔아놓고
푼돈을 챙기던 어머니,
점포 하나 차리는 것이
두고 온 고향 땅 청산 같은 꿈이더니
온몸에 얼음이 들어 쓰러지고

"에린것이 벌면 을매나 벌겠다고
……원 시상에, 부모 원망이 산 같겠구나.
호랑이가 물어가도 션찮을 세상……
어서 일어나야지
나가설랑 한 푼이라도 벌어야 살지."

어머니가 부르는 누이동생은
열두 살짜리 봉제공장 시다였다.
늦도록 돌아오지 않는 동생을 생각하며
책상 위에 엎드려
몇 번이나 속울음을 삼켰는지 모른다.

"돈을 벌어야 한다.
이따위 공부 같은 것
내 분수에 맞지 않아."

나를 가르친 것은
링컨의 이야기가 아니다
멋진 신세계가 아니다
나를 가르친 것은
가위질에 부르튼 누이의 굵은 손목이다.

누이의 일기

　눈발이 쏟아지는 늦은 퇴근길이다. 늘 그러려니 생각하지만, 그래도 털보집을 지나칠 때면 초조하고 떨리는 마음은 어쩔 수 없다. 유리창을 들여다보았다. 이제나저제나…… 아버지는 술을 마시며 무엇이 그렇게 신이 나는지 양순이 아버지와 떠들어대고 있다. 또 외상술이겠지. 아버지는 왜 저럴까. 집안 사정 같은 것 안중에도 없는 것일까. 하기는 한겨울이라서 일판에 나가 질통을 멜 수도 없고, 마음이 간다 해도 빈손으로는 어머니 약값 한 푼 보낼 수 없으니 답답하기도 하겠지. 언덕바지를 오르면서 세돌이

네 집에선가 악에 받친 소리들이 터져나오는 것을 들었다. 죽일 년 살릴 년…… 나가, 내가 왜 나가…… 나도 모르게 안도의 한숨이 나온다. 아버지를 생각했기 때문일 것이다. 술에 취해 게걸음으로 와도 큰소리치는 일이 없는 아버지, 고향 땅에 돌아가야 한다고 가슴을 치는 아버지.
하지만 아버지 외상술 그만 마셔요.
내 일당이 천이백 원이라구요.
눈물이 주르르 나왔다.

가야 할 곳

1
"희망을 잃지 마라. 할 일이 있을 거다."
먼 하늘에게 하는 말 같았다.
'선생님, 희망이란
판자촌 배고픈 우리들이
돈과 바꾸기 위해 줍는
헌 병이나 고철 쪼가리 같은 건가요?"

중학교 삼 년 중퇴……
……무슨 힘이 내 등을 떠밀었던 것일까.

내가 성장한 노동자가 되어
다시 책장을 넘기며
내 어린 날의 아픔이 무엇으로부터 생겨난 것인지
자본으로부터 소외된 없는 집의 자식들이
어떻게 해서 교육으로부터 잡초처럼 버려지는 것인지
깨우치고 더 큰 속울음을 쏟았지만,
그날 어린 마음의 노여움도 막연한 것은 아니었다.
언제나 그렇지만
노동자의 가장 큰 스승은 미칠 듯한 현실이니까.

학교에 입학하던 날
반평생의 주름살이 다 펴지는 듯이 환하던
어머니의 얼굴이 떠올랐다.

"동섭아, 내 자식아
우리 집안서는 늬가 첨으로 중핵교, 댕기는 거여.
같잖은 동서기 같은 건
개꿈보담도 값 안 나가는 것이니께 넘에게 주고
널랑은 말여, 큰사람으로 일어나야 되는 거여."

2
    내가 먹은 것은 실밥과 먼지

내 나이 열두 살인데
키는 자라지 않고
아, 어떻게 하나
쉬지 못하는 종아리는
굵은 무다리가 되고
쉬지 못하는 손목은
벽돌같이 되었네.
아, 내 나이 열두 살인데

하얀 칼라 눈부신
여학생들을 볼 때마다
핏기도 없이 누런
누이의 얼굴이 떠올랐다.

"이제부터 내가 돈을 벌겠어."
"못 배우면 돈도 생기지 않아."
"공장에 들어가겠어."
"오빠는 엉터리야, 학교에 댕겨야 돼."
"눈물 짜지 마.
네 몸을 팔아 하는 공부 죽기보다 싫어."

내가 무엇이 되어야

찌든 우리 집 식구들
곰배손이 펴지나
목마른 돈이 생기나

"어릴 때 어머니 잔등에 업혀 보았던 것들이 아직도 생생해."
"과일 행상 하던 때?"
"단속반원들에게 채어 어머니는 길바닥에 엎어지고
과일들은 쏟아져 뒹굴고,
어머니 등을 치며 비명을 질렀지.
어머니가 뭐랬는지 알아?"

가난은 세상을 가르쳐준다.
무엇과 싸워야 하는지
가장 고통스럽게 진실을 가르쳐준다.

"워떤 놈들이 시키데?
이놈들아, 먹고살자고 허는 사람 일을
이토록 잡아뭉개고도
느이놈들 세월이 오래갈 것 같으냐.
주린 백성들 목구멍이 얼매나 무서운지 몰라서 그러냐.
내 죽어서도 못 잊는다, 이 짐승들아."

인간 장달수 상경기

1
남의 집에 꼴머슴으로 팔려
에린 손에 낫 자국을 내며 울던 시절은 덮어두고,
팔뚝에 심이 올라 쟁기를 잡기 시작해서
이날까지 땅 갈아먹는 일에 목심줄을 잇대고 살아오다가
오늘이니 니알이니 명을 재촉허고 있는
무식헌 품팔이 농사꾼으로
헐 말이 반 토막이나마 있겄냐마는
그러허나 이것 한마디만은 허고 가야 쓰겄다

자식새끼 다복허니 질러내고
관(官)의 인심 얻고 살어야 쓴다,
남의 물건에 마음을 주고 외약손질 허다가는
까막소 귀경 허느니라
그런 것이사 저 혼자 알어서 새겨둘 대목이고
내 말은 뭣이냐
땀 흘려 일을 하되
그 중헌 뇌동을 넘한티 짜배기로 주는 짓거리는 말아야 허겄다,
찬밥도 좋아 구정물도 좋아
넘이 주는 개밥은 생키지 말어야 쓰겄다,
한마디루 내 인생을 살으야 헌다 그런 말인디
그렇다 헐 것 같으면

내 땅을 챙겨가며 살으야 헌다 그것이지

애비맹키로 넘이 부르는 소리에 굽진굽진거리며
평생을 속엣소리 한마디 지대로 뱉지 못허고
있는 집 곁눈질이나 허며
환장허게 황불이 일어도
넘 안 보는 오장육부 속에 꾸욱 꾹 눌러 담으며
살먼 안 되여
아모리 갖은 일로 평생을 축내가며
남의 땅에 충성하기로
어떤 잘난 인간이 알어주고 받들어주겄냐 그 말여

들판의 왼갓 삽풀을 비어 햇빛에 말리고
비 맞추어 썩히고
두엄 맹글어 져다 부려서 갈아엎으면
풋각시 제 서방 기다리듯
몸 설레이는 흙이라면 모를까,
죽어서나 땅마지기 주실랑가
치렁치렁 머리 풀고
당산나무 삼백 년 세월 속에 들어앉아
비 구름 햇빛이며 바람 눈이며 한 점 이슬까장
큰일 작은 일 궂은일에 잡일 온갖 들일을

점지허시는 삼신할미라면 모를까
어떤 풍진 인생이 알겄느냐 그 말여

또랑물에 살든
두엄자리 밑이서 썩어지든
땅이 있으야 되여,
내 땅이

2
철없는 동생들
남의 집 보리밭 고랑을 돌며
풋보리 어린 이파리를 뜯는데
아버지 찬 땅 밑에 누우시고,
소작의 빈 들판을 덮는 캄캄한 밤
꺼먹산 너머 갑자기 눈이 몰려오고

"으쩌겄냐
살으야겄다고 벌리는 입들은 많고
영감은 죽고……
날 겉은 것이사
품팔이배끼 헐 게 있가디.
널랑은 너른 대처바닥에 나가설랑

독허니 맘먹고 돈 벌어야 쓰겠다.
아이고, 아는 사둔 한나 읎는 객지 나가서
을매나 고생시럴거나, 아이고."

산다는 일이 이토록 칼부림 같은 것인지
이 달수 놈 떠나야 했던 것이올시다
밤마다 밀려와
가슴 답답할수록 더 가까이 밀려와
출렁이던 오릿내 물소리
아아 가난도 눈물도 미쳐 우는 한도 없는 곳
새 세상은 어디메냐

어허 산나
돈 벌러 간다
흙물에 찌든 벌거숭이 식구들
핏줄처럼 꿈틀거리는 들판을 돌아
길을 떠난다
배운 문자도 없다
부를 이름도 없다
앙칼진 쇠스랑으로 박혀 싸워야 할
맨주먹뿐이다
땡볕으로 굳은 거칠은 맨몸뿐이다

어허 돈 벌러 간다
갯들 너머 만경창파 파도가 우는구나
벙어리 들판아
진달래 개나리 무더기 핏방울들아
파도야
이렇게 떠나도 좋은 것이야
청산에 새긴 맹세의 말을
믿어도 좋은 것이냐

3
대처바닥 품팔이 노동 몇 해더냐
여기 가나 저기 가나
끝물 시래기 인생
갖은 시름으로 고향 땅에 들렀더니
썩은 이엉에 내리던 비가 슬프던 집은 허물어지고
묵은 집터는
새마을 신작로가 되었구나

울 어머니 죽어서 무엇이 되었는지
사나운 꿈자리마다 구천을 떠돌며
배고픈 쪽박새가 되어 울고
오릿내 깊은 물

말 못하는 수중고혼이 되어
궂은비 나릴 적마다 서러운 물파도 되어
부딪쳐 밀려오고

"오매요,
동생들도 인자 지대로 다 커설랑
험허고 지질스런 인생길
단단허니 가고 있옹께
안심허고 저승질로 들어가서
아부지 만나 청실홍실
못다 한 고락 함께 하씨요."

이 딜수 놈
억울하게 세상의 뭇매를 당할 적마다
찾아와서 어르고 달래주는
흙의 구성진 짜배기 가락
물 한 사발에 한세상이 비쳐오던
날새벽 오매의 정화수 비나리가
지금도 눈에 선히 밟힌다는 말이올시다

비나이다 비나이다
천지신명님 전에 비나이다

설한풍에 오갈 든 풀각시같이
남의 땅 밭고랑을 타고 앉아
호멩이로 자갈 푼수나 챙기는 목숨이오니
어서 와서 일으켜주십사이다
눈 한번 들면
천 리를 보시는 천지신명님네
크게 굽어살펴주사이다
모지라지고 갈라터진 묵정밭인들 어떠하며
짠물 드는 노루목
모래바람 치는 갈대밭인들 어떠리요
내 땅에 내 손목으로 씨 뿌리고
일자무식에 겉보리 인생 이년이
갈퀴손이 되도록 일을 해서
살찐 들곡식 이내 품에 품어볼 수 있다면
어떠리요 어떠리요
넓으나 넓은 마포 들판 오릿내의 푸른 물을
다 마셔도 목이 타고
쭉쟁이 앙가슴에 불이 나던 세월이었다오
비나이다 비나이다
천지신명님 전에 비나이다
정월 대보름
휘영청 밝은 달덩이 같고

까막눈에 비쳐드는
햇덩이 같은 새 세상
어서 오게 해주사이다 비나이다

4
하기는 서울길 밟아
허위발신 기어들어온 인생들의 사연이
어디 한 가닥지뿐일까
조국근대화를 위한
수출을 위한 비단길 개척을 위한 공업우선정책이다
테레비다 라지오다 신문이다
코쟁이 노래다 하여간 오만 잡것들
이 기기묘묘헌 징싯속으로
젊고 힘좋은 물건들을 사들이기 위해
선전허고 역설허고 미화허고 노래헌 것들을
보고 듣다 보고 듣다 마냥 정신없이 취해서는
남부여대 줄줄이
못 가면 죽을세라 허겁지겁
올라온 사연들이
지금도 서울 거리거리 공장마다 그득그득
뜯겨 쫓겨가는 뚝방촌 가마니촌마다 원한성으로 넘치고 있는 것을

우리 식구

생선 함지박 머리에 이고
지집년은 날새벽부터 시장바닥에 나가
한 몸뗑이 꿀려

철야다 특근이다 이름만 불러다오
스무 살짜리 자식놈은
공장바닥에서 썩어

부어터진 다리통에는 신신파스가 제일이요
꾸벅꾸벅 졸음살에는 타이밍이 일등이다
오라이 스톱 오라이 스톱
달려라 꽃마차 어서 달려라
우리 집 딸년은
시내버스에 매달려

이내 몸은
이리 가도 좋아 저리 가도 좋아
눈비 오면 쉬어 가도 좋아
데모도 인생
어허, 세상 사는 맛이 꿀맛이로다!

고향

남의 바다에 나가시면 아버지는
달포가 다 지나야 돌아오시고
하루해가 다 가도록 찬 바람 속에서
어머니 남의 바다에서 조개를 잡고
나는 일요일마다 게를 잡아 팔면서
돈을 얼마나 벌었나 세어보았습니다.

눈칫밥

시집간 지 몇 년 만에 다시 돌아와
미싱을 밟는 고참 언니
새파란 관리자 놈 쌍소리에
고개 수그리고 드르륵
드르르륵 미싱 밟으며
눈물 삼킬 때

공순이 주제에
돈밖에 다른 진실 알겠느냐고 비웃으면서
시다 딱지 떼려거든
열일곱 순정도 팔라고
손을 잡았을 때

조를 나누고
포상의 개기름 도는 헛바닥으로
우리들 마음을 갈라놓고
그리는 작업성적 그래프
비철의 감원자 명단 앞에서
우리가 서로 뻗치는 경쟁의 살기로
그 꼭대기를 향해 오르던 때

우리는 무엇이었나

무엇이 되었나

아무도 아니라고 말하지 못하고
재단칼이 박히는 것 같은 눈초리 속에서
오금이 저리도록 눈칫살에 밟히며
떨고 있었을 때

지리산 1

누구의 피냐
저 붉은 골짜기

한번 목마른 울음 한번
울어보지 못하고

애 터지는 꿈
애기봉 큰 봉 수천 봉으로
일으켜 세워놓고
가야 할 곳 향해 수백 리 길 내달린다
돌아오고 달려갔다
다시 돌아오고
아아 가지 못하고

홀로 미쳐 타는
붉은 산
피! 피! 피!

지리산 2

눈 쌓인 산날등 타고
뒤를 쫓는 총소리
비명 소리 밟으며 갔지

한 봉우리 두 봉우리
죽음의 봉우리 넘을 때마다
얼음 들어 썩는 발가락
칼날로 우우욱 자르고
새붉은 피 눈밭에 적시고
호랑이 울음 울던 사람

산 것들은 모두 헐벗어
썩은 맹감나무
열매 하나
짐승 발자국 하나 없는데
어이 가나
어이 사나
눈은 내리는데

못다 부른 새 세상 소식
이슬같이 머금고
죽어간 사람

아아 죽어서도 무엇이 되었길래
한번 목마른 울음 한번
울지 못하나

저 붉은 산
아아 누구의 피냐

지리산 3

하루 세끼
조밥 한 주먹에 물고구마 쪄서 먹던
까까중머리 어린 시절
애비 이름도 모르고 자랐었지.
애비 소식 물을 때마다
총을 본 듯 화들짝 놀라
얼른 입을 막던 어머니

"순사가 들으면 잡어가는 중 몰라서 그려?
밤말이라면 새앙쥐 달싹허는 소리도
날래 채가는 사람들인 중 몰라서 그려?"

애기봉 하나 오를 만큼 커서는
힘센 장군이 되고 싶었지.
여우고개 넘어올 때마다
홀에미 사발농사 물어가던
보위대 사람들
나뭇짐 곁에 숨어 바라보며
어서 큰 봉 수천 봉우리 넘으리라
조막손 쥐며 다짐했었지.

"지 계집 지 자식 죄인 맹글어놓고

어디 갔다냐,
죽었는지 살았는지 소식 한 장 없고나!
좋은 시상 온다더니
까치 한번 울지 않는고나!"

애비 이름이 무서워
쌀 한 됫박
품앗이 하루 주지 않는 세상
어린 동생 병들어
칡물 몇 모금 넘기더니
가을 단풍을 따라갔지.
가마니 주검 솔나무 아래 애장터에 묻고
어머니 곡소리 밟으며 돌아오는데
눈물 속으로 아른아른 떠오르던 산
푸른빛 가득
붉은빛 화안히
출렁출렁 밀려와
슬픔을 덮어주고 돌아가던 산

"틀림없이 올 거이다.
죽었어도 죽은 사람이 아닝게
꼭 올 거이다.

아믄, 오고말고!"

아버지 집 떠난 날이 오면
토끼봉 큰 봉우리 위로
한밤중 아무도 모르게 떠오르던 달
어머니 눈물밥 한 그릇 먹고
비나리 한 사설 귀 기울여 듣고
어슴새벽 지는 달빛 타고
발자국 죽이며 돌아가던 산

눈부신 아침노을 아래
가슴속 슬픔이며 노여움
온갖 풀꽃으로 피워놓고
청청 이슬 반짝이며
수백 리 길 달려가던 산
아아 아버지!

지리산 4

지금도 함양이나 산청
남원이나 구례 땅에 가면
그 노래 들려오지
끊일 듯 끊어질 듯
몇십 년 바위짝에 눌려
애끌탕 애끌탕 하다가
사래 긴 밭 칠십 할미
해수 끓는 밭 한 귀탱이에서
총소리 아련한 바윗골
돌 틈에 숨은 병신꽃 속이파리에서
파장 뒤끝 초생달 쓸쓸한데
삼십 년 쌩과부 술집 주모
술 오른 목청 속에서
툭 툭 터져 피어나지
그 노래
부용사(芙蓉詞)

님아 님아 우리 님아
동동 사랑 우리 님아
저 산엘랑 넘지 마오
천왕봉 줄바위 넘어가면
영영 다시는 못 만나네

앞내 들판 다 팔아도
이내 눈물로 그리움으로
저 산 앞자락 다 젖어도
영영 다시는 못 만나네

님아 님아 우리 님아
어화 사랑 우리 님아
이내 손길 뿌리치고
저 산 저 골짝 넘더니
소식 없는 우리 님아
왜 못 오노 왜 못 오노
총소리 비명 소리만
이내 가슴 쥐어뜯는다

님아 님아 우리 님아
왜 못 오노 왜 못 오노
산죽(山竹) 깎아 칼을 차고
진달래꽃 따서 먹고
어허이 님 따라 가야겠소
어허이 어허어어허이야
님 따라 저 산 넘어 가야겠소
님아 님아 우리 님아

그 노래 부용사 들으면
생각나는 사람
귀례 누님

스무 살 앳된 처녀로
사랑하는 사람을 따라 산을 넘어
밥을 짓고
목청이 좋아 노래를 가르쳤다는
누님

사랑하는 남자 죽어
진달래꽃으로 덮고
애 밴 일곱 달짜리 몸으로
산 밑 마을로 내려와
몰래 사내애를 낳았지

귀례 누님
까막소 고생 빈대살림
커가는 아들 이름
살꽃이 되도록 새기며
잘 견디었지

까막소 나와서
친정집에도 가지 못하고
아들과 함께 움막살림 하더니
앙칼지게 개똥밭을 일구더니
눈총 맞기 지긋지긋해 고향도 버렸지

귀례 누님
지금은 구로동 골목 한쪽에서
노동자들에게 라면밥을 파는 누님
눈물 콧물로 키운 외아들 자식은
큰 학교 큰 공부 일찍 때려치우고
노동자가 되더니
데모죄로 까막소에 들어갔지
꼽방살이 옥바라지 치르면서도
눈 한 짝 이끗 않고
허기 든 노동자들에게
웃음이 많은 누님

귀례 누님
부용사 그 노래

지리산 5

가슴을 치는 진실이 두려워
애비의 모습이 두려워
돌아앉아 칼잠 뒤척이는데
다가오는 산
한밤중 검은 산

바람 소리에
몇 번이나 깨어 일어나
부르르 찬물을 마신다

아아 저 산
피! 피! 피!

오르라 한다
바윗골 풀꽃 한 떨기
눈물겨운 몸짓으로부터
나무 하나의 슬픔으로부터
다시 시작하라 한다

오르고 또 올라
수천 봉우리 산맥 예 있으니
산맥을 타고

달려가라 한다
벙어리 반쪽 강산 끊어진 혈마다
양키 쪽발이 미친 독새기풀
갈아엎고
갈아엎고 비로소 새살 깊이
세워야 할 조선의 칼!

죽지 못한 애비의 주검
오는 봄 싱그러운 꽃바람 속에
흙으로 정답게 썩을 것이니
그날이 오면
장백산 산자락쯤에서
지친 몸 쉬라 한다

몰래 제삿밥 올리는
늙은 어머니
기쁨의 눈물 쏟아져
꽃등으로 피어나
온 세상 밝힐 그날을 위해

치악산, 정혼식에 부쳐

큰 어깨들 끼고 함께 굽이치며 가는
치악산 봉우리들 보아라

오래 기다려온 마음으로
살아온 굽이굽이마다
붉게 붉게 타는 단풍들을 보아라

풋각시 수줍은 웃음이 아니구나
품에 안긴 샌님 아양주먹 아니구나

어른봉 애기봉 춤추며
큰 바람 만나면 북 크게 두드리고
탄식이나 울음 따위
큰 물소리로 씻어내고
달려가는구나
치악산은
우리가 살면서 끝내 이루어야 할
산맥이로구나

택아
숙아
우리 모두야

저것은 참말
우리 앞에서 이미 죽어버린 아버지와 어머니
식민지의 역사 따위 아리랑 따위
행여 못 잊어 손 내미는
철없는 안타까움이 아니구나
보아라 저 산굽이
우뚝우뚝 박힌 바위들을 보아라
신혼살림 아장웃음으로 간살대는
무슨 애틋함이나 정겨움 따위 아니로구나

얼쑤절쑤 큰 걸음으로 간다
백이와 숙이가 산다
우리 모두가 간다

굽이굽이 몇백 리 길
바위를 타고 봉우리를 넘어
둥둥 큰북 벅찬 기쁨으로 두드리며
얼쑤절쑤 어절쑤
붉게 퍼지는 새벽노을
투쟁의 아침을 향해
치악산을 넘는다

큰 바위이거라
살아서 오백 년 죽어서 오백 년
되살아나면 천 년이니
부디 한 나라이거라
역사이거라

고향의 말 12

김종찬

섣달 눈보라 다 가도록
간조가 밀려 있는 공사판
바람에 몰리는 모랫바닥에 주저앉아
깨져 뒹구는 벽돌장 같은
앞날을 생각하며
차오르는 눈물을 깨물고 있는 것은
네 모습이 아니다.

땅의 마음이 아니다. 종찬아
뒤집어 갈아엎고 아아 당당한 삽자루로 서서
피 흘리고 싶던
따비밭 살림살이 우는 식구들을 두고
떠니는 너에게
아내의 해진 치마폭 같은 눈물이 아니라
캄캄한 어두움이 아니라
두렁마다 익어가는 비린 보리 냄새로 와서
네 가슴에 떨리는 네 마음에
잊지 말라고 노여움의 들불을 달아주던
들판의 마음이 아니다.

종찬아
그리움은 무슨 뜻으로

고향 땅 동구 밖 늙은 탱자나무 우는 소리로
밤마다 찾아와
반 마지기 잠마저 빼앗으며
너를 흔들어 깨우는 것이냐
양식거리 떨어진 아내의 눈동자로 찾아와
너를 부르는 것이냐

하루 오백 원짜리 노동자 합숙소
맨흙탕 바람 속에
그리움을 세우고 바라보면
밤새 웅크린 새우잠에서 깨어나
하나둘 어깨를 끼고 걸어오는
산언덕바지 불빛들
제 가슴속 캄캄한 어둠을 찢으며
붉게 터지는 새벽노을

가는구나
한 주먹 다섯 손가락도 채우지 못한
서울 살림
밑바닥까지 털어봤자
맹꽁이 배낭 하나
반쪽 어깨에 메고

물러터진 유행가 타령
길섶의 병신꽃들에게 던지고
가는구나

종찬아
묵정밭 우묵새 가슴 갈아엎고
찾아야 할 것 무엇이고
아내의 그리움 다 풀어
박혀야 할 노동의 땅은 어디냐

얼음장 깔린 들판마다
두레불 지르고
너울너울 불길을 타고 오는
네 모습이 보고 싶다.

길

우리 가는 길
때로 외롭고 지치며는
길목마다 백 가지 숲으로 열려 있는 산에 올라
산맥을 볼 일이다
수만의 슬픔이 낮은 구릉이 되고
첩첩 봉우리가 되어 형제 사이로 울고
견디지 못할 슬픔으로 터져
골짜기마다 우르르 쏼쏼 쏟아져
몇백 년 한 산맥으로 이룩한 그리움
산 밑 마을 애달픈 역사 앞에
장하게 세우는구나
아아 나무 한 줄기의 슬픔도
부지런히 함께 모이니
큰 산이지 않으냐

공장 비나리 1
일기

일터로 돌아가고 싶다, 하지만
나는 일도 하지 못하고 돈도 벌지 못한다.
남들 하는 말이, 나 같은 것은
작업복 쪼가리보다도 쓸모가 없다고 한다.

병들어 썩어질 몸,
늙은 에미는 반겨줄랑가.
진학도 못한 동생 성민아,
서울 가서 돈 많이 벌어왔느냐고 묻지 말아다오.

정말 이 너른 세상바닥에
아무도 없는 것만 같다. 산다는 것은 무엇일까.
묻고 싶다. 땀방울도 야근하던 숱한 밤들도
더럽게도 무심하게 씻겨가버린 세월,
무엇 때문에 나는 높은 공장 굴뚝 같은 곳에서
그만 떨어져버린 것일까.

뒤돌아보지 말자, 살아야 한다.
깨무는 입술에 피는 흐르고
개새끼 개새끼 나쁜 사람들……,
욕설과 눈물 속으로 뻗치는
그리움 속으로 달려오는 앞날들.

일을 하고 싶다,
목구멍에 더한 냄새와 먼지와 가스가 쌓여서
가래덩이 더 붉은 기침이 쏟아질지라도
일을 하고 싶다.

서울 가던 날

경님아. 이름 한번 부르지 못하시고
마당에도 텃밭에도
참미나리 하얀 꽃 같은 서리
내려앉은 새벽. 아버지
큰 병원 한번 다녀오시지 못하고

    너후 너후 에이넘차 너후 간다 간다 나는 간다
    휘영청 달 밝으면 기다리는 주인일까
    외까막눈 반짝이는 다순 낫날 버려두고
    너후 너후 에이넘차 너후 간다 간다 나는 간다

큰돈 벌러 서울에 갔다더니. 오빠는
무얼 하다 왔는지. 소주나 한 병 취하면

쐬주나 한 병 살아온 날들을 잡아 흔들고
오랫동안 잠들지 못하면서 밤개 짖는 소리에나
구겨진 몸 기대이면서
비 묻었다
비 묻었다
이 풀 저 꼴 짊어지고 내려가자
비 묻었다 옛말도 감추고
서울보다 더 먼 곳엔 누가 살고 있는지
비 맞은 농약병들 걷어차며 또 떠나야 한다고
입술을 깨물었다.

    너후 너후 에이넘차 너후 스물여덟 상두꾼아
    이내 평생 흘린 눈물 찬 서리로 널어지고
    북망산에 간다 한들 바닥살이 아니드냐
    에이에이 에이넘차 너후 에이에이 에이넘차 너후
    명년이라 춘삼월에 꽃 피며는 돌아오까
    저 건너 마포벌에 새 세상이 찾아들면
    너후 너후 기러기 따라 저 강나루 건너오까

학교를 갈라 하면 눈물이 나올라 한다
구구단보다 먼저 손바닥 시퍼렇게
새겨지는 잡부금들, 살구꽃은 살구꽃

바람 맞으면 개살구 동생은
자주 울었다. 죽고 싶은 것은
어머니뿐이었을까, 열여덟 살
빈 들판 같은 바람이 불어왔다.

경님아, 밤기차 어둑한 창가에 기대어
서울 가던 날
손 한번 흔드시지 못하고
번지는 들판의 불빛들 속에서. 어머니
손 한번
흔드시지 못하고

처음 받은 급료봉투

해종일 궂은비 내려
곱던 찔레꽃도 다 떨어지고,
스카프도 작업복도 다 적시며
야적한 박스들 나르던 날.

준비다이 위에서 김 반장
고함 소리 높아도

궂은비는 궂은비
작업 시마이 벨이 울리고
다 해진 장갑 위에서 일제히
납땜 인두가 세워지고
윤경실 정순아 김숙진……이경님
급료봉투를 받았다.

신발을 살까 고운 하늘빛 치마를 띠울까
야시장에 나가 순정이 년과 떡볶이를 먹을까
아니지 적금통장을 만들어야지,
옷가게도 비켜가고 신발가게도 지나치고
궂은 하늘에 떠오르는
열여덟 분홍빛 꿈을 따라가다
싸구려 떡볶이 좌판도 비켜가고
말없이 입술 깨물다
그래, 편지를 써야지.

　성민아. 얼마나 반가운 첫 급료봉투인지 모르겠다. 부치는 돈은 손바닥보다 작지만, 어머니 검정 몸뻬는 말고 고운 치마라도 한 단 끊어드리고 너도 진학은 못했지만 누나가 더 넉넉해지는 날 서울에 오면 야간학교에 갈 수 있으니 책 한두 권이라도 사보아라. 지금 누나는 얼마나 기쁜지 모르겠다, 성민아.

젖어도
젖어도
젖지 않는 것들을 보면서
달래 먹고 다그러지고
살구 먹고 찌그러지고
앵두 먹고 앵돌아지고
……아주 작게
희망이라고 불러보았다.

바보 같은 이경님

시린 조막손들 난롯가에 모으고
엘레강스, 바라볼수록 작은 눈빛들 걷어차는 페이지 위에서
울음인지 웃음인지 킥킥거리다
작업벨 소리에 서둘러 흩어지는
한겨울 작업장, 때 없이 몰려오는 눈발이
유리창을 두드릴 때 왠지
잘 다린 작업복이 부끄러웠다.

먼 나라에서 오다는 자꾸만 밀려들고,

낙서판

까맣게 달려드는 컨베이어벨트 위에
불량품은 쌓여서
검사부 언니들 욋소리가 날아와도
어지러운 회로 위에서 엘레강스
못다 읽은 페이지들 끝도 없이
야시장 싸구려 옷가게 머뭇거리던 시간들을 가리키며
넘어갈 때, 문득 손등에 떨어지는 인두를 잡아주며
등 뒤에서 웃고 있는 야식 식권.
철야 빠질 사람 손들어요
반장님 오늘은 오늘은……
쌍소리가 세차게
스카프를 후려쳤다.

무엇일까, 손이 올라가지 않는 것은
수당 때문일까. 두려움 때문일까.
울타리 너머 불빛 속에서나
무심히 써갈기는 볼펜 아래에서나
근로자를 가족처럼……
현수막 위에서나 환히 웃고 있는 노동법,
어려운 행간을 더듬다
소리와 먼지와 냄새를 더듬다
멀어버린 까막눈 탓일까.

앞집의 영자는 팔자가 좋아
비공단옷을 몸에 걸치고
뒷집안의 순자는 팔자가 나빠
작업복의 공순이 신세
……정순이 엉덩이를 치며
절룩절룩 수리사 곽씨 달아날 때
심야방송도 끝이 나고, 열심히 살자
올바르게 살자 억울함 위에
작업다이 위에 그어지는 칼자국들
눈물이 더러는 힘이 되었다.

눈발 아래 흐느끼던 세상도
컨베이어벨트도 형광등 불빛도
눈 덮인 안양천 키도 낮추고
지붕도 숨기고 엎드린 철산리
얼어붙은 배추밭에서 잠드는
밤 세 시나 네 시,
잠시 눕힌 몸 홀로 일으키고
유리창 가에 서서
전북 부안군 행안면 월암리 이경님
바보 같은 이경님
번지는 성에꽃 위에 편지말을 몰래 접는

눈빛 속에 고이던 것은
눈물이었는지 배우다 만 교과서였는지

나의 살던 고향은

봄날이 다 가도록 어둡던 화단 한구석에 피어
날마다 반갑더니
궂은비 내려 참꽃도 떨어지고,
몰라라 돌아누워버릴까
허드레 몸 떨리도록 달마다 살갗을 찢어도
언제나 쓰지 못한 생리휴가서
빗줄기 아래 또 구겨지고
내일은
야유회 가는 날

라인을 돌며 반장의 눈빛도 팽개치면서
수리사 곽씨, 아나 떡 아나 돈
빗소리도 장단이 되는지
흐린 하늘에 주먹도 먹이면서
보릿대 가락에 신명을 돋울 때,
어두운 화장실 낙숫물 떨어지는 소리에 매달려

붉은 하혈 쏟아내며
열 손가락 마디마디 캄캄하게 맺히는
일당을 세었다.

흙탕물 고이는 공단 뒷길 물웅덩이 속으로
밀리는 눈물들 밟히는 가로수 나뭇잎들
어지러운 이마에서 타는 빗방울들, 자주 빈혈이
찾아왔다.

나의 하루 생활을 생각하면 참 우습기조차 하다. 일하고 먹고
자고 일하고 먹고 자고…… 하지만 더 열심히 일해야 한다. 이 악
물고 돈을 벌어서 늙은 어머니도 보태주어야 하고 저축도 해서
시집길 장만도 해야지. 군것질도 하지 말고 반장님 말씀따나
특근도 철야도 해서 잘사는 집 아이들같이 앞으로나마 잘살아야
지…… 그리고 참한 남자와 만나 연애도 하고 싶다.

오래도록 어디선가 교회당 종소리 들려오면
엎드리기도 하다가
중중 까까중
접시 밑 핥아중
생각나는 친구들 이름들 쓰면서 웃기도 하다
내일은

야유회 가는 날, 봄빛 치마 두르고
거울 앞을 서성거렸다.

이것이냐 저것이냐
벙거지춤이 들어간다, 수리사 곽씨
자꾸만 정순이 곁을 맴돌아
야지 소리 날아들고
짠지 아줌마 만담에
박수를 치며 웃다, 누가 먼저
시작했는지……
꽃 동네 새 동네 나의 옛 고향
파란 들 남쪽에서 바람이 불면
냇가의 수양버들 춤추는 동네
그 속에서 살던 때가 그립습니다
……어린 몸 기대며 언니
경님이 언니, 고향이 가까운 중막골
열일곱 순애가 울고
고향은 멀어서 잔별들처럼
더 가득하게 밀려오고,
어디선지 세상 밑바닥을 때리며
우우우 소리치던 밤파도 소리.
절룩절룩 걸어가다 쓰러지는 곽씨

서러운 나이를 내던지며
죽어야겠다고 소주병을 깨뜨리고

공장 비나리 2
내 이름은 공순이예요

그날

 그날, 흑판 위에 쓰여진 하얀 숫자들, 2천 PS 생산목표량을 따라 아무렇지도 않게 라인이 움직이기 시작했다.
 기침 소리, 마스크를 쓰고 일해, 가슴이 답답해서 그래, 기침 소리.
 외박하고 돌아온 명희 년 곁에서 쌍소리와 한숨 소리가 자주 들려왔다. 사랑은 바보야 사랑은 철부지…… 어느 구석에선가 유행가 소리가 들려왔다. 트랜지스터 눌러 끄지 못하겠어, 김 반장의 쳇소리. 싸구려 여관방 수줍은 미소도 사랑의 맹세도 다 가 버렸네

 웬일들일까, 행렬에 밀려 아주 늦게 점심을 먹고 돌아왔을 때.
 아무도 엘레강스 같은 것을 읽지 않았다.
 배구공도 떠오르지 않았고, 늦가을 높은 하늘이 텅 비어 있었다.
 니기미 씨팔 순 사꾸라 세상이라니까…… 수리사 곽씨,
 TOKYO, NEW YORK 박스들을 걷어차고 있었다.
 여전히 회로는 어지러웠고. 간밤 꿈에 어머니, 자꾸만 팔을 끌면서 어서 오니라 느이 애비 묏등에 큰 기와집이 들어섰응께 경님아 어서 오니라…… 우시던 모습을 더듬다 휴식 벨소리를 들었다.

왜 저리들 놀랄까, 처음 듣는 사람처럼,
 이상도 하지, 아무도 매점에도 가지 않고…… 누군가 무엇을 잘못한 것일까.
 니기미 씨팔 내 몸 조질 날도 얼마 남지 않았다고, 수리사 곽씨 공구들을 어두운 구석에 내던졌다.

 나락이 다 베어진 저녁답 논둑길을 걸어가다 둠벙에 검정 고무신을 빠뜨렸지 훌쩍거리며 나는 똘물을 따라 고무신을 잡으러 갔지 자꾸만 어두워지고 고무신은 잡히지 않고…… 어디에선가 어머니가 나를 애타게 부르는 소리를 들었어 이리 오니라 고무신 여그 있다아 이리…… 야근을 알리는 식권이 배부되었다.
 반장님 반장님, 왜 나만 비켜가는 섯일까.
 조장 언니가 다가왔다. 경님아
 경님아 폐병이래…… 언니이.

 그날. 가로수 잎들, 붉던, 붉게, 흔들리던, 그날.

웰컴 웰컴

 덜 뜯겨진 모집공고 안내문이 담벽 위에 내갈긴 오줌 자국처럼 남아 있었다.

고개 떨구고 찔레꽃들이 작업복 쪼가리처럼 울타리 철책마다 걸려 있었다.

공장 수위실 가로수 밑에서 월부 화장품 장수들이 퇴근하는 아이들을 부르고 있었다.

독서회 꽃꽂이회 자수회 인생교실……

공단 복지회관 안내 공고판에서 모임의 이름들과 시간표가 환히 웃고 있었다.

책 한 권…… 꽃 한 송이…… 연애 한번 못해봤네.

출근카드에 찍힌 수많은 날짜들과

야근하던 밤마다 손바닥에 올려지던 푸른색 식권들이 떠올랐다.

나는 괜찮을까, 웰컴 웰컴 목장승의 여자가 공단 안내판을 가리키고 있었다.

니기미 씨팔 아주 끝내버리겠어, 리어카 좌판의 카바이드 불빛이 파랗게 빨갛게 일렁거렸다.

날마다 지나쳐온 불빛들이 처음 잡아보는 기계의 움직임처럼 자꾸만 뒷걸음쳤다, 나는 잘못이 없어

아무 잘못이 없어

낙서판

제2부 대열

다른 곳에서 옮을 수도 있지요

어디서 왔는지, 공장 앞을 기웃거리다
키 작은 계집아이
포장부 사내들 휘파람 소리에 뒷걸음치다
이력서를 내며
수위 아저씨에게 몇 번인가 고개를 숙였다.

불쌍해서 어쩌지, 짠지 아줌마
푸성귀를 다듬는지, 어디로 갈지 원 세상에
세상에…… 냄새도 먼지도 없는 곳
난로 위에 물이 끓고
스커트 자락이 단정하게 흔들리는 곳, 세상에
건강진단서 위에 붉은 도장을 찍는 곳.

고향을 자주 생각했었지, 들판이었을까.
콩깍지가 날아다니고
마파람이 불고 나락꽃이 피고
어머니 남의 땅에서 허리가 휘시고,
학생반 아이들이 하늘색 스카프를 나풀거리며
페이퍼질을 하고 있었다.

상기자는 전염성이 강한 폐균 보유자로 판명되어 ○월 ○일자
로 퇴사를 명한다. ㄹ전자주식회사…… 행사하기 전 애국가를
부르듯이 조금 불편한 심정으로 가슴을 내밀었을 뿐인데, 진달래
반 이경님.

노란 봉투가 쥐어졌을 때
오래 납땜인두 끝에 매달려 몰래 울던 시간들이
넘쳐흘렀다, 기침 소리
기침 소리. 보상금은 드릴 수가 없습니다
버스 안에서나 다른 곳에서 옮을 수도 있습니다
……아침나절 텃밭의 참새들아
달던 감꽃들아
고향집 신작로 가 치맛자락을 물고 낑낑거리던 누렁아.

이거 보세요,
내 이 름 은 공 순 이 예 요
이 경 님 이 아 니 라 구 요
……어느 가난한 임신부가
병원에서 받아주지를 않아서
죽었다는 신문기사를 읽을 때처럼
늙은 수위 아저씨 무표정하게
맑은 가을 하늘만 바라보았다.

노래

가고 없네 가고 없네
스무 살 고운 청춘
아무 데도 없네.
작업장 버려진 일장갑 속에서나
머물고 있는지
에헤이 에헤이헤이
나는야 스무 살 꽃다운 처녀
에헤이헤이 에헤이
신다 버린 고무신 인생

가고 싶네 가고 싶네
우리 세상
넓고 밝은 곳으로
그리운 땅 냄새도 먼지도
없는 곳으로
에헤이 에헤이헤이

나는야 스무 살 꽃다운 여자
에헤이헤이 에헤이
반가이 맞아줄 세상으로

가야겠네 가야 하겠네
가다가 쓰러지면
울 오매 눈물을 씹고
눈보라 사나운 밤 몰아치면
눈발을 씹고
에헤이 에헤이헤이
서러운 까막눈 하얗게 뜨고
에헤이헤이 에헤이
가겠네 가야 하겠네

공장 비나리 3
정님아 순애야 은숙아 사람들아

안양천

안양천, 찬 바람에 폐수도 억새도
까맣게 얼어붙은 강바닥을 바라보았다.
며칠째 주린 배
누런 하늘, 강둑을 베고 누워
어지러워라 보리개떡을 씹었다.

한 바퀴
또 한 바퀴
서성거리는 공장 뒷길

웨이트리스 모집, 바람에 펄럭이다 떨어지는
앞날들을 밟으며 고향집
어머니 부쳐온 편지를 읽으며
무엇을 할까 햇살 아래
어둡게 떨다 무엇을 할 수 있을까
먹장 가슴 두드리다 터지듯
달려가
철문에 매달려, 나 아직 일할 수 있어요
나 아직 납땜질 끄떡없어요 흔들며
믿을 수 없는 건강진단서

찍혀버린 이름 위를 뒹굴며
보았다, 파묻힌 보상비를 거머쥐고 등 뒤에선가
어디에선가 칼날을 내미는
캄캄한 얼굴들.

쏟아져라 큰비, 세상 열두 마당
병들고 터지고 빼앗기고 굶주리고
쫓겨나고 찢어지고 죽어버린
육신 위에 쏟아져라
쏟아져라 큰비.

정남아 순애야 은숙아……, 세상 너른 천지 몸뚱이 하나로 살다가 벙드니 길 곳이 없구나, 다 같은 촌년들 맨살 부비며 보여 살다 내 한 몸뚱이 병들어 쫓겨나니 아무도 오지 않는구나. 이대로는 고향에도 갈 수가 없다, 친구들아 우리는 같은 운명이야. 또 누군가 병들어서 길바닥에 내버려진다면, 친구들아 우리 중의 또 누군가 그 자리를 메꾸어 친구의 이름을 낚아챈다면 우리는 정말 무엇이 되는 것일까.

걷어채어 나뒹굴며 고개 쳐들고
부를수록 텅 빈 하늘에
주먹을 먹이다

비켜가는 발자국 소리들 곁에 웅크리고
섣달 바람에 붉은 기침 터트리다,
절뚝거리다 넘어지다
한 발
또 한 발.

편지

경님아 보아라

기별이 없어 편지를 기다리다 몇 자 적는다.
　타작마당에 새북마다 내리는 찬 서리나 앞냇벌의 허재비가 꼭 이나 내 맘 같아지는 섣달이고나. 다 철 지난 것들한티 맘을 뺏기는 것을 보니 냇갈물 얼고 눈 소복 쌓일 날도 지척 앞에 왔는갑다.
　얼마나 고생이 되느냐. 가실내 쌀 한 됫박 도토리묵 한 보시기 보내주지 못헌 에미라서 가슴만 아프고나.
　늬가 부쳐준 돈은 아버지 제사상 채리는 디 허고, 동생 성민이 고리뚱 바지 사는 디 허고, 오동나무집 귀남이에 꾼 돈 갚니라고 썼다, 경님아. 못난 에미 둔 죄거니 생각험서나 울었고나. 언지나 한번 식구들이 다 모여서 살 날이 올랑가. 가실이 다 가도록 늬 오빠는 편지 한 장 없니라.

성민이는 내내 나락논에 품 팔러 댕기다가 타작이 끝나고는 취로사업장에 나댕기믄서 돈을 벌고 있고나. 어치나 에린 몸을 함부로 쓰는지, 에미는 말리지도 못허고…… 에린 가슴에 대서리가 맺힐 것이다.

아무쪼록 몸 성하게 지내고, 정월엔 꼭 댕기러 오니라.

일당 이천 원이 무엇인지

눈이 내렸다, 홑이불 아래 엎드려
싸구려 옷장 속에 접어둔
급료봉투를 세어보았다.
손등 위로 번시는 눈물들 위에
독하게 깨무는 속 쓰린 허기 위에
눈은 내려 쌓이고

돌아가야 한다, 손을 뻗쳐 더듬는
서로 어깨들 걸치고 햇살을 걸치고
환히 웃고 있는 늦은 봄날
초록빛 야유회 사진 몇 장.
철 지난 주간지 위에
생라면처럼 떨어지는 가래 덩이

살면서 더운 피 한곳에서 서로 적시며
만난다는 것은 무엇일까, 어디서 오는지
아프게 어지러운 이마 위로 떨어지는
눈송이들이여. 하얗게 번지는
얼굴들이여

들리겠지. 흔한 작별 인사도 못하고
무심히 타는 납땜인두 아래 고개 수그리고
비켜갔지만, 쌓이는 먼지와 냄새만큼이나 분명하게
그래 누군가 서둘러 빈자리를 메꾸는 만큼이나
분명하게 들리겠지.
불러서 가까이 갈수록
어디론가 또 뒷걸음치던 불빛을 따라가다
어느 날 고픈 배로도
밥알을 씹지 못할 때
어느 날 밝던 눈빛이
회로 속에서 어지럽게 구겨져버릴 때

아아 누군가 또
일하고 싶어요
일할 수 있어요

철문에 매달려 더럽게 푸르던
하늘에 매달려 울부짖을 때
정님아 순애야 은숙아,
아우성 속에 새겨지는 앞날 캄캄한 파도 소리
병들고 쫓겨나고 빼앗기고 찢어지는 소리
들리겠지, 일당 이천 원이 무엇인지
깨우쳤을 때.

눈발이 그치고, 번지는 날빛을 따라 안양천
억새들 누렇게 흔들리는 강둑을 따라
못다 한 말들 타는 눈물들
일으켜 달려가면
또 어디선지 얼어붙은 하늘을 깨뜨리며
달려오는 눈송이들.
높은 공장 굴뚝 솟구치는 검은 연기와 함께
마디마디 시퍼렇게 언 땅에 살아 우는
바람이여

살아야 한다
살아야 한다, 고향 땅 가까이 뻗치는 조막손
울리는 기적 소리 걷어차며
쏟아지는 눈송이 속에서

무엇이 되었는지

노래

어허이 가네
고향 땅 큰 별
치맛자락에도 가득 쏟아지던 잔별들
어허이허이 보이지가 않네
자갈밭인가
갈대밭인가, 모르겠네
그리움도 가버렸네
어허이
어허이허이
저 소리 울 오매 우는 소리
날 부르는 소리

에라 몹쓸 년
한번 태어나
세상천지 넘치게 쏟아지는 개살구빛
시리도록 깨물지도 못하고, 몹쓸 년
이 풍진 세상

햇살뿐인데
바닥에 썩어 몸 바쳐 썩어
어허이
어허이허이
어디로 가느냐 떠나느냐
에라 몹쓸 년

타네 어허이
떨다가 울다가
병든 꽃 한 송이 눈물은 버리고
돌맹이처럼 어허이허이
길바닥에서
담벼락에서
외치다 얼어붙다 다시 살아나
어허이
붉게 쏟아져
어허이허이 타네
부르네 어허이허이 사람들아

공장 비나리 4
비나리

먼동이 틀 때

아니지, 기침 소리 같은 것으로 떠돌다
엎디어 듣는
기적 소리 같은 것은 아니지.

열사흘 허기진 몸
담벽에 기대일 때,
말없이 곁에 쌓이는
눈송이 같은 것은 아니지.

하얗게 깨어나 찬 새벽
떨어지는 샛별들 밟고
가다가 가다가
먼동이 틀 때
움켜쥐는
돌멩이 같은 것.

비나리

울어라 더

크낙하게 울어
무심한 안양천 흐르는 물결 위로
열두 달 쏘나기로 떨어져라

쏟아져라
기침 소리 한 마디
움켜쥔 고향 땅 한 조각 맺히지 않는
청청하늘에
돌멩이로 돌멩이로 박혀서
아무도
어느 나라도 흔들 수 없이 박혀서
상처가 되어라
주먹이 되이라

주저앉아 먼 불빛 가리키고 있는 친구들 곁에
말깨나 하는 놈 속삭이고 있으니
추운 밤 지쳐 잠들고 있으니

불러라 자갈 씹고
눈발 씹으며 가던 노래
부르다 부르다
누군가 목청을 밟거든

뒷골목 장 골목
그리움도 기다림도 잊은 거리거리
담벽마다 나붙어
펄럭이거라

펄럭이다 또 누군가
먹칠을 하거든
더 캄캄하게 개칠을 하고
어두운 고향집
고개 파묻은 에미 일으키고
진달래 개나리
쑥부쟁이 질긴 이름으로 살아
무더기로 쳐라

쳐라 이 세월 저 골목골목
이판사판 남김없이
병신꽃 흐드러질 것이니
한판 큰 비나리가 터질 것이니

# 제3부

김미순전

실천문학사 | 1993

눈먼 새

바람은 불고
노을은 흐르고
서늘히 가슴 젖는데
하늘도 들판도
보이지 않아라

저 새
갈라터진 소리로만 남아
홀로 날으는 허공

애끓는 목숨
몸부림쳐 가는 곳
한 줄기 숨길도 사위어버린
노을 끝 찬밤인 줄도 몰라라

눈먼 새
캄캄히 더듬는 마음으로는
햇살도 바람도
감옥인데
비마저 쏟아져라

천둥 번개 번쩍 울어

휘익 벗겨지는 하늘에
저 칼날

지난날
어린 식구들 함께 줄지어 날던
푸르른 달바다
떠흐르던 별빛들 삼켜버린 비보라여
이리 서러운 싸움 속
거슬러
차올라
쑥대머리 한판 춤이고 싶어라

비바다 한밤중을 건너
바람더러
들판더러
가야 할 길 물어물어
떠나는 흰 새벽
피에 젖은
까막 눈망울에
아려오는 뜨거운 눈물에
아아, 하늘도 불타라

눈사태

정이월 쇠바람 얼어붙는
노동상담소 찬 눈송이들 치떠오는 출근길
길래 말 한마디 하지 못하고
돌아서는 아내의 흐린 눈망울과
때로 단돈 만 원에도 찬 바람 울어
홀로 훔쳐냈을 그 속울음이
제 한 몸 견디기 위해
살아온 날들 남김없이 떨구어버린
겨울 나뭇가지에 매달려 떨고 있다

햇살 속에 잎새들
해말갛게 봄을 보내고
불볕 속에 기슴 대우던 닐들은 어디에 있는가,
그때엔 새파란 작업복에 울뚝한 노동조합 사무장
지구 사업장마다 신명 올리던 선전 일꾼
애틋한 꽃그림자 속 단칸방 신접살림도
기다리던 첫눈 쏟아지듯 그렇게 지나
어쩌다 집회에 나가서는
이젠 노래도 가물가물 잊혀진다고
웃기도 하더니
지애비 징역 살 때
빨갱이 운동권 출신 지목이 싫어

친정 식구도 시집 어른도 없이 첫애기를 낳고
홀살림하더니
내 까막소 나와
낮으로는 해고자 동료들 속에 운동살림 차리고
밤으로는 한거리 보따리 장사로 먹거리 팔 때
기다림은 깊어 보안등 외롭게 타는 골목길 끝에서
무엇이 되었나 홀로 여미는 바람 속
새파랗게 눈뜨던 사랑이여

털 빠진 제 인형처럼 추레하게
말라가는 아이를 보듬고
잠 못 이루는 밤 문밖에선 소리도 없이
몰래몰래 눈은 내리고
견디고 기다리는 일도 길이 되리라 다짐하던
운동도 벗들의 눈빛도
문득 아득해서
허공에 힘없는 주먹을 젓는다
아아, 아침이 오기 전에
한 생애를 굴려온 모진 노동과
피비린내 엉킨 부릅뜬 눈의
전망이 캄캄한 눈보라 속에
사태가 되어 쏟아지리라

울산 0시

1
바리케이드와
방탄 가스 차량들
사이
빗줄기들 몰켜들고,
가로수들 일제히 고개를 처박는
세찬 바람 속에
어둠 속에
박혀 있는
비상등 하나

2
투표장 창밖으론
빗줄기 사이로 쉴 새 없이 떨어지는
워키토키의 명령음들,
아아, 우리들의 선택은
저렇게 속절없이 젖어가는
어둠이 될까
바리케이드 버팀목이 될까,
원직 복직도 생활 임금도 빠져버린
협상중재안 앞으로
묶여가듯 숨죽인 대열

3
뉴스 카메라 속에 끌려간
피의자의 얼굴을 찍는다

헤드라인 통활자로 울뚝 세워져
비웃음 속에 처형된
난동자의 얼굴을 찍는다

비상연락망 속에 갇혀
만날 수 없는 친구
길거리 담벼락의 저 낯선
지명수배자를 찍는다

투표용지를 벌겋게 누르는
이 떨리는 손
붓뚜껑에 찍혀나오는
우리들 강판엔 듯 쇳물 속엔 듯
새겨지는 얼굴

밤바다
방어진에서

바다는 기어이 울음뿐인가
깡소주에 취해
모래밭에 내뱉는
쓰라린 파도뿐인가
탐조등 서치라이트에
어쩔 줄 모르고 몸을 숨기는
초라한 뉘우침인가

아, 파도의 한 생애여
먼 바다 끝에서
참혹한 배밀이 포복으로
제 몸을 만들고
바람 속에
수천 번 수만 번 물이랑을 올려
한 바다를 이루는 것이여

자랑을 잃고
지금은 수치에 싸여 말이 없는
골리앗 크레인
저 침묵조차
우리의 손으로 들어올려
가슴 밑바닥에 쌓아야 하리

이력서

가명으로 아예
숨어버릴까

이력서 빈칸을 지키는 두려움 앞에
미리 들켜버린 마음이
제 이름에 묶여
허공을 치고,
한없이 쫓기는 발걸음
지친 눈망울로
막다른 뒷골목엔 듯 떨고 있는
사업장 경력

걷고 또 걷는다
공단 거리 공장 굴뚝마다
기운차게 연기가 솟아오르고
까맣게 찌든 가로수도
새잎들 피어나 신록인데
눈물겨워라
서른다섯이란 내 나이
십수 년 공장 이력에 흘러간 청춘

세상은 온통 검문투성이

삼 년 근무성실자 소개 심사를 거치면
블랙리스트에 걸어 또 한 번
마지막엔 소신 검사에 매달아
사상의 밑바닥까지 뒤지고
신입을 뽑는 저 자동차회사
밤낮으로 워키토키 돌아가는 경비 초소를 돌아
취업이력서 한 장
투쟁사업장 경력을 지우고
허름한 회사에 걸어봐도
절대 불가
거 보란 듯이
컴퓨터 적색통신이 찍어 물어보는 내 이름

손가락 하나쯤 짤린 건
프레스 귀한 경력이 되고
철일 삼 년도
기술자 대우로 빠지는데
민주노조 피투성이로 지킨 세월은
무엇이 되어 이토록 맨주먹으로
바람 끝에서 몸부림인가

공단 한 귀퉁이

빵이나 우유 한 봉지 물고
여자애들 깔깔거리는 가겟방
한구석에 앉아
소주를 마신다
마실수록 답답한 가슴에
속불은 타고
다 잊어버린 옛일이라는 듯이
저렇게 잔잔히 밀려가는
저녁 햇살
그 속을 걸어가자, 가자고
앙다짐을 하는데
후두둑 치는 눈물 속으로
달려오는 것
담 너머 야근조 작업복 행렬을 따라
하나둘 번지는 작업장 불빛들
어둠살을 타고 넘어오는
저 기계 소리

아아 꿈꾸듯 프레스를 밟으며
간다
노여움이 다시 돌멩이를 움켜쥐는
닫힌 저 철문에

밀려오는 노동의 숨결로
이력서를 쓴다

울 애기

끊어버리랴
실꾸리를 타고 흐르다
끊기고
또 흐르다 감겨
숨 졸리는 울음소리
한밤 꼬박 미싱은 달리고
예쁘게 새겨지는 꽃송이들
이파리 이파리마다 눈물 흘러라
울 애기
캄캄한 자궁 속에
피에 감겨 어디 갔나

애장터 흙 한 줌 없었네
골목집 싸구려 의원
칼 한 자루에 쓰레기통 속에
오물 덩어리
울 애기
밤꿈마다 붉은 피 너울치는 만월이 되어
배 속을 구르고
눈부시어라
전세방 한 칸의 기약
그이는 밤을 새워 쇠를 치고

미싱 바늘에 독하게 피어나는
핏방울 단내 속에 죽었어라
용접 불꽃에 한번은 먹히고 말
우리 그이
눈동자 속에 핏발로 타버렸어라
울 애기
아아 곱게 돋아나는 꽃송이
꽃송이 되어 미싱을 타네
애분홍 살떨기로 피어오네

돌배나무

고향 외갓집 뒤울
햇빛 스산히 떨어지는 속에
시래기 말라가는 처마 한 마당 질러
울담 밑 돌배나무

밭 한 두락 주면 가지, 쪽박
논 한 마지기 팔면 가지, 쬬옥박
자식들 대처로 나가서는
비가 와도 그만
눈이 와도 그만
세월이란 것 삭정이처럼 뚝뚝 부러지고

둥치만 남아
까마귀 똥만 슬더니
외숙모 돌아가셔서 장사 지낼 적
웬 곡소리가 반가웠던지
다 죽은 가지 우듬지에 누우런 싹 한 치
한밤중 바람 속에 몰래 틔워놓고는
해아침으로 참새 한 마리까지 달고 있던
그 돌배나무

오늘은 집자리도 돌배나무 그 자리도 아예 없어라

더듬는 옛 신작로 벚나무길엔

이차선 아스팔트가 전속력으로 달려가고

문득 치여 나뒹구는 기억 속 옛집 돌배나무 그 자리엔

코카콜라병처럼 빠진 도시 계집

허벅지가 햇살 튕기고 있는 광고탑 아래

쌀롱이며 쎄단들이 기름을 빨고 있는

호남정유 주유소 대리점

슬픔엔지 멀미엔지

푸르른 하늘도 들판도 눈가에 쓰라린데

외갓집 막내 내 이종형님

기름쟁이 마크가 빳빳하게 박혀 있는 작업복을 입고

다 팔아먹은 세월처럼 꺼칠한 웃음으로

나를 부르네

진달래

평생을 외진 길 닦아
어린 조선쑥들 키우시던
시골 학교 선생님

젊은 날
죽음을 비껴
가슴에 묻어둔 그 길인가
그 아들 수배에 쫓겨
형사들 집뒤짐을 시키고
기어이 옥살이 주제로 한 소식 올리니
철마다 옷 갈아입히시듯 면회길 오셔서
정정한 눈빛으로 아들의 얼굴 닦아주시고
달마다 곧은 대나무 그림 치듯
한 마디 두 마디 말을 골라
편지 주시더니

그 아들 한 번도 아니고
또다시 징역에 들었을 때
눈은 침침해지고 손은 떨려
간신히 쓰신 편지글에
한 말씀 숨기지 못하셨네,
외진 길 갈수록 사무치는 외로움에

꽃은 더욱 붉고
바위는 하냥 무거우리니
부디 마음을 다듬어 단정히 하라는 말씀

갈수록 잡초만 욱어 흙살도 쓰라린 산천에
어찌 고이 묻히셨을 리야
기약하신 면회 날짜
몇 번이나 넘어가고
철창 너머 산날맹이 진달래도
저리 울며 뚝 뚝 떨어지는 것을

제비꽃

산길 외로움에 익어
청승으로 피어난 제비꽃
홀로 눈물 삭인 품이
시집살이 한 삼 년짜리 풋며늘아기
옷고름 같은 떨기들

예전엔 그저 툭 툭 차버리고 갔었는데
해어스름 떨어지는 허름한 산길에서
웬일로 마음 밑바닥에 피어난다
햇살이 고맙고
바람이 반가운
제비꽃

그토록 큰 것만 보려
애태우던 세월 한 그늘에
숨어 자라다
못 견디게 솟구치는 울음의 난바닥에
어쩌면 새살처럼 돋는 것들!

광장에서

〈텅 빈 광장 어스름 속, 시계탑이란 놈 언제 적 어느 어름인지도 모를 시간을 홀로 가리키고 있다〉

지금은 눈길 한번 받지 못하는 채로
멈추어 서서
발아래 광고 쪼가리나 밟고 있는 시계탑 아래
나는 무엇을 기다리고 있는가
초침엔 듯 실려 파들 떨고 있는
살아갈 날들 간신히 바라보면
거기
칼끝인 듯 불쑥 외침을 베고 가는 바람
아아, 마음속 한나절 불꽃도
이제는 견디지 못하고
나무 그림자에나 헛되이 눕히는 그리움 한 줄기

어둠 속으로 떠오르는 가로등
흐린 눈동자들 앞을 서성대다
문득
헐벗은 나뭇가지 사이 빈 까치 둥우리 바라보는데
눈물 속으로
찌르듯 웬 새 울음소리 이명(耳鳴)으로 떨어진다

새 1

저녁살 바람에 흔들리는 한들판에
비는 내리고,
새빨간 얼룩으로 뭉개지는 르망차

그 광고 철탑 꼭대기에서
새 한 마리
외마디 자막처럼 찍혀 있다,
저무는 하늘 흐린 화면 속에서

폐업

새 한 마리 흐린 하늘을 울고 있다

배고프게 흘러가는 공장 굴뚝 연기 몇 모금 훔치고 있다

아아, 가을비 치고 찬 서리 깔리면
한 마음 디딜 곳마저
차갑게 얼어붙으리

어서 날아가자, 절벽 같은 허공을 찢어
피 묻은 부리에 쟁쟁한 햇살 물고
우짖던 노래
꿈에 젖어 외롭게 하늘을 흐르다
노을 속 탄다, 새여

고공 용접

살아라
여기
발밑 세상
캄캄한 죽음 속에 한 발을 딛고
불꽃을 세워
강판에 한 발을 묶고
허공에 매달려
버티는 저 고공 용접
절벽 같은 허공을 질러
저 아래
미치게 돌아가는
자본의 불빛 눈부신 손짓을 따라
몇 번이나
몇 번이나
떨어져버린
아아 타는 눈물 속
칼날 어려오는 기억이여 쳐라
싸움의 가장자리
기어이 언젠가는
허공중에 한 발을 놓쳐
떨어져 으깨어질 목숨의 자리
굴종의 땀방울로 번들거리는

목숨의 허공
거기
멈출 수 없는 싸움으로
불꽃을 세워라

그 눈동자

지금도 꿈꾸는가
빗물에 젖는 공장 담벼락
패인 낙서 속
희미한 얼굴

바람 부는 거리 휘황찬란한
반동의 세월 흙먼지 바람에 썩어
짓물러터진
침묵의 입술
돈에 팔려
다시는 돌아설 수 없는 투항의
뒷골목 술잔마다 넘쳐흐르는
갈라터진 유행가

그 노래가 들리는가
제 가슴의 피와 땀을 퍼올리던
포클레인
제 슬픔의 밑바닥까지 파헤치던 삽날
쇳가루에 썩어가던 작업복도
눈부셔라
청청하늘에 흔들던 날
목 터져라 나부끼던

동지가
물 한 모금도
불빛 한 점도 아주 끊겨
정적이 숨통을 조르던
지게차 바리케이드 진지에서
총구가 되어 어둠을 겨누던
그 눈동자

삼십 년 기름때 먼지밥에 늙어온 노동이
오직 자신의 사상으로 타올라
바리케이드를 지키던
오오 별빛이여

길

또 이 길을 간다
마흔 다 되어가는 나이
바람 속 불꽃 꺼질 듯 외로운데
다시 징역의 길

이태 만에 경찰서라 들어가니
매타령에 좆찌리 육두문자
낭창하던 담당 이 형사 세월 탓인가
걸쭉한 악수 바람에 설렁탕 한 보시기 생색 깔아놓고
제가 악살 멕여 까막소 보낸
지금은 개혁실세 고급 비서가 되었다는
김 선배 소식 웃음 쳐 묻는데
이제는 적도 맷값도
한 껀수도 못 된다는 듯이
비아냥도 없이 처자식까지 챙겨주는
담당 형사 나이 오십 줄에
말단 곰형사 앞에서
이렇게 얼굴이 달아오르는 것은
뿔뿔이 흩어진 벗들 빈자리에
슬프게 깔리는 노여움 때문이냐
빼앗겨 외롭게 녹슬어가는 나의
용접봉에 끌 수 없는 믿음 속에

새파랗게 어른거리는 불꽃 때문이냐

오오 죄목 한번 초라하다
제삼자개입이여 닳아빠진 칼날이여
자본이 있는 곳엔 어디서든
몸을 주고 품을 팔아
썩어가는 가랭이도 비까번쩍
총천연색 광고탑에 웃고 있는 것이여
민주주의여
대우판 에스페로여
현대표 엑셀이여
너를 불러
이토록 막다른 골목에 울어
까막소에 처박히는
나의 죄목이여

징역살을 깬다
수천 번 벼락 치는 마음을
깎아세운 바위 벼랑에
방울방울 선연히 피어나는
이슬이여 노여움 속에
오오 싸움의 길

뮤직홀

서로를 끌어안고
타고 넘나들다
한 몸으로 터지는 조명발 아래
스텝을 밟는다 베이비
당신을 사랑해요 베이비
땀방울 흘러내려
번들거리는 젖무덤 아래
허리에서 놀던 팬티스커트
드럼 소리를 휘감아돌다
출렁 벗겨진다 오오 베이비이
당신의 뜨거운 손으로
날 붙잡아줘요

공단 네거리 비디오 뮤직홀
어두운 한구석 테이블 밑
무방비의 네 스커트가
뜨거운 눈길 속을 출렁일 때마다
취기에 젖은 네 눈은
부르르 떨리고
몇 번이나 크게 열린다
핑크빛 진한 매니큐어 사이에는
롱사이즈의 담배 한 개비

옛 꿈속에서는 너도 저렇게
꽃피는 카수였는지
화면을 더듬는 눈빛엔
불꽃이 슬프게 일렁이고
안간힘으로 더듬거리는 입술

조명점 둘이 켜지고 있다
어둠 속을 솟아오르는
유두
눈부시게 팽팽한 살무덤
무릎을 꿇고 벌린 여자의 가랑이 사이
콜라병 하나
유두를 문지르다
천천히 입술 속으로 밀어넣고
빨기 시작한다
병목을 물고 있는
붉은 루주의 입술
신음을 타고 드럼이 울고
벌린 여자의 가랑이 사이
문득 콜라병은 간데없고
바지 지퍼를 내리고 있는
사내

그것을 쏘아보는 두 눈과
벌어지는 입속으로 조명이 터지며
무대가 열린다
마돈나

입술은 자꾸만 마르고
술병들은 답답하고
화면을 누비던 양키가
네 몸을 당긴다
오오 슬플 때마다
당신은 날 느끼게 해주지
이제 몸뚱이 전체가 떨리고
구두 밖으로 비어져나온
네 발뒤꿈치 하나
뒤축을 지그시 누르다
문득, 몸부림치고 있다

그만해
개자식!
핏빛 라이트 한 점이
악을 쓰며 떨어져나가고
텅 빈 화면 속 검은 장막에

솟아오르는 것
네 작업장

너는
등받이도 없는 뿔의자에 앉아
미싱을 밟고 있다
미싱 바늘에 박히는
르까프,
헉스,
커플 슈즈,
그리고 네 발목을 감고 있는
실밥 엉킨 파스 한 토막과
때 설은 실내화
초시계가 보인다
초시계가 돌고 있다
시곗바늘에
핏물이 엉긴다 바늘 끝으로
뚝뚝 핏물이 떨어진다, 오오
어머니, 단말마 비명 끝에
캄캄한 화면
어둠 속으로 떠오르는
취기에 젖은 네 눈동자

탄식

모르겠네
망월동
묘비명 찬 비에 젖어가는 무덤에서
꽃 바쳐
간신히 세우는 마음은 이리 떨리고,
돌아서면
피 흐르는 하늘가
차올라 끝내 나래 쳐 가던 기억도
낡은 유인물처럼 떨어져내리는
이 길
가슴에 접어두고
내일을 기약하던 사랑도
저 길의 죽음 속을 걸어
여기까지 왔다는 믿음도
웽웽거리는 광고탑 네온사인 불빛 속에
머리칼 쓸어넘기며 흘러갔네

오오, 희망이여
한밤중 처참히 웃고 있는 꽃이여
부르짖다
쇠사슬처럼 굳어버린

살얼음

몸부림치던 기계 소리
들리지 않는다

쫓기던 밤
뒷골목 쪽가겟방
눈물 엉기던 라면밥도
떠오르지 않는다

채찍 소리 쨍 울리던 첫겨울 하늘
칼 쓴 듯 못 박힌 조각달 아래
이루지 못한 꿈으로 타던
교도소 불빛이여
이제 마음엔 싸락눈 몇 줌 풀려 흩날릴 뿐

살아갈수록 거센 물살에 흘러도
헐벗은 목숨의 노여움
바람에 앙칼지게 얼어붙던 자리
살얼음에
오늘은
가지도 잎도 목도 떨어진
겨울나무 그림자
파르르 흔들린다

목숨

뜨거운 쇳물이 흘러
비명 속에
시커멓게 죽은
살의 자리

기름 먹은 해가
해종일 흐린 바람 속을 떠돌고
민살이 되도록 똥털을 갈아 먹는
그라인더 새파랗게
눈을 찌르고

모질어라
밤마다 독한 소주로 근육을 풀어도
끝도 없이 잠 속을 서걱거리는
쇳가루

세월

세월은
함박눈 배고프게 내리는 허기진 밤을
악을 쓰며 질러가는
야간열차
돌아가리라 그리움 속에
낡은 차창 같은 곳에 남기고 떠나는
먼 들판의 불빛

세월은
푸르른 하늘에
스러지는 낮달이 쓰고 가는
허튼 소식 몇 자

세월은
공장 담벼락 아래 취업 공고판
제 얼굴도
이름도 잊고 서성거리는
꺼칠한 바람

그리고
오래 견딘 울음이 터질 때
거기 앙칼지게 솟아오르는 칼날의 밤에

피비린내 신음으로 피어나
안간힘으로 겨누는
목숨의 살기

어머니

잘 살아라, 어디 가든 부디 찬밥 먹지 말고 몸 성히 살아라. 식구들을 뿌리치고 아들 하나 있는 것 집을 떠날 때마다 삼양동 산마루에 해는 뚝 떨어지고, 어스름 찬 바람 속 외롭게 켜지는 보안등 아래서 어머니는 또 낡은 사진첩에서나 만날 수 있는 애비를 생각했다. 그이라면 이 썩은 울바자 수수깡 같은 세월 참대같이 잡아줄 것을. 밟혀오는 어머니 얼굴에 몇 번이나 돌아서고 싶은 마음 다잡을 때마다 먼지 나는 구두코에 떨어지는 아들의 눈물을 기어이 또 마음속에 챙기고, 식구대로 모여 찍은 옛 사진틀 아래 엎드려 어머니는 홀로 숨죽인 울음을 울었다.

그런 무정한 시절이 있었다. 티브이 아홉 시 뉴스 시간에 데모 사진 한 장만 흘러도 가슴은 콩닥거리는데 아들은 기어이 큰집 독방 차지 손님이 되어 곧 죽어도 큰기침하고, 어머니는 더 큰 죄인이 되어 비나리로 한밤을 꼴딱 새우고 면회 가는 날을 손꼽아 보았다. 그 찬 마룻방에 아들이 외오 앉아 파고 새기듯이 읽는다는 그 웬수 같은 책의 뜻은 잘 몰라도 아아 면회 가는 길 담벼락 아래 쑥꽃은 왜 그리 고왔을까.

잘 살아라 하늘을 믿고 세월을 믿고 널랑은 잘 살아야 한다, 새색시 적 시집올 때 친정에미가 눈물 보따리로 다짐을 두어 하던 말.
하늘에 속고 세월에 속아 이웃 친지들 공사판으로 공장으로 떠나갈 때마다 약조하듯 서로 나누던 말.

아들의 공부가 높아갈 때마다 돌에라도 새기고 싶던 그 말,
잘 살아라
잘 살아야 한다
그 말에 묻은 피눈물을 알아버린 것일까, 저를 키운 삼양동 산언덕바지 모진 바람의 악다구니를 이미 알았다는 것일까. 찬 마룻방 독선생 노릇을 끝내더니 아들은 철일 하는 노동자가 되었다. 누구와 싸워 이기자는 것인지 어머니는 지금도 모르지만, 단 하나 세월과 싸워 단 한 번도 이기지 못한 에미의 슬픔을 끝내 일으켜 세우자는 것은 아닐까.

외촌(外村) 박 서방

해종일 손으로 쪽밭 갈아 대파를 뽑고

해거름 막걸리 한 주발로 마저 산그림자 훔쳐내고

이려어 이렷 소 몰던 옛 노래 흥얼흥얼 돌아오는데

잘 늙은 여편네 궁둥짝 같은 늦더위 호박 하나 길섶에 숨어 있네.

김미순전

1

인천 앞바다에 싸이다가 떴어도 고뿌 없이는 못 마십니다아
약장수 아저씨들 웃는 소리로 아낙들 꾀송거리며
배고픈 육니오 고개 넘어가던 시절도 아니요,
인천의 성냥공장 성냥공장 아가씨
아가씨는 백보지이——
부둣머리 피난민촌 기계총머리 애갱치들
쉐엑 쉐에엑 휘파람 갈기며
밤거리 훔치던 쌍팔년도 그 시절도 아닌
바로 엊그저께 일천구백구십년도 한여름
부평공단 반 바퀴쯤 돌아 한구석
동양전자라는 공장 조립 라인에
돌리고, 박고
돌리고, 박고
하루도 아니고 한 달도 아니고 일 년 열두 달 그저
돌리고 박는 또박이
웬 여자애가 있었다.
김(金) 자, 미(美) 자, 순(順) 자, 김미순이
오종종허니 고향집 싸리울 밑 채송화 닮은 이름인데
얘 좀 봐라
바다 건너 제품이 날라가더니

불(不)자 불량검사에 미끄러져
따다닥 홍콩제 크레임이 걸려
이런 난리가 있나
가로 왈 세로 왈 돈싸장님
널뛰듯이 현장바닥 한판 뒤집어엎고
과장님에 계장님은 이리 왈 저리 왈
덜렁이판으로 쥐를 잡고
반장에 조장 고추장에 된장까지 나서서
가로세로 이리저리
메뚜기춤에 찍자 바람인데
어쩔거나 곱빼기 철야가 떨어진다
한사흘 곱빼기 철야가 영락없는데
이게 누구냐
웬 시퍼런 대낮에 된똥 떨어지는 소리냐
'죽어도 살아도 철야는 못 혀!
또박이 신세도 고달픈데 밤귀신 행세여?'
애인인지 서방인지 약속 하나 걸어놓고
입방아잔으로 반장 놈 후려놓고
돌아서서 퉤──
어허 이게 누구냐

그애

별명이라고 생겨놓은 것이 디스코라
해만 기울면 궁둥이가 들썩들썩
안절부절로 팔다리가 흔들흔들
일에 쩔어 파김치 국물로 썩어가다가도
춤노래만 나오면 벌떡 팽그르르
어느 틈에 물기가 돌고 생기 돌아 차차차
남자 꼬랑지 하나 물고
디스코로 몸을 풀어보는데
손가락으로 허공 찌르기
한 발씩 교대로 땅 헤엄치기
쭉쭉 뻗는 다리로 바람턱을 차고
궁둥이로 신나게 냄비 돌리기
에헤라 드럼아 때려라 이놈의 세상
쳐라 쌍년의 팔자
돌아라 미쳐 돌아라 조명을 타고
돌아라 미쳐 돌아라 조명을 타고
허리를 꼬아 돌리는데 비단뱀이 공중을 오르는 듯
머리채를 휘두르니 파도를 타고 물보라 퍼지는 듯

이리 만고강산 아리랑판으로 놀아제끼는데
남자 후리는 재미가 없다면 헛놀음이라
한번 대짜로 후려보는데

이게 웬 눈먼 송사리냐
제놈 놀 만한 산개골창 둠벙으로 아는지
한번 보더니 이리 졸졸졸
신발끈이 썩은 새끼줄이 되도록 저리 돌돌돌
따라댕기다 톡 차이고는 밤새워 편지질
하냥 그립다는 말씀 재가 되도록 기다리겠다는 말씀
편지질 사이사이 동네 전화를 붙들고
만나고 싶다고 통사정
막판엔 이 골목 저 골목 막아놓고
지지리 궁상으로 왼갖 제 자랑 까는 놈
왈 순정파라는 것 훌쩍 비켜 넘어가는데
저게 웬 심신이 사돈에 팔촌이냐
옷 입는 기디7는 압구정동에서 놀던 솜씨요
돈 쓰는 흉내는 싸장님 외아들이 틀림없구나
공단바닥을 주름잡아 보는데 어언 한판 잘 놀고 나니
어허 이게 무슨 세월이냐 남자 놈 처량한 개털일세
애탕끌탕 애써 모아 전세방 한 칸 장만터니
한번 놀음 끝에 월세방 보증금도 꿔대야 할 판이라
그놈 잘생긴 얼굴에 똥꽃이 피었는데
미순이 년 하는 꼴 봐라
콧물 한번 쓰윽 훔치고 나서
에라 죽어라 톡 차버린다

그년 독하기가
개도 안 물어갈 삼 년 묵은 월경 빤스로다
퉤——

2

이적에
미순이 년 제 성깔대로 갖은 가락으로 놀아쌓는 바로 그 동양
전자라는 회사에
노동조합이란 물건이 있었다
예전에야 회사 정문 구석 자리로 이름 한 줄 달랑 붙어 있었을 뿐
있는 듯 없는 듯 짜장면인지 간짜장인지
알아도 그만 몰라도 그만
월급명세서 짜드락 칸에 몇백 원 떼었노라 하면
그저 개평 뜯긴 얼굴로 쓴침 한번 삼켰을 뿐
그런 세월 중에도 어쩌다 얻어들은 귀동냥으로
그것도 쐬주판 취중에
그 물건 가까이 살짝 긁어 똑똑한 체했다간
어메 여기가 어디여 칠성판에 앉을 판
그런 판에도 세월이 흐르고 흘러
검다던 돌이 흰 돌이 되었나

없는 놈들 피눈물이 미륵을 일으켰나
어느 해 큰 바람 하나 하늘땅 뒤집는 소리 들리더니
예서 제서 우르르 쏟아져 한 살림 차리는데
노동조합 아닌 것이 없더라
그 시절 한구석에서 꼭지가 떨어졌다는 물건
그 속에 왈짜걸음으로 썩 들어가보는데
웬 난리에 박 터지는 소리냐

'돌리고 박고
밟고 땡기고
박고 돌리고
땡기고 밟고
석삼년 고참 대우가 하투 설렁낭 두 그릇 값이여?'
'옛적엔 커피 한 잔 값에도 감지덕지
설렁탕 국물도 못 쳐다봤어
무슨 잔소리!'

'우리네 주의주장 일자로 펴는 것
쟁의라는 것 달랑 한 가진데
싸움판 중엔 임금을 안 줘?
굶는 처자식 모가지 걸고
먼저 알아서 기어라?'

'하늘더러 들으라고 외치고
땅더러 알아달라 울어봐
억울한 놈 제 가슴에 불 싸질러야 할 일!'

'설사통에 걸려 잠시 잠깐 누웠는데 웬 각서요
구사대로 뛰는 놈은 삼천리 여행이 웬일이여?
조합 직책이 밉다고 만만한 놈 죄인 만들어?'
'창사 이래 회사법이 짱짱허니 살아 있고
근무지이탈죄가 엄연한데
무슨 개소리!'

홍콩에서 배 한 번만 들어오면
오른 임금 말됫박으로 쳐서 준다더니
싹 살짝이 돌아 모르쇠로 뒷짐 지고
마른하늘만 웬수처럼 보며 탱자탱자
탱자춤이 어질어질한 판에 또 달라고 조르는데
에라 이 판엔 호랑이 쌍통으로 우지끈 와장창
갖은 폼으로 맨공갈에 협박
다그리로 깨지고 싸그리로 밀려 그저 말로 하자는데
'말씀은 예배당 앞에나 가서 허셔!'
주먹다짐에 칼날이 번쩍
한밤중 외진 뒷골목에 불쑥 튀어나와 번쩍하는데

웬 열닷새 굶은 얼굴에 파르르 깡을 세운 연놈들이 몰려온다
먼지바람 아우성으로 씨커멓게 몰려오더니
아나 먹어라 떡
아나 처먹어라 감자
공장 바닥 왼갖 기계들이 치르르 척
타르르 탁 서버리는데
모르쇠라는 놈 칼날이라는 놈 캄캄적막 속에 그저 한숨

알 수 없다
우거지 타령인데 쇠고기 타령이요
곶감이라는데 땡감이라고 하고
노동자의 행복을 위한다는 말씀인데
팔아조져 제 잇속만 챙긴다 하니
한판 슬쩍 끼어 구경하는 깜냥으로는
사랑가를 불러야 할지
수심가로 복장을 울려야 할지
종시 알 수가 없다
이리 눈감 땡감인 판에
미순이 년 주제꼴 한번 보는데

십 원이 올랐네 백 원이 올랐네
교육이 맹국물이니 간장 좀 타야 쓰겄네

노조대장 왈순이 언니 팔팔한 게
시금치를 먹었나 벌꿀을 잡쉈나
라인에서 한 이야기 커피 죽이는 휴식 때도 또 그 이야기
시끌시끌 온 바닥이 노조 이야기판이건만
그중 미순이 년만 유독 홀로 고개 외로 꼬고 앉아
동시상영관에서 삼류 영화 보듯
시큰둥──
죽이네 살리네
두고 보자 다시 보자
돈사장에 개발새발 반장까지
또 한판도 그저 노조 이야기건만
간밤에 본 최진실이 커트머리 꼭지만 아삼삼
노조라는 물건 엿가락처럼 나눠 먹든
뒤집어서 말아먹든 나 몰라라
무관심──

허나
제 년이 딴 세상 사는 듯 외로 꼬아본들
하늘을 기어오른단 말이냐
그 단박에 인생의 광땡이라도 잡아 흔든단 말이냐
악다구니 야근 한 장(場) 때리고
비척걸음으로 돌아오는 한밤길

불 꺼진 제 방 창문을 더듬다가
얼른 빈방에 불을 켜고 휘이 둘러보면
바람벽 처바른 벽지는 퀴퀴한 눅내로 썩어가고
청승으로 사방꽃들이 하염없는데
그 모양 제 신세 같아 저도 몰래 고개 돌리는구나
그렇게 마음의 밑바닥 한 줄기 눈물로 쓸고 나서
다 식은 밥 한 덩이로 고픈 배를 억지로 채우고
찬 방에 전기담요 한 장 의지하고 누워
몇 참을 한숨으로 허공을 더듬는데
헤어보는 것이 있으니 또박이 공장 이력이 아니냐
그런 날 밤에 꿈속을 밟고 가는 것이 있으니
좋은 시절을 부르는 그리움의 새붉은 꽃등불들
반가움에 젖어 문득 잠에서 깨어
탄식으로 나직이 부르고 있으니
그것은 또 무엇이란 말이냐
어허 세월 참 모질구나

3

어느 날
마당가 질러 아장걸음으로 봄비 오시는 휴일날
점심참이라 라면 한 접시에 냉수 한 사발 때리고

홀로 턱 괴고 앉아 옛 노래 도동당당 두드려보는데
노래 한 굽이 타고
빗소리 뒤집으며 달려오는 것
산동네 어깨동무 경옥이 년 생각
열여섯부터 애청춘 몇 년이던가 납쟁이로 뺑이 돌고
사내놈 하나둘 붙잡고 순정도 조지더니
에라 돈 좀 벌자
술집으로 여관 골목으로 몸 팔러 가서
칼 세워 백화점 옷 걸치고 헤실 웃기도 하더니
씨발씨발거리는 세월의 턱에 걸려 덜컥
죽어버린 애 경옥이 년 생각에
눈물 한 줄기 쪼르르 따라오는데
목구멍에서 울먹거리는 두 글자
인생이라──
그 인생이란 두 글자를 풀어보는데
세월이란 놈 모진 바람 속을 달려오고
추억이란 놈 쑥대머리 가락으로 설운 판을 닦는다

인생이란 무엇이냐
망치에 터지고 불도저에 깔린 산동네 살림
애비 에미 눈물도 말라버린 악다구니 마음으로
밤을 타고 몰래 가마니 움막 세울 때

이 악물고 바라보던 별이냐
그 어린 가난도 가고
월급 때 기다려 어린 딸년 일당을 챙기는 어머니
그 서글픈 웃음을 밟고 도망치던 밤길
마음 밑바닥에 벼리고 벼리던
칼이냐
참말 인생이란 뭐냐
일 년을 돌아도 그 자리
십 년을 썩어도 바로 그 자리
기름 채찍에 감겨 한번 이끗하면
한 푼 값어치마저 날아가버리는 공순이란 자리
그 자리에 거리의 화사한 불빛들 배고프게 쌓여가고
어느 날 소문 한 닢 달랑 뒹굴 제
술집에 팔려가고
여관 골목으로 사라지고
그 자리에 사무치게 돌아가는 디스코냐
아아 이게 아닌데
인생이란 것
쓰디쓴 개살구가 되더라도
한 번쯤 피어야 할 텐데
한 몸뚱이 어차피 세상바닥에 팔리는 것
개새끼처럼 울더라도 한 골목쯤 잡아야 할 텐데

바로 그적에
인생이라, 개똥철학에 공순이 철학으로 인생 공부를 파본답시고
미순이 년 애통절통으로 인생 노래 까지를 적에
웬 놈 하나이 개꼬랑지처럼 공단 주변을 쓸고 댕기는 중인데
노는 춤이 영락없는 도깨비라
어느 때는 추레한 잠바때기로 어슬렁어슬렁
해 지면 곰보 순대집 한구석에 찌그러져 쐬주를 치다
만만한 놈 동무 삼아 이 얘기 저 얘기
어느 날은 바다 건너 막 날아온 홍콩 신사 가다꾸로
쌔카만 코란도 쌩쌩 밟는데 거리 골목이 휘청휘청
쥐 잡는 듯 공단바닥을 뒤지는데 라이방에 칼날이 번쩍
또 때로는 동양전자 건너 한 모퉁이 장미다방 미스 김 곁에 붙어
한탕에 커피 한 잔짜리 주물럭탕으로 이 구석 저 구석을 더듬는데
푸짐한 얘기 새 소식에 입이 벌쭉벌쭉
지리산에서 온 놈인지
가리산에서 사는 놈인지 좌우간 그놈
이리 가로세로 공단바닥을 쓰적거리는 판에
밤낮으로 뽑아대는 미순이 년 노래를 못 들었겠느냐

별이냐 칼이냐 디스코냐

인생이란 뭐냐 그 노래
가시밭에 떨어진 한 떨기 꽃인 양 애원성으로
부르고 또 부르고
머리칼 쥐어뜯으며 또 부르는 것이었는데
어허 이를 어쩔 것이냐
지리산 철쭉꽃을 따러 왔는지
지리산 참꽃을 팔러 왔는지 그 사내놈
제 신세가 바로 그 짝이라는 듯 슬픔에 씌워
한두 바탕 긴 한숨이요
남의 집 처마 밑에 선 양아치
장대비 한탄하며 담배 한 대 구워 날리는 폼인데
거 뭣이냐
홍도야 울지 마라 오빠가 있다고 떠들던 옛적 영화
주연 배우 사촌쯤 되는 것 같구나
어허 이 판이 어찌 될 것이냐

아싸 코란도가 뜬다
한길 자갈밭에도 휘뚝거리는 것들
비탈길 한 오름에도 어저저 빌빌 싸는 것들
얼른 비켜라 빵빵거리며 달려온다
슬쩍 눈짓 한번 치고 잽싸게 미순이 넌 태우고
코란도란 놈 서울 장안을 휘돌아치는데

여기가 어디냐
　금으로 삶았는지 똥으로 튀겼는지 왼갖 옷들이 번쩍번쩍거리는 판
　한 집 건너 강수연이 두 집 건너 최진실이
　쎅시 쎅시 컬렉션으로 팽팽 돌아가는 판
　그 판에 에라 최진실이 부띠끄로 한 벌 갈아입으니
　미순이 년 시커먼 공순이 물이 쑥 빠지는데
　옷이 날개란 말 여기서 생겨나는구나
　싸모님들 득실거리는 영동 한복판 의상실 골목 한 바퀴 돌고
　먹자거리로 썩 들어서서
　혓바닥이 칼날이 되도록 쳐보는데
　우선 암소 한 마리에 산중야채 한 상 초벌로 깔고
　짠물 것에다 민물 것들 왼갖 물에서 노는 것들
　드는 칼로 살색 곱게 떠서 두 벌로 씹고
　날개 자랑으로 공중 나는 것들 텃밭의 참새
　산자락 밑 꿩새 뱃속이 좋아 먹새 말씀 좋아 촉새
　그저 지지고 볶고 졸이고 뒤집어 태우고 기름 쳐서
　막살로 돌리고 나니
　제 아무리 괴기 배 속에서 나온 연놈이라 한들 쉬어가야 할 판
　이리 짜배기판 한 상 걸게 먹어 조지고
　설악산 깊은 골짝 청정수로 배 속을 헹구어내니
　십 년 묵은 게트림이란 놈 쑥 빠지는데

미순이 년 좀 봐라

기계독 박혀 화장발도 받지 않던 얼굴에

고울시고 이슬빛 맑게 퍼진다 고울시고

청춘의 때깔이 도는구나

코란도란 놈 뜬다

서울 구석 후딱 뺄나가 산천경개 구경 나가자

산도 좋고 강도 좋고 코란도는 더욱 좋고

북한강변 비껴 타고 드라이브를 밟는다

비탈밭이든 자갈밭이든 한번 올라타면 끝장을 보는 정력 좋은
코란도란 놈

한 허리에 미순이 년 꿰어차고

가는 곳이 어디냐 제 꼴리는 대로 가보는데

러브호텔이라 일층 위에 이층

이층 위에 삼층 그놈 살꽃이판으로 들어가보는데

옷을 벗길 제는 드는 칼로 외껍데기 벗기는 듯

몸을 타고 갈 제는 바람이 풀을 놀리는 듯

갖은 입질에 손길로 쓰다듬고 문지르고 따먹는 듯 깨물고 핥는데

여자라는 것 못 견디게 숨을 토하고 단내는 끓고

탱탱해진 젖꼭지는 오디처럼 검붉게 익어간다

아흐 가자

타는 검은 숲 끓는 용갯물 속 어서 가자

땀방울 흘러 온몸에 땀이 익어

뜨거운 프라이팬에 기름방울 흐르는 듯
엉키고 또 엉켜서
땡볕 타는 황톳길에
배암 둘이 피 흘리며 싸우는 듯
아흐 살맛이야
아흐 살맛이야

열락에 떨어져 깊은 꿈속에
어머니 오신다
먼지바람 풀썩이는 산동네 어덩에서
해진 옷고름 날리며 우시는 어머니
아녀
그것이 아녀 훼훼 손을 내젓는데
얼른 뿌리치고 깨어보니
코란도는 달리고
미친 듯 웃으며 달리고
저 거리
다디단 바람 속
황금빛 지폐 다발 머리채 흔들며 춤추는 한낮
잠시 살아 번쩍이다
목도 팔도 몸뚱이도 잘리고
버려져 썩어질 마네킹

나를 부르며 웃고 있는 저 비단옷은 무엇이냐
코란도는 달리고
먹어 조지고
입어 조지고
씹으로 조지고
아아 미쳐 달리고 싶어라
다디단 햇살 속 열락에 떨어져
비단옷 감고
황금빛 지폐 다발 머리채에 뿌리고

미순이 년 이리 사흘 밤낮 내리 소원풀이 굿판을 돌고 돌아
천 길 물속을 흘러온 듯
천 리 바람 속을 달려온 듯
문득 제가 살던 세상길에 한 발 내딛는데
발길이 휘청
백 리 어둠 속엔 듯 눈앞이 캄캄
바람 한 줄기 돌지 않는 사방은 적막
미순이 년 벼랑에 걸린 듯 그 속을 더듬어 가는데
아득한 곳 어디선가 저를 부르는 소리 있어
휘딱 뒤돌아본다

오오 그 거리

영동 한복판 최진실이 골목
눈앞에 번쩍번쩍 흐르다 허공 속에
불타버린 흔적마저 먼지바람 속에 재가 되어 날리고
또 한 걸음 들어 캄캄적막 건너는데
열 길 공중 위엔 듯 불빛 한 점 떠돌고 있어
움켜잡을 듯 바라본다
오오 싸모님에 여대생짜리들
팔딱거리는 지폐처럼 춤추던 까페 골목
손을 뻗어 그 모습 더듬는데
어른대던 흐릿한 그림자마저 안개 속에 사라져버리고
어허 참말 어쩔거나
이리 헤매다 쓰러지고 헤매다 울고 헤매다
헤매다 또다시 허공절벽을 타는데
그때에 문득 눈물 속으로 빛이 열린다
하얀 사방벽
칼끝에선 듯 돌고 있는 침묵 속
홀로 부딪쳐 우는 미순이 년 신음 소리
쌔하얀 형광등 불빛 아래
미친 듯 웃고 있는 사내 하나
아아 여기가 어디냐
살빛마저 질려버린 얼굴을 떨며 바라본다
대공과 공단 프락치 운영실

한구석에 초라한 넋으로 쓰러져
얼굴을 묻는 저 애
미순이

4

저게 참말 미순이란 애냐
쇠 씹어 돌리듯 잔업 한 마당 돌아
쿵 따르르르 철야 타임 떨어지는데
웬만한 연놈들 개구멍 만들어 쏘속 쏙 빠져나가다
얼래, 일자로 우뚝 서버린다
놀라 자빠지는 눈빛들 처억 걸치고
자판기 커피 한 잔 죽이녀
라인을 지키고 섰는 저 애
허, 오늘 밤 디스코는 이 공장 라인 위에서 돌아가나

정녕 저것이 미순이란 년이냐
일이란 놈 땡하고 울기도 전
똥 깔긴 참새 휑 바닥 차고 날아가듯
언제 적 공장 것이냐 바반짝 화장 고치고
공단 거리 썩 벗어나 독고다이로 놀던 것이
깡시장 골목 싸구려 떡볶이집 한구석에

구들목 민화투 치듯 라인 친구들과 둘러앉아
과장에 반장에 기사 놈 털 달린 붕알에 팬티까지 벗겨내고는
웃음보 터져 깔딱깔딱 숨차하는고나
허어, 정녕 저것이 사귀던 대학생짜리 좆부리에 차이고는
잠시 잠깐 제 분수로 돌아왔지

한 놈이 짖으면 언컹던컹 일제히 따라 짖어
삼동네 잠 깨우는 개소리가 이러한가
담 너머 이웃 계집 구두 한 코 머리 한쪽만 바뀌어도
된장이요 고추장이요 목통이 패는 두레박 우물터가 저러한가
돈싸장님 주례순시 적 호통 한 소리 미소 한쪽에
찌그락 빠그락 소주잔이 튀는 곰보 순대집 쐬주판이 그러한가
하여간 미순이 년 인간이 한참 변해서
방정에 청승을 떨고 댕기니
왼갖 소리 소문이 낭자한 중인데
아따, 저기 저 판은 또 뭣이여

밥때도 아닌 식당에
웬일로 노동자들 가득 총총히 모여
작업복을 시퍼렇게 출렁출렁 흔들며
솔아 푸른 솔아, 한 곡조 으쌰으쌰 때리고
교육이란 것을 받아보는데

담배 한 대 참이 못 되어 눈꺼풀이 스르르
하품이 터지는데 입에서 쉰밥 냄새가 솔솔
양놈 말도 아니요 왜놈 말도 아니요
쉬운 조선말에 기름때 도는 말투가리로 애써 하건만
이 구석 저 구석 여치 울듯 코 부는 소리
취한 놈 건성 인사 조로 까딱거리던 머리통은
아예 박치기로 앞 놈 등허리에 떨어진다
하기는 기계자동화란 놈이 라인을 줄여놓고 작업 강도는 서너 배 높이고
연짱 잔업을 때리니
깜박잠이 오죽 달겠느냐
좌우지간 강사님은 장탄식에 울상이요
조합 간부님네 어쩔거나 저쩔거나 그저 좌불안석 동동 튀는데
어라, 저게 누구냐
저 구석에 반짝반짝 저 초롱눈 임자가 누구냐
강사님네 말 한마디 하는 뽄새까지 따라 더듬는 저 애가 누구냐
옳아, 조립 라인에 새 인물 났다더니 바로 너구나

미순이 넌 이리 제 모습을 박아놓고 조합 일을 해보는데
운동가요 부르기와 배운 노래 가르치기
또박 글씨로 밤을 새워 홍보지 쓰기
새벽밥 먹고 집을 나서 출근길 선전지 돌리기

농성판이 벌어지면 선동대 상쇠 노릇이요
찬 이슬 내리는 한밤중엔 바리케이드 앞에서 규찰대 노릇 하기
이웃 노조 깨질 양이면
얼른 별동대 챙겨 달려가서
갖은 율동에 구호 선동으로 땅땅 단결춤이라
것뿐이냐 외로운 놈 또박 생일 챙겨주고
힘들다 등 돌리는 조합 동료 변치 말자 편지 쓰고
허허, 미순이 년
지역에서 알아주는 싸움꾼에 춤꾼이요
노동해방 활동가가 되었구나

인생이란 것 알려거든
열두 고개 갖은 고초 겪어야만
물이요 산이요 바다요 안다더니
미순이란 년이 똑 그짝이냐
산고랑탱이 무식한 똥자치도
평생 그저 똥 퍼 똥 퍼 하다가
어느 날 똥막대기로 하늘 천 자 크게 그려놓고
대오각성 뜻을 얻었다더니
춤판 디스코에도 길이 있어
추고 돌고 추고 돌고
일 년이고 이 년이고 넋을 들여 하다 보면

진흙탕 사금파리 같은 팔자도 훼까닥 돌아
진국의 인생이 된다는 말이냐

미순이 년 그적에
초짜 신마이가 그 계통의 십 년 구찌 형님 섬기듯
유난을 떨어 바치는 인생이 있었는데
바로 노조 사무장 왈순이란 여자애더라
인정 쓰기는 고향집 큰언니 마음씨요
한번 맺은 의리는 쏘나기같이 분명하고
조직에는 귀신이라 밟는 길마다 좌르르 대중들이 모여 흘러
왼갖 동아리가 피어난다
일설에는 국민학교마저 반타작으로 끝내버려
가갸거겨나 간신히 쓰는 무식꾼이라고도 하고
또 다른 뜬소문으로는
부잣집 살림에 이골이 난 식모살이 적 눈썰미로
있는 연놈들 세상 부리는 꼴 따위
제 손바닥 손금 보듯 훤하게 안다고도 하고
또 일 년에 열두 번 이 공장 저 공장 공돌이 반 실업자 반으로
웬 각설이 모냥 떠다니는 놈 전하는 말로는
오라이 스톱, 오라이 스톱 버스 차장 시절
회사 놈들 밤중마다 쳐들어와 알몸으로 벗겨놓고
삥땅 내놔라 구석구석 뒷뒤짐을 할 적

한번은 도둑년으로 몰렸는데
분이 나서 몸에 불을 처지를 뻔했다더라
알고 보니 그적에 조합 결성 소문이 돌았는데
뒷일꾼으로 찍혀 괘씸죄를 당했다더라

미순이 년 거동 한번 봐라
높이 뛰자 낮게 기자 푸닥거리던 회의도
바로 가나 모로 구르나 우리는 하나여
결의를 세우고 끝난 늦은 밤 노조 사무실
왈순이 홀로 뒷설거지하는 폼이 몹시 외로운데
뒷전에 깜짝 미순이 년 나타나
비질에 걸레질 후다닥 치우고
맞잡이하여 뒷이야기판 벌인다
봐라
연대집회 꾸리다가 철컥 유치장 바닥에 꿇린 왈순이
오뉴월 삼복은 찌는데 그중 답답한 게 다 큰 애기 속엣것이라
미순이 년 제가 무슨 까막소 고참 행세로
얼른 알아듣고 경찰서를 찾아서는
언니 언니 눈물 콧물로 울고불고
곤댓짓으로 형사 나리들 땅땅 으르고
속옷에 사식을 넣어주니
세상천지 그런 언니 동생 사이가 없구나

면회에서 돌아오는 길
따라오던 공중의 참새라는 놈 그 정성에 감복하여
눈물 한 방울 찔끔 짜더니
한마디 허것다,
나무관세음보살

5

어느 날
세상은 초록으로 물이 올라 바람에 살랑 살라당 몸을 비트는 시절
미순이 년 화장 곱게 찍어 바르고
물방울 스커트 한 장 엉덩이에 슬쩍 걸치고
젖가슴 삼삼 어른대는 반투명 실크 허리 질러 두르고
눈에는 잠자리 라이방 번쩍 띄우고
길바닥에 나서는데
언 놈이 공단 거리 싸움꾼일레 명자 떠르르 울리는 미순이라 하겠느냐

호텔방이로다
은은히 흐르는 샹들리에 불빛 아래 눈처럼 흰 침대 시트가 잠자고

아라비아 카펫은 초원의 스텝을 달리는 듯
식탁엔 양요리 왜요리 청요리가 색색이 고운 때깔로 가득
그런 중에 웬 사내놈 하나
관리 흉내로 뒷짐 지고 왔다리갔다리
미순이 년 모습 한 번 보고 두 번 보고
으허허 웃는데
한밤중 족제비 날개 치는 소리가 영락없다

그놈
코란도란 놈
형사질 삼 년에 칼잽이로만 골라 줄줄이 때려잡고
그 솜씨로 쇠심줄 같은 줄을 타고
턱 차올라 대공과라
소싯적 뒷골목 떡밥 부리던 기술 밑천 삼아
그중에서도 프락치 운영팀이라
것뿐이냐
권도(權道)란 이름 인생 좌우명으로 지어놓고
경찰밥 먹기를 소원으로 공부할 적
친구들 자취방이며 하숙집에 찬밥 쉰밥 신세를 질 그적에
그 고생에 비참의 지경이 살과 뼈에 저몄을 터
그놈 제 내력을 소질로 삼아
없는 놈들 쫄쫄 볶고 골을 뽑아 죄진 놈 만드는데

수월하기가 십팔번 노래 한 곡조라

미순이 년 먹자판을 뒤집어쓰고 칼질이 요란한 판에
그놈 한마디 쓰윽 걸어본다
'왈순이는 잘 지내나'
제 고향집 누이 부르는 듯 그 소리 한번 애틋한데
고향집 워리개가 똥을 싸다 웃을 일
미순이 년 요리판 치우고 얼큰하게 포도주 한 잔 마시는데
그놈 또 한마디 슬쩍 던져본다
'지역노조는 잘 굴러가나'
사회생활 초짜 시절 옛 직장 소식 묻는 듯 구구절절한데
에라이, 취조실 칠성판이 벌떡 일어나 피를 토할 판
이리 스무고개로 밀가지를 북 북 꿰다
문득 일자로 우뚝 서서 미친 듯 홀로 웃다
시뻘건 눈알에 칼날 번쩍 띄워 날린다
어허 그놈
미순이 년 아구통에 그냥 박히는데
게트림이란 놈 쑤욱 내려가다 말고
똥구멍에 가서 딱 막히것다

동양전자라는 놈 나온다
왈 전략사업장이란 놈 나온다

이놈이 한번 판을 쓸고 가면
노조라는 것들 개나 걸이나 우르르 뒤따라 일어서고
딴지에 걸려 비틀거리면
온 지역이 먼지바람에 똥물 뒤집어쓰고
앉은뱅이 동냥춤이것다
그놈 요즈막 단체협약 갱신에 팽팽 돌아가는데
간부라는 것들 궁리를 볼작시면
준법싸움으로 뒷다리를 걸까
들입다 멱살을 잡고 파업판으로 들어갈까 노심초사라
그 판에 조합원이라는 것들 으샤으샤 왈짜로 돌아가는데
싸우는 판판이 임금이란 놈 쑥쑥 오르니
돈맛에 들렸는가
공순이 적 설움 풀지 못해 싸움맛에 들렸는가
이탈자는 아예 말고 퇴사자도 말고 시집가는 년도 없으니
밤낮 노래 노래 불러쌓고 줄줄이 외워 씨월거리는
노동자 세상이란 놈 참말 있기는 있는 건가 모를 일
허나 이 판에 패가 없을 것이냐
패란 본시 허를 찔러 놀리다가
급소를 찾아 치는 법
허허실실 있는 듯 없는 듯 구르다가
한번 완력으로 모가지를 꺾는 법
동양전자라는 놈 오장육부에 똥구멍까지 털면

그 패 반드시 나오고말고

왈순이란 년 나온다
이랬다 저랬다, 엎어졌다 뒤집어졌다 아사리판 난장에 길찾기로 왈 교섭이란 것 해보는데
그 눈
사례 연구에 법조문 뒤져 꼬박 밤을 새운
퀭한 눈
판이 밀리면 나 모르겠소
나 잊었소 바보 얼치기 했세요
판이 잡히면 으라딱딱 밀고 들어와
막칼 치는 돈싸장님
그 면전에 불길로 타는 눈
지쳐 떨어지는 간부들
서로 멱살을 당기는 술판
한 소리 쳐서 판을 묶어 세우고 어깨를 겯고
그 퀭한 눈에 맑은 눈물 솟구친다
왈순이란 년
알 수가 없다
일자무식 버스 차장에 공순이 경력으로 인생을 어찌 저리 산단 말이냐
옳다, 그년 뒤를 한번 밟아보는데

버스 갈아타기를 대여섯 번이요
한 골목 돌 때마다 고양이눈으로 번쩍 뒤를 살핀다
그 폼 영락없이 미행을 따돌리는 솜씨인데
작것, 제 곁 미순이 년은 한번 의심을 않는구나
사상은 씨앗이고
대중은 땅이요
규율은 집이라,
라면밥도 못 먹는지 삐쩍 쫄아붙은 강사라는 놈 통수를 부는데
눈 뜬 봉사 세상 처음 구경하듯
사방에 눈들이 반짝반짝
간절히 뜻을 새기는 모양
그리운 님 소식 전해 듣는 듯
그 판에 단 한 가지 모를 것은 연놈들 이름이라
빠삐용, 미꾸리, 엄지에다 까치라아
이리 별명놀음을 하는 것
왈 노동자전위조직이란 집을 지키고자
험한 세상 도처의 칼날 비켜가는 뜻인 모양이더라
어허 알겠다
운동에도 신심이 있다는 것
이리 치고 저리 차고 날리는 주먹바람
뽈갱이가 났으니 집안 망했네에 숫제 모가지를 걸고 죽자 살자
막판엔 눈물 짠물로 애걸하던 애비라는 사람

무슨 말씀 개어 올렸는지
어떤 행실 곱게 바쳤는지
하루해 빠지자 농성판에 라면 박스 안기고
박수 치며 돌아갔다더란 전설 같은 이야기
어허 이래 놓으니 어찌 조질 것이냐
칼이 들어가겠느냐
역선전 이빨이 먹히겠느냐
그저 딱 한 가지
까막소에 처넣고 세상살이 굶기는 수 그 한 가지것다

지역노조라는 큰 물건 동아리째 나온다
숨은 매듭 한 고리 슬쩍 당기니
줄레줄레 질도 나온다
갖은 귀동냥에 밝은 눈으로
미순이란 년 샛길 한 목 닦아놓으니
똥 밟는 줄도 모르고 씨원씨원 나온다
왈 의장이란 놈 주제꼴을 보자 하니
땟국물이 아예 굳어 빤질빤질 빛나는 게
집구석 구경한 지가 세월인 모양
그저 바빠 타령으로
회의다, 방문이다, 연설이다, 꼴에 강연이다, 먹자판 뒤풀이다
왼종일 돌아가는데

그대로 잘나가시면 올 가을쯤 분명 삼자개입으로
까막소로 직행할 판
그놈 그럴 적에
서방인지 남방인지 이제 올까 저제 올까 기다리는 마누라
운동이라면 그 당장 먹던 밥이 도끼날로 서 되게 체하는 그 마누라
몇 번이나 밤보따리를 쌌다 풀었다
그 심정이 밟히겠느냐
마누라 애원성이 낭자한 중에
꽹과리 소리 앞잽이로 세우고
둥둥 두당당 북으로 판을 쓸고
말뚝이패들 뜬다 봐라
조는 나훈아 물레방아 타령을 타되
말은 있는 놈들 불러내어 쌍소리로 토를 달고
춤은 무식하게 해방춤이라
허공을 차고 날으는데
적을 향해 창칼을 던지는 듯
분에 못 견뎌 화염병으로 산산이 터지는 듯
싸움판에선 제깟 놈이 무슨 선봉이라
북소리 꽹과리 소리 나훈아조 쌍소리 왼갖 개소리 쇠소리 우르르 몰고 내달려
돌고 치고 돌고 치고 돌아

싸움판 진을 만들것다
바로 그놈 뒤를 따라 잡색들이 허줄레허줄레 나오는데
제 이름 낭랑히 복창한다
알아야 면장질 교육국!
악으로 깡으로 쟁의국!
죽어도 살아도 조직국!
들어라 새소식 선전국!
그 사이사이 제 얼굴 본색이 팔릴까 총천연색으로 뻥끼칠한 것
들이 있으니
이름하여 정 자 파 자라
어허 좋다
공단 한복판 훨씬 큰 마당에 대짜로 한판 놀자니 참말 좋다
처처에 노주라는 것들 어서 나서 판을 씻이라
이리 소리소리 쳐 방송을 하는데
이게 웬일
노동자라고 생긴 것 그림자 반쪽도 비치질 않으니
이게 무슨 일
깨갱 깽깽깽
꽹과리로 선소리 되게 한번 쪼아 메겨도
가랑잎 한 장 굴러오지 않으니
참말 무슨 일
의장이란 놈은 아예 기가 질려 땅바닥에 주저앉아 개발새발 그

림을 그리는데
　웬일로 제 마누라 얼굴이요
　교육국이란 놈은 허공에 대고 사상철저 사상철저
　홀로 구호 제창하고
　쟁의국이란 놈은 짭새 한 마리 없는 하늘에
　죽어라 짱돌을 던지고
　선전국이란 놈은 텅 빈 공단 마당에 도배하듯 해방의 봄소식을 처바르고 있고
　하여간 그런 난리가 없는 중에
　이건 또 무신 소리여
　꽝
　꽈당 꽈다다다당!
　대포에 남포에 구공탄까지 터져 날아와 박히는데
　내놔라 내놔라 싸움 중인 선미산업 노동조합 바로 그 자리것다
　옳다
　알겄구나
　울산에서 한판 마창에서 한판 자알 처먹더니
　대탄압이란 놈 그예 인천 바닥에 떨어지는구나
　와장창 와크르르
　와르르르르 예서 제서 민주노조란 놈들 깨지고 무너지고 밟히고 질질질 끌려가다
　애절하게 제 동무들 부르고 울부짖고 그럴 적에

명색이 지역노조란 놈
제아무리 콩가루판 막살림이 되었다 한들
앉아서 콩알새알 시에미 흉내만 하겠느냐
긴급대책회의라는 것을 걸어놓고
제 동무들을 애써 부르는데
보자 하니 하나같이 병신 노릇이라
대원노조라는 놈 나온다
낯짝이 깎여 눈이 말하는지 코가 말하는지 모를 판에
'죽든지 살든지 대판으로 한판 붙어야지 살겠수다, 헐 놈들'
좌우지간으로 대갈일성을 놓는데
은성고무란 놈 나온다
허리가 반으로 접혀 그저 땅바닥만 쳐다보고 탄식하더니
한마디 한다
'나무토막 한나를 자르자 해도
칼이 들어야 쓰지.
식은땀만 빼는 판에 무신 싸움'
갑이야 을이야 판이 술렁덩거리는데
대양전기란 놈
시뻘건 눈에 새말간 눈물방울 달고
한 말씀 던진다
'운동이란 것 살자는 짓인데
왜 죽어?

어디까지나 살자는 궁리요
어디까지나 단결투쟁이여'
어허, 좋은 말씀
아무렴, 그렇고말고
노래라는 놈 나온다
어깨 걸고 단결조로 나온다
노동자 싸나이 가슴에 뜨거운 눈물로 솟구쳐 간다
어허, 이 인생들 어째야 쓸꼬
죽어라 죽어라 쳐도
뻣뻣이 쳐드는 저 모가지
목숨들 참말 어째야 할꼬

미순이란 년 관찰보고랍시고 한 마당 갖은 썰을 풀고 나서
양주 한 잔 물고 허공을 보는데
그 얼굴 모양 한번 기묘허다
웃음이 삐어져나오는 듯하다가 시퍼렇게 질리고
울음이 삐죽이 나오는 듯하다가 화들짝 피어나고
남의 살림 뒤지다 들킨 년 같기도 하고
남의 서방과 밤새 시앗질하다
해아침 화장을 고칠 적 얼굴 같기도 하고
좌우간 한 조각 얼굴에 열 귀신이 뛰어노는데
권도 놈 좀 봐라

고향집 오래비가 저러겠느냐
예배당 선생이 저러겠느냐
무당집 박수란 놈이 하마 저러겠느냐
힘들어 허덕거리는 대목에선 애처로이 혀를 차고
잘 나가는 대목에선 어절씨구
박수 치며 미소 처바르고
멋대로 굴러가는 판은 도끼눈을 세우것다
그놈
권도란 놈
한 마당 끝내기로 내처 웃는다
프락치 한 년 키웠더니 일당백일세
비곗살이 밀려 돼지꽃이 핀다
돌아오는 길
천지사방 쟁쟁하던 햇살 피보라 산산조각으로 깨지는 중에
달려오는 한 덩어리 어둠 속
얼굴 하나
숨어 타는 눈빛 하나
새푸르게 흐르는 하늘에
햇살 속에 뚝뚝 지는
핏방울

6

왈순이 언니 끌려간다
타는 눈빛 닭장차 철망에 걸려
조각난 하늘을 잡는데
파르르 눈물이 선다
그리고 피는 흘러
찢긴 작업복 갈기를 타고
야윈 목 맨살의 젖가슴을 타고
깊은 속살 가랭이 사이로도 흘러
뚝
뚝
잠자리에 어지러운 꿈속에 떨어진다

그년
표적을 찾아 숨어 흐르다
몰래 피투성이 결의를 훔치고
한칼 한칼 조직을 찔러 조지고
벼린 날에 피를 먹는
주린 칼 한 자루

붉은 살별 하나

바람 치는 허공을 질러
휘익 한 줄기 번개 치며 하늘을 찢고
가슴에 쇠살처럼 꽂히는데
흰 소복에 어머니 울며 오신다
얘야, 여기가 어디냐
칼들 칼들만 가득 살아
희번덕희번덕 웃고 있구나
어서 가자 얘야
이미 끝장을 보아버린 마음으로도
어쩔 수 없지
그년
지폐 다발에 팔아넘긴 얼굴들
감시용 비밀번호가 되어 쫓기는 이름들
마음 밑바닥에 자꾸만 어른거리는 것
어른대다 악몽 속으로
식은땀처럼 고여오는 것
어쩔 수 없지
도망치려 잘라버리려 몸부림치다
쫓기다 지쳐 찾아드는 곳
아아, 불쌍한 어머니

비 오시는데

똥갈보 골목 꽃순이들 비에 취해가는데
웬 미친년 하나
생짜 최진실이 패션으로
비틀비틀 게걸음쳐 온다
비야 비야 오지 마라
시집가는 우리 언니
분당장이 얼룩진다
경옥이 년
고운 꽃가마 눈물로 그리더니
에라이 순 땜쟁이 노릇에 갈보 신세로 썩다
독하게 죽어버린 년
한마디 왜장친다
니기미 씨발 똥갈보는 말고
공순이도 말고
사람 같은 새끼 하나 품고 싶네에

술집도 디스코텍도 시마이 때리는 시간
광고탑만 술 취해 돌아가는데
그 아래 똥창까지 토해버리고
눈물 벙긋한 눈이 악에 받쳐 바라본다
내 인생이란 것 최진실이 발바닥이냐
오오 메르 꼴레디 이태리제 똥털이냐

그년
꿀에 악이 받쳐 흐느끼는데
쌔까만 라이방 아래
눈물 한 줄기

왈순이 언니 온다
몸은 분명 까막소 창살에 갇혀
가다밥 초년생으로 가갸거겨 쓰고 있건만
눈물 점벙 웃음 덤벙
옳은 고생길엔 언제나 천하태평으로 온다
그때가 언제 적인가
회사 것들 폐업이란 카드 한 장 내던져놓고
이에 시리져비리고
허공이란 놈 모가지 멱살 있다면 잡아 흔들 텐데
악으로 부르던 노래도 제물로 쉬어터지고
장맛비 뒤끝에 앞뒤뜰 잡초만 개소리 쇠소리 무성하던
농성도 두 달째
교육도 라면빵 뒷전 화투판도 지겨워
걸렸다 하면 싸움질에 쌍소리로 농성장을 뒤집어엎고
밤이면 간부들 몰래 옥상에 올라 쐬주 마련으로
유행가 부르며 끼룩끼룩 울어쌀 무렵
가랑비 뿌리던 어느 해저녁인가

미경이란 애
농성판 제끼고 고향 어디에 대짜로 퍼졌다
달포 만에 돌아온 부위원장 주제였던 애
어두운 얼굴로 떨고 있을 때
예서 제서 도끼살 야지 날아가는데
언제 왔던가 농성 기금 마련 조로 커피 팔러 갔다더니
소리 없이 끼어들어온 왈순이 언니
한바탕 비설거지조로 하던 말,
노동자가 제집 찾아왔는데 와 난리고?
노동자가 작업장 말고 어디로 갈 끼고!
노동자라는 것 제대로 할라카믄
일해서 세상이란 놈 옳게 멕이살리는 기 첫째요
주인 대접 안 해주모 싸우는 기 첫째요
그라고, 지 동무 아프고 괴로우모 손 잡아주는 기 또 첫째 아이가.
마 치우고 동지가 한 고뿌씩 돌리고 웃자,
왈순이 언니
까막소 마룻장에 국보법 찬밥 신세로 꿇려서도
푸른 옷 까막 수인번호쯤
사기 간통에 도둑년들 한바탕 인권싸움 속에
허물처럼 벗어던지고
노동조합 바깥소식 기다리는데

쇠창살 너머 가을산
단풍숲 그리 곱게 꽃불로 번져
타올라 쓰린 세월 속 눈물의 뜻 깨치고
돌아가더라, 웃던 언니

소리쳐 돌아가는 저 기계
피대에 감겨
라인을 타고 제품을 싣고
기름 쳐 흐르고 싶은데
아아, 이 길
한번 팔리면
한 발 달아날 수 없이
세 등 뒤로도 칼날을 날고
춤추는 꼭두각시
그녀
캄캄한 대낮에 홀로
머리칼 풀고 춤춘다
피대를 감고 라인을 탄다
아아, 저 기계 소리

노랫소리 들려온다
쇳물 흘러 굳어버린

폐업의 문에 몹쓸 바람만 웅성거리고
저 너머 작업장
기계며 라인들 눈에 밟혀
부딪쳐 부딪쳐 쓰러져서도
눈물 속에 한 다발 피어나던 것
찬 시멘트 바닥
뒹구는 몸 야위고
또 해를 넘기는 농성 일기장 달력의 아라비아숫자들
눈 속에 파묻히고
신문지 한 장에 덮인 칼잠
바람에 찬 바람에 몇 번이나 뒤집혀도
끝내 마음속 간직하던 것
꽃다지, 그 많은 눈물로 다짐하던
희망의 말 꽃다지, 그 노래
깃발춤 한 자락 휘감는다
그예 이대로는 지고 말지
비웃음쳐 날리는 억센 군홧발들
방패날 세워 사방벽 치고
두드릴수록 가슴에 살얼음 끼는
무심한 거리엔 채어 뒹구는 투쟁 속보
머리칼 쥐어뜯으며 바라보는 어둠 속으로
나직이 북소리 울고

깃발춤 열두 자락 일어선다
한 몸 깃발에 실어라 설움이여
깃발에 싣고 달려가라 노동이여
생산의 석탑산업훈장 금빛 꼭대기에서는
누가 웃고 있느냐 찔러라 깃발이여
오오 주름살 사슬처럼 패인 저 늙은 이마에
붉은 머리띠 그 위에 쓴다
두려워 떨리던 가슴의 고동이여 이제 가라
가서 바리케이드 위 불타라
오오 하늘엔 듯 저 푸르른 하늘엔 듯 가슴에
이마에 노동해방이라고 쓴다
깃발은 춤추고
대자보 소리치고
노랫소리 솟아오르고
농성장이 달려온다

보았나
햇살 속 가로수들 잎잎이 초록이 들고
설레이는 애가슴 바람결에 흔들리는
초여름길
화장도 없이 꺼칠한 얼굴로
구제품 핸드백 하나 어깨에 썰렁히 걸치고

꽃다지 노래 한 줄 외우듯 또 하고
또 하고 또박거리며 가는
미순이 넌 보았나
날카롭던 눈매에선 칼도 스러지고
아주 어릴 적
판자 울타리 나팔꽃 그늘에서
고개 수그리고 눈물 닦던 모습
찬바람 돌던 입매에도 날은 스러지고
초짜 공순이 적
삼립빵 하나 입에 물고
담 밑에 홀로 해바라기하던 모습
미순이 넌 한숨 한숨 천천히 걷다
고개 들어 하늘 보는데
문득 몸이 비틀거리고
손은 오그라들고, 캄캄 허공중에 뜨는
쑥대머리 모가지에 칼 쓴 얼굴 하나
아아, 저 햇살 뒤에 숨어 있는 것
초록 밝은 잎새 뒤에 숨어
눈도 코도 없이 휘익 칼날 입에 물고
피웃음 날리고 있는 얼굴
미순이 넌 제 얼굴

워키토키 소리 들려온다
각목을 깔고 담배참으로 졸음 견디다
사수대들 깜박잠에 떨어진 사이
포복하던 발신음들 일제히 담을 넘는다
전기가 끊기고, 하늘 떠가던 흐린 달 하나
툭 땅바닥에 처박히고, 어둠 속
기진한 풀잎들 밟고 날아드는 그림자들
한꺼번에 쏟아지는 군홧발 자국 소리
플래시 불빛 번쩍번쩍 허공을 후려치고
바닥을 훑고, 개새끼들이
피칠갑으로 쓰러진다, 비명 소리
플래시 불빛에 감겨 허공은 미치고
독한 숨 냄새, 쌍년들이 어깻죽지가
툭 툭 떨어진다, 죽음과
죽음 사이 바리케이드 위
오똑 타고 있는 불꽃 하나
외로운 기름 불꽃 하나

들었나 죽음과 죽음 사이
살아남은 불꽃 하나
한 몸 외로움 속에 신나를 붓고
부르짖던 짧은 외침,

그 핏자국 위에 불탄 나무처럼 서 있는
낯익은 모습 하나 보았나
흐느끼는 울음소리 들었나
아우성 비명 소리 어둠 속에 아득히 회오리쳐
피 냄새 날리는 새벽노을 속에 치솟아
하늘 붉게 사르고,
아아 타버린 바리케이드
불에 그슬린 눈동자를 보았나
그 눈동자 속 뜨거운 눈물에 비치는
춤추던 깃발
소리치던 대자보
노랫소리 햇살 속에 이슬처럼 뿌리고
공단 거리 해아침 출근길 물밀어오는 노동자들 속으로 사라지는
웬 여자애를 보았나,
구제품 핸드백 하나에
꽃다지 노래 한 줄

7

시절 좋다
눈 나려 흰 눈 펄펄 나려
매화 꽃머리 한껏 붉어

쌀기생집 딸라기생집 종이창에 곱게 흔들리는데
한 입 두 입 베어 먹는
계집의 젖꼭지 갈수록 단물이 돌고
씹창(唱)으로 희학질하는 소리
꽃그림자 후두둑 떨구네

세월 조오타
쌩똥 같은 한 해도 언뜻 가고
이리 뙤작 저리 뙤작 생각하니
궁글고 치달은 처처 굽이마다
죽을 똥 살 똥 싸갈겼구나
그 마지막에 한 바재기 된똥 누려는데
개새끼라는 것들
누렁개 검정개 우르르 달려와
그 똥 하나를 다투는 소리
돈 보따리 풀고 명함을 보니
이놈 저놈 돈싸장일세

세상 조오타
좆찌리도 빵잽이도
계집년 좆각다귀마저 쌔비치는 도둑놈도
쐬주 한잔 걸치면

그저 푸짐해지는 시절은 만고강산
왈 성탄절 밤거리에 눈은 내리는데
쩌그 저놈 좀 봐라
쌍팔년도 잠바때기에 언 손 개비에 찌르고
뚤레뚤레 인파 속 흘러가는
제아무리 털어봤자 딱 개털 한 가닥 묻어나올 저놈
쟁의판에서 사장의 며느리의 조카라는 놈 멱살 한번 흔들었다
폭력으로 몰려 수배칼 뒤집어쓴 놈
주제에 깔치 한 년 물었는지
허름한 좌판에서 오백 원짜리 가락지 하나 흥정하고
걸어가다 하늘 한 번 쳐다보고
걸어가다 또 한 번 하늘 쳐다보고
소매 끝에 쓰윽 눈물 훔치는
이름이 김뚝성이라나 뚝심이라나 하는 저놈
얼씨구 볼수록 가관일세

조오타
쏠 쏠쏠
밤중 쥐새끼 쌀섬지기 고방살림 노는 듯
쏠쏠 쏠쏠쏠
운동이란 물건 그저 쏠아대는 프락치라는 놈
한눈팔면 칼침 놓아 조지고

돈 발라 처발라
칠수록 쳐댈수록
환장하게 돌아간다
아흐 살맛이야
반질대는 채찍이야
조오타, 바로 그 궤도란 놈
한 해 결산이랍시고 요정집 술상머리에 나앉아 그저 불러만 줍쇼오——
껄떡껄떡거리는 돈싸장님들 얼쑤절쑤 입장단으로 박아놓고
갖은 재주를 피우는데
작것, 한판 봐야 쓰것다

나비야 나비춤이 나가신다
벌건 수표 한 장 손가락 새 스리살랑 끼우고
꽃을 찾아 할랑할랑 날아간다
어느 총각이 강경파냐
어느 낭자가 민주파냐
어화어화 내 사랑아
나를 잡으면 꽃밭이요
이내 손 놓으면 벼랑일세
어서 오너라 내 사랑아

칼춤 한판 벌여보자
드는 칼에 무쇠탈 쓰고
꺽둑꺽둑 나가보자
제가 잘나 민주요 해방이요
근엄하게 허풍 떠는 놈
돈도 싫소 돈짝만 한 한자리 명예도 싫소
한목숨 죽어 투쟁할라요
빳빳하게 풋장담 치는 놈
에라 죽어라 칼 받아라

법 법 법소리 한 대목 들어간다
비장하게 웅변조로 들어간다
풍편에 귀동냥으로 한 소리 배웠던지
내사 정치범 할라요
내사 어디까지나 일급 국보감이라요 빡빡 우겨쌓는
저 일자무식 노동자란 놈
폭력에 폭행치사에 아예 파렴치범으로 이냥 한칼 멕여놓고,
열 시간짜리 최후진술판에 외오 주먹을 틀어쥐고
진술인지 강연인지 기어이는 선전장인지
하여간 일단 법정을 모독하고
법 조목조목 대목대목 칼질해서 회를 쳐 먹고
저 혼자 판검사 다 해먹는 먹물이란 놈

탕! 타앙! 국가안위로 척결하고
유식은 노동판에서 제삼자라
슬쩍 끼워 특별하게 씹어 돌리고
시커먼 두루마기 펄럭 펄러덕
까마귀 뽄으로 휘익 펄러러러럭

천하에 권도라는 놈
이리 한판 거나하게 치우고 그만 말 수 있겠느냐
기중 살꽃이 좋아 제멋으로 어우동이라 이름자를 달고
색 쓰는 야시장에서 한창 꽃값을 날리는 년이 있어
한판 놀아보는데
어허 참말 기차다
신촌 여대생 골목에서 아르바이트로 기초를 닦고
딱 한 번만 찍어줘요
충무로 딴따라판에 달랑 몸 하나 얼굴 한쪽 걸어
감독에 조수에 만년 실업자 영화판 개평꾼도 좋아
딱 한 번만 찍어줘요 오직 몸 하나 하룻밤 씹으로 때우다
그예 포르노판에 팔려
애마부인 예고편 조로 신나게 돌다
에라 베린 몸 얼뜨기 순정파 양키놈 하나 물어보자
이태원 딸라골목으로 흘러
빳빳한 그린백 찾아

밤비에도 화사한 레인코트 미스 빠다좆으로 흘러
한 살림 콱 움켜줬었나 잡것 일수빚에 몰려
무정한 세월 밤도망치더니
엽전이란 놈 그래도 정이 있어 헐렁하지
기중 한다 하는 조선놈 술판에 나앉아
저무는 청춘 슬픈 한 저녁을 오직 몸 하나로 야금받게 굴러보는데
　철없던 신촌 여대생 골목, 충무로 포르노판 한 번만 찍자 시절, 이태원 밤거리 브룩클린 하우스 넘버 쎄븐틴 쎅시 제니의 명성 한꺼번에
　화들짝 경륜으로 살아와
　고자 자지도 한번 물면 살아나는고나
　어허 그년 권도란 놈 타고
　춤추듯 제 살을 실어
　한 바다를 놀아본다
　조오타
　들뜬 살을 혀가 달려
　입술을 빨고 살짝 목을 굴러 젖꼭지를 당겨 물고
　봄바다에 석양이 타는 듯 익는 살에 혀가 달려
　한입 쪼옥 배꼽을 궁글리다 얼씨구 살으로 들어간다
　조오타
　자지라는 놈 쪽 곧은 한일자 방망이로 간들간들 흔들리다

버얼떡 쿵 일어서는데
계집년 혀가 덥석 물어 감기고
간들간들 흔들리다 쿵 일어서는데
철썩 때리며 좆살을 물고 혀가 감기고
간들간들 버얼떡 쿵
처얼썩 바르르 쪼오옥
버얼떡
쪼오옥
그런 판인데 이게 웬 서운한 소식이냐
자지란 놈 깜박 까암박 졸더니
추욱 늘어져버리것다
그 좋은 조갯살 구멍에 인사 한번 못하시고
물좆으로 그저 늘어져버리는데
어쩔거나 욕심 많은 권도란 놈
청심환도 먹어보고 뱀쐬주도 걸쳐보고
어우동이란 년 애가 달아 씹고 물고 사정해보건만
그놈 한번 까딱을 않는고나

그놈 정녕 타버렸는가 조오오오타아!
눈 나려 눈은 나려
매화꽃 하냥 붉은데
슬피 좆 잡고 우는 권도 놈

꺼이꺼이 한소리 내지른다
좆타!

8

바로 그 겨울
권도란 놈 칼바람에 이름깨나 날리던 노조들 쩍쩍 얼어붙던 그때
웬 여자애 홀로 교도소 문을 총총히 나선다
물 빠진 고리똥 바지에 깡똥한 윗도리 오바 한 장
꺼칠하게 바람 탄 얼굴엔
흔한 화장기 한 점 없고
매니큐어칠이나마 했으면 좋았을걸
에라 그저 손끝은 굳은살 먹어 뭉툭하고
젊으나 젊은 것이 궁둥이살은 추욱 처져
하여간 공순이 티가 줄줄 흐르는데
이름이나 물어보자 네가 누구냐
쌩두부 한 손 울며 반겨줄 인간 하나 없는 꼴을 보자 하니
빨깐 살다 온 푼수는 아니고
행색이 그만하면 주머니 헐렁한 면회객이 분명한데
어허 도둑놈을 서방으로 삼았더란 말이냐
사기꾼을 애비로 두었더란 말이냐

바람이란 놈 툭 치고 가고
까막소 건너 빡빡산이란 놈
물어 물어도
그저 그렇게 끄떡끄떡
그 애 흰 눈 맞으며 길을 간다

그 애
미순이
운동의 푸른 작업복에 칼을 던지고
어둠 속 숨어 신음 소리를 듣던
프락치
돈에 팔려
피비린내에 미쳐
광고탑 아래 독한 술에 홀로 쓰러져 있을 때
사람의 소리는 어디서 떨며 숨어 있었던가

프락치라는 그 이름
벗어날 수도
고백할 수도 없던 낭떠러지 끝에
외진 바람 소리 속에
생명은 무엇으로 틔어오던가

죽음 같은 밑바닥을 두드리던
물소리
기름때 묻은
친구의 얼굴

사방 골목에 어른대는 권도 놈 칼을 치우다
외로움에 떨며 자취방 벽무늬를 세고
두려움에 질려 울음을 터뜨릴 때
절로 입에 붙던
조합가

아아 그런 시간들 속에 무엇이 왔다 갔길래
이 눈벌판에서
나는 지금 봄빛을 기다리는가,
미순이 그 애
눈보라 치는 마음에
왈순이 언니 부르며
눈길을 간다

언니
걸쭉걸쭉 입이 걸어
왈순이 언니

야위어 시리도록 긴 목에
목도리랍시고 물 빠진 목수건 한 장 걸치고
깡깡한 얼굴에 배시시 웃음 짓더니
차마 먼저 조합 소식 묻지 못하고
떨구던 눈길에 점벙거리던 눈물
그 눈물 치솟아
면회실 유리벽을 뚫고 달려와
내 몸을 더듬을 때
온통 떨리는 마음이
내 눈을 찾을 때
보았소
까막소 외진 사방에서
손가락 꼽아
조합 식구들 이름과
흐르는 물 속엔 듯 흔들리다 떠오르는
얼굴들과
싸움판 무용담 하나하나에 붙여지던
별명들을 생각하고
옥창으로 떨어지는 짧은 겨울 햇살 고맙게 챙겨
저물도록 편지를 쓰는
언니의 모습을 보았소
애타는 마음으론 수십 호도 넘게 노보를 만들었을 그런 날들을

옥방 마룻바닥 달력에 새기도록
답장은 오지 않고
찬 눈송이만 바람에 붐빌 뿐
면회가 끊기고
까막소 온 사방을 두드리듯 운동권 노짜 신참을 찾아
물어물어 통방 끝에
얻어들은 조합 소식 몇 자
부어터진 통보리쌀 가다밥을
우욱 쳐오는 울음으로 깨물다 바라보던
창살에 시뻘겋게 걸린
노을 속
언니의 모습

슬프면 눈물 보따리
기쁘면 웃음 보따리
늘 밥주걱이 헤픈 인정 보따리
언니 왈순이 언니
그 가슴에
살아갈 날들 저렇게 수인번호가 되어 찍혀 있을 때
보았소
우리들 오직 노동으로 수그리고 살아온 생애가
한세상을 이루어 바쳐도

쓰라리게 거절당한 채
매 맞고 쓰러져서
사람의 세상을 꿈꾸는
부릅뜬 눈동자를 보았소
먼지바람 모질게 쓸고 가는 하늘에도
눈 감을 수 없는 그 그리움이
어떻게 목마르게 꽃들을 피우는가
시멘트벽에 마룻바닥에 새겨진
민주 주 의 노 동해 방
낙서와 구호들을 쓰다듬듯 바라보고
오롯이 외로움 물리는
언니의 모습을 보았소
얼마나 많은 노동자들이
세월을 건너고 행렬을 이루어
까막소 이 외진 사방에 살아
시뻘건 황토에 머리 잘린 저 빡빡산 바라
마음속 줄기줄기
골짜기마다
애써 휘어오른 조선 소나무 그렸을까,
수인번호 아프게 타는 가슴에
눈뜨던 한줄기 역사

눈은 내리고
바람 속 사무치고
가로수들
징역 깨는 세월 속 갈라터지고
미순이 그 애
벌판을 간다,
면회종이 울리고
뿌옇게 흐려지던 유리벽에
언니가 남긴 말
어서 돌아가야지
다시 만나자 그 말

그 밤에 꿈을 꾼다
벌판에 흰 눈 펄펄 내리는데
새 한 마리
울지도 않고
울지도 않고
허공을 오른다
눈송이를 뚫고 오를수록
번져가는 피
핏속에 눈송이들 새 되어
붉은 새 되어

그 새 따라 치솟는다
허공은 미치고
시뻘겋게 쏟아져내리는데
아아, 여기가 어디냐
형광등 눈부신 불빛 속에
저 사내들
껄껄껄 웃고 있는
코란도의 사내들

9

아아 어디로 가는 거냐
희뿌옇게 밀려오는 안개 속
가로등 불빛만 누렇게 떠가는
한밤중 공단 거리
날 잡아줄 이 아무도 없고나
얼굴도 소리도 깊이 파묻고
잠들었고나
아아 나를 불러다오
저 안개 속
타는 불빛 한 장이여
저기 저 허공에 찍혀

쓸려갈 듯 깜빡거리는
야근의 불빛이여

코란도란 놈 달린다
미순이 그 애 쌍소리로 후려치고
피웃음에 휘파람 깔기며
달려간다 그놈
개오줌 냄새 썩어나는 공단 얼른 비껴
돈 냄새 살냄새 울긋불긋 피어나는
본정통이라 팔달로에 썩 들어가자

저 흐르는 불빛 속에
한번은 분명 꽃으로 터져
살아가리라 꿈꾸었지
물색 고운 비단옷
움베르또 쎄베리
날개 달듯 어깨에 흘리고
춤추는 광고탑
새빨갛게 굴러가는 현대 엑셀 범퍼에 누워
미니 핫라인에 흘러내리는 허벅지
번쩍번쩍 세우고
이 거리 한 골목쯤 꺾어

꽃으로 살리라 했었지

아아 저기 봐라
코란도란 놈 팔달로도 훨씬 지나 긴 터널 속
쌍라이트 불빛에 한 틈 남김없이 발가벗겨지는 어둠 속
웬 여자애 비틀거리며 걸어온다
번들대는 눈으로 돈을 세고
지폐 다발 가슴에 품고
꿈꾸듯 허공에 미소를 던지다
터지는 웃음소리 깔고 옷을 벗는다
무스탕 반코트를 벗고
에스에스 슬림 다운의 가슴과
스커트를 벗고
언더웨어의 대담한 코튼클럽
란제리와 팬티를 벗고
뜨겁게 열리는 가랭이로
춤을 춘다
아아 저 얼굴은 누구냐
코란도는 뛰어 달리고
쌍라이트 불빛에 치여
튀어오른다 그 애
미순이

아아 어디로 가는 거냐

　미순이 그 애 이리 코란도에 묶여 한참을 끌려가는데
　거기가 어디냐
　이름 한번 대짜로다 고급정보활동팀이라
　왈 프락치 운영실이것다
　하여간 한판 꿇려보는데
　권도란 놈
　그놈 바람 잡고 들어가는 폼 여전코나
　번들거리는 이마빡에 잔주름 한 줄 없이
　으허허 으허허허 웃고는
　반가운 인사로 미순아 미순아 정답게 부르는 것 좀 봐라
　것뿐이냐 부하라는 것들 제껴놓고
　제가 나서서 커피물 갖다 바치는 꼴은
　제 집 울안의 배고픈 식구 자상히 밥물 시중하는 듯
　이리 근사한 커피타임으로 예고편 한 프로 때리고 나서
　말씀을 굴려보시는데
　 옛 전우와 무용담을 나누는 듯 때로는 대목대목 회고조로 고생길을 누비시고
　 고비를 넘어 들판을 만나면 호탕하게 길을 트시고
　 특히나 고급정보활동가의 험산행로 알아주는 이 없건만 애국의 길 어찌 물러날쏘냐 잊지 않고 반복하시고

에 또 활동비 대우에 있어서 혹여나 섭섭했던 점 한꺼번에 일
시불로 특대우로 해결 보겄다 분명히 강조하시고
　허나 고급정보소지자의 신분을 망각하고 잠시 마음이 흔들려
활동 체계를 위협한 점 큰 벌 내려 마땅하나 그간 충정을 보아 덮
어두겠노라아
　　말씀허시고
　　또 말씀허시고
　　인천 앞바다에 사이다가 뜨도록
　　허시는데
　　한 대목에서 휘익 칼날이 날아오것다

　　어허 저년 눈까리 좀 봐라
　　타는 불덩어리 봐라
　　인간 권도 권력의 일심으로
　　열두 세상 서른 굽이
　　처처에 칼을 세웠건만
　　저 불 속에 갇혀
　　이글이글 타는고나
　　어허 정녕 내 몰랐고나
　　온갖 감시 갖은 미행 붙여 뒤통수를 잡아두고
　　저년 옮겨가는 발자국 하나하나
　　똥물을 쏟는지

오줌발 세우는지
용갯물 싸는지 다 캐냈건만
저 눈 저 불 속에 타는
한세상은 몰랐고나
퉤——

10

형광등 불빛만 하얗게 살아 타는 방에
알몸의 웬 여자애
갈가리 찢겨진 옷가지 하나 안간힘으로 움켜쥐고
맨바닥에 떨어져
꿈틀거린다
몇 번이나
몇 번이나 피 흐르도록 깨물어 짓이겨진 저 입술

낮도 없고
밤도 없고
문득 한꺼번에 시커먼 사내들 달려와
젖꼭지를 물고
자궁을 찢고
알몸에 침을 뱉고

방음벽만 시뻘건 피비린내로 살아 타는 적막 속에
그 애
한 가닥 앙칼진 비명을 치다
주검처럼 쓰러진다
알몸에
몸부림친 가랭이 마디마디에 피멍으로 그려진 사내들의 흔적
미순이 그 애
이제는 한마디 거절의 외침도
혀뿌리마저 굳고
마음속에 불러 의지할 이름 하나 떠올리려 해도
생각마저 굳고
벽에 방음벽에 머리를 짓찧는다
홀로 피 흘려
의지할 것 노여움뿐

이 수치의 알몸을 무엇으로 덮으리
돈에 팔려 프락치로 팔려
저 거리 화려한 쇼윈도
모델 라인을 걸치면 가릴 수 있을까
아아 웃고 있구나 저놈
권도란 놈
어차피 몸뚱아리 하나 자본에 팔아 살아온 세월

기계밥이 되어 말없이 썩어온 세월
수치도 모멸도 임금으로 팔아치우면
이 알몸 기름때 묻혀
기계처럼 굴릴 수 있을까
아아 이 알몸도 수치도
모멸도 덮지 않으리
이토록 수치에 불타는 눈동자로
마음에 피멍을 새기리

안간힘으로 움켜쥐어도 생각은 또 흐르다 멈추고
형광등 불빛에 하얗게 스러졌다
방음벽 피비린내로 살아오고
알 수 없다
미순이 저 애 얼굴에
한 올 맺혔다 사라지는 미소 한 점

그때는 행복했었네
세상 밑바닥에 떨어져 비로소 바라보이던
사람의 아름다운 얼굴
그리움 속
눈물로 배울 때
기계를 잡고

부서진 조합을 추스르고
어린 동생들 무심히 흘리고 간
농성의 머리띠
하나하나 챙겨 간직할 때
잠시 스쳐간 별발일지나
살아 처음 마음속 지지 않을
꽃을 보았네

낮이 가는지 밤이 오는지 하여간 미순이 그 애 이리 몇 날 며칠
을 희미한 별빛 속을 더듬는 듯
흐려졌다 밝아오고
스러졌다 떠오르는 생각 한 가지 붙잡고
물 한 접시 잠 한숨도 없이
내처 쑥대머리 옥방살이 귀신 형용이 되어
살아 있는 듯 미쳐가는 듯
그저 알몸으로 나뒹구는 중에
권도란 놈 꼴은 어떠한지 어디 한번 들어가보자

그놈
아 처음엔 황소라도 쳐낼 듯
번쩍번쩍 드는 칼로 온갖 뼈와 살을 발라내고
익은 솜씨로 골수의 뜨건 피를 잡는 그대로 맛보리라

그리도 장담하고 설쳐댔건만
한칼은커녕 쇠똥 묻은 꼬랑지털 한 가닥도 뽑히지 않으니
이를 어쩔거나
겉으로 보매 그저 어리순해서
백동전 한 닢으로도 코를 꿰어 부릴 것 같고
마냥 겁이 많아
단매에도 가자는 대로 딸랑딸랑거릴 소가지 같건만
한 발도 꿈쩍을 않으니
이를 어쩔거나
막판엔 그만 저 혼자 똥칠에 개칠을 한 낯짝으로 나가떨어졌것다

아 세상에
그 비싼 돈으로도 살 수가 없고
그 무서운 권력으로도 조질 수 없는
웬 기이하고 엉뚱한 물건을 만났으니
평생 칼귀신 돈귀신만 제일로 섬긴 주제로는
이 일을 어찌 풀어낼꼬
참말 알 수가 없구나
대저 저것이 어디서 생겨난 물건이냐
세상 인간 중에 제일 천해빠진 뇌동자 찌끄레기요
그중에서도 유독 돈에 기갈이 들어
판판이 제 친구를 팔아먹은 프락치 신세에다

그저 남색짜리라면 제 몸뚱아리 달달달 굴리던 냄비 푼수가
어찌 저런 큰 물건을 마음에 키웠더란 말이냐

이리 생각이란 것을 댕댕댕 굴려보고
아작아작 씹어보고 탕탕 조져보고
스트레스 해소 조로 밥이야 똥이야 마구 먹어 조지는데
이건 무슨 똥구멍 타령이여
먹었으면 싸야 하고
푸짐하게 싸야만이 먹는 것도 맛이련만
그 똥이란 놈
하냥 배아지를 차고 앉아
쿡쿡 쑤셔대고 달달 볶아대니
이를 어쩔거나
쌀 수도 없고
먹을 수도 없고
토할 수도 없고
아이고 어매애에 인간 권도 죽소오——

그놈 권도란 놈
죽을 똥 살 똥으로 모질게 마음먹고
미순이를 보러 간다
돈으로도 살 수 없고

칼로도 뺏을 수 없는
그 물건이 무엇이냐
죽을 판 살 판
아주 끝내기로 들어간다
마지막 뒤집기로 손에 쥐가 나도록 가보 끗발을 죄어보는데
정녕 망통이로구나
미순이 좀 봐라
반쪼가리 얼굴은 푸릇푸릇 죽어 외꽃이요
입도 코도 아예 헐어
버캐 이는 침만 질질 흘리고 있고
알몸에 엉덩이는 살꽂이판에 밑이 빠져
외다리 한 짝 들지를 못하고나
이리 육신에 죽음의 냄새가 풀풀 나는데
광채 하나가 번쩍 타는 곳이 있으니
홀로 흘린 눈물이 썩어나는 듯 버짐이 피고 있는
그 퀭한 눈 한자리
눈동자로구나
그 눈동자에 불꽃 한 줄기 번쩍 뜨더니
권도란 놈을 본다
그 불꽃 하나 화락 화라라락 일어 피어나는데
천지가 문득 불 속인 듯 한꺼번에 불꽃이 터져오르는데
그 속에 활짝 한세상이 열리더니

웬 인생들이 쏟아져 쏟아져나와
원한성으로만 소리소리 해쌓는데
권도란 놈 땀을 뻘뻘뻘 흘리고
바들바들 떨던 사지는 되는대로 비틀비틀거리고
아예 눈을 감고 주저앉아 동서남북으로 도리질치고
여기가 어디여
저기가 누구여 줄줄줄 헛소리를 하는 중에
아이고, 내 목숨이여 뒤로 돌아 냅다 뛰어
줄행랑을 놓것다
그적에 권도란 놈 한소리 하는데
어허 그년 모질다
제가 프락치로 행세할 적
갖은 이름 붙여 팔아조진 연놈들을
어찌 품고 저리 산다는 말이냐
아이고, 내 목숨이여

어허 정녕 안 되겄구나
저년이 살아 세상 구경 하다가는
내 아주 가게 생겼구나
저년이 분명 공단 프락치 활동의 밑바닥 속살은 물론이요
잠행 중인 프락치들 면상에 행선지까지 꿰고 있을 것이니
아주 죽기로 쌩나팔을 불겄구나

예라 한번 죽어봐라
공순이 년 하나쯤
행방불명으로 사라진들
저년의 전력을 파묻는다면
한 철 먹고 날아간 철새쯤으로나 알겠구나
어허 그년
기어이 내 손때를 묻히고 가는구나
권도란 놈
칼그림자 희번뜩 날아치는 웃음을 뿌리는구나
그놈

어이 찾아든 깜빡잠이었던가
꿈속에서 미순이 그 애
흰 눈 쌓인 벌판을 보고
부리도 꽁지도 없는 새 한 마리
애써 날다 날다 자꾸만 떨어져
눈밭에 우는 모습을 보고
화들짝 깨어나
웬일로 제 몸을 쓰다듬는다
물이나마 찍었으면 좋으련만
부어터진 손마디 모아 정성스레 몇 번이나
얼굴을 쓸고

피멍 그려진 젖가슴을 또 쓸고
따뜻이 흐르던 핏줄도
지금은 싸늘히 굳어버린 맨살을 더듬는다
어이 찾아든 소망이었던가
문득 기계 소리 귓속에 쟁쟁 울리고
아아 푸른 작업복에 기계를 잡고
기계를 잡고
라인을 흐르는 제 모습에
더운 눈물 쏟아진다
웬일로 하얗게 타던 형광등 불빛 꺼지고
캄캄 어둠 속을 울려오는
발자국 소리 발자국 소리

이제 내 몸뚱아리 빈 껍데기일 뿐
피멍 시퍼런 이 알몸에
모가지에 너희가 명주띠를 걸어도
허나 빈껍데기일 뿐
아아 살아온 짧은 한 생애
덧없는 외줄이었네
캄캄세상에 외줄을 딛고
캄캄허공 외줄에 매달렸네
두려워 소리칠 때에도

아득히 떨어질 때에도
메아리쳐 오던 것은 바람 소리뿐
바람을 치고 질러오던 비명 소리뿐
그리고 외줄에 매달려 보았던 것은
죽음 속에서 찬란하던
저 아래 세상의 불빛들
내 이제 끊으리
이 외줄
굴종의 운명을 끊어
자유로운 바람이 되리
아아 허공에 저렇게 아름답게 피어나는 꽃들
하나둘 춤추는 벗들의 얼굴
나를 부르는 왈순이 언니 목소리
눈물도 고운 아아 우리 어머니

제4부

지금도 그 별은 눈뜨는가

창작과비평사 | 1997

빙벽(氷壁)

겨울산은 나뭇잎 하나 붙잡을 것이 없다
침묵의 저 가파로운 칼등

바람에 끌려다니던 눈송이들이
일제히 머리를 풀고
바위 절벽에 얼어붙는다

어떤 생애의 화살이 날아와 깨뜨릴 수 있을까
흉터와 외침 위에
얼음 저며드는 벽화여

바람도
눈송이도
스스로 부딪쳐 불타올라
온몸으로 절벽이 된다

오오 고통만으로
저를 지키고 있는
저 겨울산

꿈속에서

가령 꿈속에서 너는 아직도 나를 끌고 다닌다
어스름에 춥게 떨고 있는 강물 건너
인민군 막사 위로 펄럭이는 깃발과
군복을 입은 소년들이 제식훈련을 하는 연병장을 가리키며
어서 건너가라 어깨를 친다
아니라고 도리질을 하고 소리를 치려 할수록
차가운 강물은 온통 잠자리에 튀어오르고
물 젖은 옷에 바람이 얼어드는 밤길
캄캄한 어둠 속을 내가 걷고 있다
다 떨어진 군복을 끌고
맨발에 고개를 숙이고 가는 긴 행렬 속에서
느닷없이 너는 나를 길에 홀로 세우고
군번을 외우라 명령한다
잊은 지 십오 년이 넘는 그 아라비아숫자를 찾다가
문득 소스라치는 자리에
인민군복에 붉은 별짜리 군모를 쓴 또 다른 내가
부동의 차렷자세로 말을 더듬고 있는
나를 바라보고 있다
너는 어느새 길을 돌아서 사라져버리고

대암산

차디찬 안개가 상병이나 일등병 계급장을 단 골짜기와
벼랑, 나무들 사이를 기어다니며
길을 지우고 흔적을 덮고
예고도 없이 밤중엔 비가 쏟아졌다
암구호만 살아 번쩍이던 산

판초우의를 쓰고 비에도 젖으며
때로는 검은 나무 사이 떨어지는 별빛에도 놀라
M16 자물쇠를 풀던 긴 밤
어떤 악몽은 매복호를 몰래 빠져나와
비트를 찾아
나무뿌리 밑이나 바위틈을 뒤지다
부비드랩에 걸려 디지고

안개는 제가 견딜 수 있을 때까지 시간을 붙잡고
죽음의 기억까지 녹슬게 하고,
우리는 찌그러진 반합통 같은 얼굴로
지난밤의 총탄이 박혀 있는 나무둥치와
몇 마리 오소리들을 보고 돌아서곤 했다

살아 붙잡을 것은 물소리밖에 없었던
내 마음의 대암산

이십 년이 흘러도 나는 떠나지 못하고,
귀울음으로 남아 시시때때로 울려오는 선무방송

헬기가 날아와 K레이션을 떨어뜨리며
요란하게 민간인 노래를 틀어주던 날
얼마 동안인지도 모르게 나무뿌리와 바위와 흙을 갉아먹은 얼굴로
뿌옇게 떠다니는 해의 형상을 바라보던 사내의
발밑에서
K레이션 깡통의 이빨이 흙을 물어뜯고 있던
그 자리

비트 속에 몸을 꼬부리고 나는 생각한다
한라산, 진달래⋯⋯
아리랑, 도라지⋯⋯
기억 속에 떠올라 무슨 표적처럼 넘어지고 쓰러지는
암구호들을

빗속에서

강물 속에 머리를 풀고
거꾸로 서 있던 나무들이
새 울음소리에 문득 제자리로 돌아간다

뱃길을 묻는 마음속으로
불쑥 산이 내려와
바위 절벽을 강물에 깊이 드리운다

시간을 매질하며 제 살껍질을 벗기고 있는
팻말 하나, 받침이 깎이고 머리가 깨진 채로
완강하게 몸을 가누고 있는 글자들이
지키고 있는 기억을 거슬러
솟구치는 물소리 잡초와 바람 속에
내 마음이 키운 임진강 거친 물소리

산그림자 속으로 비가 몰려온다 남쪽도
북쪽도 방향을 잠시 지우는 빗줄기 속에서
정○○, 혹은 김××, 복자(伏字)로 지워진 사람들이
어색하게 나를 돌아보고 있다

용산에서 1

OFF LIMITS

철조망 녹슬어가는 높은 담장 안에
비무장한 나무들이
새 둥우리 하나 지키고 있다

용산에서 2

옛 주검 하나
노을에 다시 살아
하늘 끝까지 물들이다
불타버린 모습으로 시커멓게
어둠 속으로 돌아가고

천천히 성조기가 하강하고 있다
잠시 제 모습을 잃고 있는
막사들과
알루미늄 위장망이 덮고 있는
깊은 침묵

대공경계구역 속으로 새늘이 일제히 뒤어올라
일렬횡대로 박혀 있는
어두워가는 하늘에
Coca Cola 광고탑이 불을 켠다

임진강에서

입심 좋은 마을의 사투리가 강을 건너는 뱃전에도 툭, 툭 난장을 폈으리

마음이 끊긴 자리에 웬 꽃들인가,
물마루 차고 날으는 물고기떼
햇살 속에 저 황홀한 춤

CF를 위하여 1

강을 건너가던 철교가 거친 물살 아래 제 허리를 빠뜨리고
국경 쪽을 우울하게 바라본다

인민복에 삽자루를 두른 사람들을 싣고
군용 GMC 한 대
모래흙에 묻힌 자력갱생의 허허벌판을 바라보며
옛길을 더듬는 듯 잠시 두리번거리다
시동을 걸고

마을 사람들이 옷과 신발과 무슨 식량을 받으며 수줍게 웃는다
선글라스의 서양 사내들에게
사라져버린 마을을 가리키는
노인의
텅 빈
눈……
……색(色)을
　　벗자, 운동을 막 끝낸 사내의 가슴에 맺히는 땀방울들
　　　　천천히 열리는 여인의 눈과 입술
　　　　　(올가을 여자의 반란이 시작된다)
　　　　그 위를 문지르는 발기한 루주팩
그리고 삼성 생생냉장고에서 펄쩍, 튀어나온 물고기 한 마리를
고양이 네로가 즐겁게 쫓고 있다

까까머리 아이를 업은 웬 여인이
배급받은 옥수수자루를 머리에 이고
억새가 하얀 둑길을 지나
평안북도 박천군이라고 씌어진
남한 TV 자막 위를 걸어간다

CF를 위하여 2

아주 TV도
신문도 끊고
소란과
외진 침묵의 자리 술잔도 뒤집고

아내와 아이가 나를 끌고 가는 통일전망대
망원렌즈에 갇힌,
바라볼수록 흐려져가는 눈빛으로
적성촌의 평화와 야포 진지를 찍고
기념사진으로 식구들을 찍고

어색하게 총칼을 풀고
잠시 내 눈길을 허용하는
산줄기의 가파른 자세에 대해

코스모스와 검문소의
서정성에 대해

시를 쓰고
밤을 새우고

우스워라 나의 불면은

스무 평짜리 고층 아파트
허공에
저리도 푸르른 난(蘭) 줄기 앞에서
노여움이 될 수 있을까
슬픔이 될 수 있을까

욕망이여
이제 너를 따라가마

지하 130미터의 상상력으로
바위틈을 솟아올라
목마른 혀를 적시고
취한 노래로 탱탱한 성기를 세우며
흘러가마

철마다 내 옷을 갈아입히고
생활을 가르쳐주고

내 아이의 탄생에서 나의 죽음까지
그 죽음의 훗날까지 싱싱하게 채워넣고
나를 부르는
냉장의 거대한 육체여

내 몸 전체로 서 있는 군사분계선이여
한 잔의 맥스웰을 마시듯 그렇게 부드럽게
사막을 건너는 무쏘처럼 당당하게
너를 바라보마

불이 켜진다
TV 속에
평양의 거리에
황홀하게 네온사인이 돌아간다
전력이 떨어져 가로등 불빛도 없이
잠이 드는 그 거리에
황홀하게
그래, CF를 위하여

천지(天池)를 생각하며

1
선사(先史)의 하늘이 내려앉아
바람과 햇빛과 눈 덮인 바위산을
끌어안고 있는

때로 재벌회사 로비나 재야 단체
사무실에서, 계절이 바뀌는 TV
뉴스 속에서, 혹은 오천 원짜리
동네 이발관 늘씬하게 벗어부친 여배우들 사이에서

정말이지 작고 예쁜 꽃들이
거친 바위틈 모래알 위로
신성(神聖)을 뿜어내고 있는

2
너는 그렇게 오리라
남과 북, 붉은 정지 신호등을 풀고
헬로우 스포츠카의 정통 엘란을 타고
오장육부 도처에 체인점을 세우며
개성이나 평양 어디쯤에서
희디흰 맥주 거품을 게워내며

취해 두드려대는 드럼 소리를 밟고
어떤 은유도 없이 알몸으로 오리라
거리의 네온 간판들이 루주를 바르는 밤거리
진열장 속 디스플레이도 벗어버리고
팬티 한 장으로 길게 드러눕는
골목 한구석에서 비디오를 돌리고

피 묻은 권총 한 자루의 톰 크루즈와
속꽃이 벌겋게 벌어지는 한 마리의
아름다운 킴 베신저 사이에서
발기한 성기를
한 컷에 수만 볼짜리 절정 속에 삽입하며

너는 오리라
그곳엔 비 내리는 판문점의 닳고 닳은 비애도
전우의 시체를 넘고 넘어 고지에 오르는
지겨운 전쟁도 없지
눈보라 치는 장백산 자작나무숲 속
통나무집 창가에 번지는 네온등 불빛과
막 침대를 빠져나온 섹스 끝에
한 잔의 맥스웰이 있지

천지여, 천연사이다 원액으로 출렁거리는
내 마음속에 이미 세워진
거대한 광고탑이여

네가 찾아들 때마다

미끈하게 달려온 아스팔트가
이열종대로 낮게 엎드리는 검문소

네가 불쑥 찾아들 때마다
어느새 등화관제된 마음은
캄캄한 어두움밖에 증명할 그 무엇도 없이
떨고 있는 제 몸을 더듬고
때로 새하얗게 질린 꽃잎들을 한꺼번에 터트리다
강물엔 듯 벌건 피로 몰려간다

그리고 희미한 기억이 켜는 삼십 촉 벌거숭이 알전구
그 충혈된 눈이 쏘아보는 바람벽엔
초라한 내 그림자
식은땀에 흥건히 절어가던 꿈이
밖을 향해 토하는 한 자루 칼

벗어나려 안간힘으로 액셀을 밟는 삶의 어떤 속력도
통과할 수 없는 곳을 나는 안다
내가 쓰는 시 행간 어두움 속의

너의 희미한 미소, 내 몸에 새겨진
이미 지울 수 없는, 너의 역사

코스모스 몇 줄기
집총을 하고 있는 그 조립식 가건물 곁에서
꽃잎 다 떨구어내고
고개 수그려 낯선 제 몸을 보고 있다

변산 기행

1
산다는 일은 저렇게 곧게 쏟아져 내리는
폭포 같은 것은 아닐 것이다

기어이 산맥은 스스로 길을 끊어 왕포나
채석강에서 바위 절벽 아래 떨어지고
바다 끝까지 달려간 마음도
저녁노을로 스러지고

2
방첩대나 지서 사람들이 밤새 술상머리를 두드리며 부르던
그 유행가 소리를 옛집에서 듣는다

선거 장(場)이 설 때마다 공화당 표몰이꾼들에게
말들이 막걸리와 그 질긴 만월표 고무신짝을 풀며
신명을 내던 아버지
내 모든 생각들이 숨을 멈추고 엎드려 있던
대공수사대
벌건 갓등 아래
시멘트벽에
발가벗겨진 내 알몸의 그림자
외롭게 춤출 때 듣던

아버지의 또 다른 이름
빨치산 전향자라는 이름

할아버지 살아 계시던 옛집엔
지금도 정정한 참오동나무 한 그루
아침저녁으로 가지를 흔들며
마당에 옛말을 뚝뚝 떨구고 있다

아들의 목숨을 사기 위해
한 마을을 부리던 논마지기도 당신이 묻혀서
들판을 지켜보고 싶던 선산마저 올려세우더니
그예 돌아가셨다는 말

3
세월이 어떤 시간의 물살에 허물어져
그 이름이 쓸려가고
살붙이들에게마저 말할 수 없었던 것들이
거기 묻힌다 한들
아버지에겐 끝내 지울 수 없었던
칼날의 마음

흰 눈에 호랑가시나무 마냥 푸르른

겨울숲에 홀로 들어
그 붉은 열매 앞에
몇 번이나 멈추어 서서
고개 돌리고 눈물지었으리

쓰러진 마음들이
바위 절벽으로 저를 세워
파도의 아우성 키우는
변산

4
파도는
한 바다를 이루어놓고도
저렇게 돌아서고
돌아서서 어느새
물소리 한 자락 없이
제 생애를 비워놓고

김봉수, 1982

갯벌을 잃은 바다가 먼 데 섬에 불을 밝히고
거친 숨으로 돌둑에 물벼랑을 쌓는 간척공사장에서
나는 그를 만났다

뜨거운 해는 날마다 단 하루만의 삶을 걸어놓고
바다 끝으로 지고, 밤으론
그의 억센 고향 사투리를 밀고 가던
파도가 되돌아와
삐걱거리는 합숙소 그 임시의 잠을 흔들어 깨웠다

흙차가 버리고 간 폐타이어 몇 개와
늙은 개오동 한 그루 찬비에 젖어가는
돌산 허리가 날아가버린 반쪼가리 공터에서
어디든 뿌리내리고 싶은 마음이
밀려오는 파도와 어깨를 겯고
남쪽에서 배웠다는 유행가를 부르고

때때로 그가 숨기지 못한 허튼 소문들이
밥집의 소주판을 뒤집기도 하였다
그가 아니라고 고개를 돌리고 부정한 것은
그의 조국 조선민주주의인민공화국뿐이었을까 자랑처럼 내걸
린 태극기와

애매하게 웃고 있는 카메라의 눈빛 앞에서
힘겹게 내지르던 만세 소리였을까
제철이 되어 찾아온 이름도 알 수 없는
귀순(歸順)의 새떼들 남포 소리에 놀라
허물어져가는 폐가 개쇠뜨기풀 속에 숨고

갯벌은 늘 그만큼 메워지고 바다는 물러나지 않고
이제는 더 어디론가 떠날 수도 없는
남쪽 세상 바다 끝에서도
다하지 못해 제 몸을 풀지 못한 말들이
때 이른 눈발이 되어 날아와 며칠씩 작업을 묶어놓았다

윤금이

1
우울해하지 말라구 그 여자애 말야
간밤에 깜둥이 상사 녀석이 나이프로 어떻게 해버린,
나이트에선 알몸에 달러가 붕붕 날았다는
그 애 말이야 어떻든 너희가 먹여살렸고 사는 동안은
그럴듯했대잖아 마이클 노래나 들려주라구
땅 밑에서도 LA 화이트 힐을 꿈꿀 수 있을 거야
그 애에겐 그게
뽕이었다니까는

인생이란 커피나 피자파이 같은 거야 먹어치우고 나면
어쩐지 마음이 울적하거든
글쎄 무슨 이야기를 할까 휘트먼이나
케네디 이야긴 벌써 낡아버렸고 람보만 해도
스포츠 신문에서 하도 떠들어놔서 말야
싱거워졌다구 요새 본토에서 유행하는 여자들
속옷 이야기라면 근사하겠지
알다시피 언더웨어의 시대잖아

2
하늘 우러러 무슨 소식을 전하리

솟대 끝에
새 한 마리

머리도 나래도
깨어져
없는
반쪼가리 몸뚱어리

바람에
구름 속 되살아나
비껴오는
한 오라기 햇살

마저 그리움도 벗고
홀로 가거라
죽어
한 점 비유도 없이
허공에

벽 1

한밤중 어두움 속에서 벽이 우는 소리를 듣는다

오 년이나 십 년쯤
혹은 이십 년쯤
제 몸속에 살아
당당하게 뿌리를 내린 시간들을
스스로는 허물지 못해

그 속에
제가 갇혀서

문밖 플라스틱 화분통에선 수국(水菊)이 온통 뿌리를 들어올려
꽃대를 세워
잎과 잎 사이 붉은 숨을 배앝고

달 1

한나절 바지락을 캐고 난 갯벌은
먼 데 막소줏집 불빛 하나를 남겨두고
말이 없다

어둠이 노을을 삼키고
웅크린 섬들을 지우는 동안
철책이 빗장을 걸고 이빨을 세운다

한 점 비린내도 없이
저렇게 바람으로 텅 비어버린
갯벌이 나는 두렵다

물이랑이
칼등을 세워
비구름 몰려오는 수평선으로 돌아간다

사나운 바람이 엉겨붙어 아우성치는
철책 위로
피를 머금은 달이, 솟는다

그 방

배고픈 쥐들이 자주 비누 조각을 물어가곤 했다 꽃샘바람에
진눈깨비 울 때까지 늘 가스가 떠돌아다니던,
숨이 차오른 가스배출기가 삑삑 울기도 하던
부엌 하나 딸린 단칸방, 낡은 창틀에 매달려
속이 환히 비치는 플라스틱 주스통 속에서
애기 손바닥만 한 무가 노란 싹을 내밀던

그 방 용접 불꽃에 먹혀 뜨거운 모래알이 구르는,
벌겋게 달아오른 쇳조각 같은 눈으로
문건을 읽었다 이 빠진 받침들과
시커멓게 뭉개진 활자들은 바로 세우고
읽고 나선 서둘러 아궁이 불에 태우던
한밤중, 어둠 속으로 피세일*을 나갔다 달빛은
골목 어귀에 소식지 위에 날을 세우며 떨고
보안등 불빛에 쫓기며 한 바퀴, 또 한 바퀴…… 돌아와
새벽 시장 봉지김치에 라면밥 말아 먹던, 방

기억이 쓰디쓴 꽁초를 태우며 실업의 골목길을 더듬는다 지린
내 나는 영화관에서 신참내기 공장 아이들이 갈기는 휘파람 소리
도 들린다 나무판자에 먹붓으로 힘들여 쓴 문패 앞에서는 내가
웃고 있다 텃밭의 웃자란 대파들이 녹슨 철조망 울타리 너머 머
리를 올리고

눈이 녹으면 동네 아이들 잃어버린 신발짝들이
햇살에 언 발가락을 꼼지락거리던
공터를 지나면 내 자취방 비 내리는 공일날
돼지 삼겹살에 쐬주로 정말이지 목구멍의 기름때를 벗기고 들던,
이씨 콩나물같이 말라가는 아내의 그 적금통장 이야기 속으로
어색한 침묵 속으로 빗소리는 찾아와 울고
한바탕 내지르는 유행가 장단에 그예 쏟아지다
처마 밑으로 제 뼈마디를 뚝뚝 꺾던
방, 끝내기 술판에 단풍은 단풍끼리
흑싸리는 흑싸리끼리 제 짝을 찾아 쩍쩍 달라붙던 화투판
구석에선 봄날이 소주병에 꽂혀······
이, 진달래, 훤히, 취한, 얼굴

배고픈 참새들이 텃밭에 찾아와
배추 시래기를 물고 한나절 농사를 짓고 날아가곤 하였다
몇 번인가 이사를 할 때마다
그 비좁은 골목길은 리어카 한 대의 이사 보따리에도 땀을 흘렸다
지붕이 무거운 TV 안테나를 머리에 이고 바람에 삐걱거리고,
어떤 가난도 지우지 못하던 단칸방의 불빛들

대공분실 자술서 하얀 백지에 스쳐가던,
돌아와 꿈속에서 홀로 울던
방 천장의 누렇게 죽어가는 사방연속무늬 꽃들이
내 몸 위로 뚝뚝 떨어지고,
그 너머에서 날리던 흰 눈송이들

나는 천천히 그 방을 빠져나온다
돌아보면 환한 대낮인데
한 사내가
부엌 바닥에서 어린 파를 다듬다가
불쑥 솟구치는 눈물을 떨구고 있다

* 80년대 운동권 은어로서 투쟁속보 등 유인물을 은밀히 배포하는 행위.

달 2

번득이는 작업등 불빛 속
허공에 홀로
거대한 침묵이어라

골리앗 크레인
한쪽 어깨에 걸려 있는
저 철골

온몸 마디마디
용접 불꽃에 태워
흐르는 쇳물로 숨을 쉬고
연마 드릴로
제살을 깎아 세운
강철의 뼈

썰물 지는 미포만
조선소에 불빛이 꺼질 때까지
수평선 끝으로
달이 파도에 제 몸을 굴려
한 바다를 끌어올리고 있다

희망에 대하여

바람 부는 공단 거리 해종일 쏘다녀도
아는 이 한 사람
만날 수 없고
옷 벗은 광고선전지만 날아와 발등을 덮고
지친 내 그림자가 기대고 선
공장 담벼락엔
찢겨진 낡은 포스터

저물어 역전 거리에 나가
싸구려 노래테이프를 파는 내 친구
절단기에 잡아먹힌 헐렁한 팔소매를 끌고
소줏집에서 흰소리를 치다
돌아와 눕는 밤
마음 밑바닥 싸늘한 강판엔
옛말들 쇳가루처럼 쌓여가고

어리석은 마음이 그를 생각한다
악기공장
닫힌 철문 앞에서
원직 복직을 외치는 그의 쉰 목소리를
희망이라고 불러도 좋은 것일까
밤이면 노동자상담소 졸고 있는 눈들을 깨워

분필을 잡는 그를

내달리는 아이들 쌍소리에 골목이 툭, 툭 꺾이고
한길 건너 돌아앉은 고층 아파트
애드벌룬에 입주 예정 날짜를 띄우고 있는 재개발구역
국밥과 소주를 파는 그의 아내
막김치처럼 헤픈 그 웃음을
나는 무엇이라고 불러야 하는 것일까

잠은 오지 않고
하릴없이 묵은 소설책 갈피를 뒤적이는
한밤
돌아볼 옛날도
훗날도 없는 텅 빈 시간
답답한 마음이 골목엘 나와
외롭게 제 발등을 비추고 있는
보안등 불빛을 본다

내가 나에게 묻는다

십 년 만에 찾은
명동성당,
바람 찬 천막 농성장
어둠 속
내가 나에게 묻는다

그 예전
외침으로 살던 나에게
묻는다
참으로 떠나왔던가

오랜 침묵 속에
피어나
발자국 이끄는
이 아픔은 무엇인가

성당 언덕 아래
악을 쓰며
불빛들은 돌아가고 취해가는
내가 바라보는
구름 속
얼굴을 가리고 있는 달

떨리는 마음이 머리띠를 묶는다
한 바퀴 아우성 속을 돌아
십자가 불빛은 붉게 번지고

오래 피 흘려도 좋으리
이 가시 면류관

노래

침묵이 말을 할 때가 있다

끝내 깨우치지 못한 얼굴로
피투성이로

누추한 벌판이 눈바람에 꽝꽝 얼어터지는 겨울에
내 몸 또한 산산이 부서지는 날을 생각한다

오, 빛나던 상처의 자리
오늘은 간신히 눈을 뜨고 있는 별이여

침묵이 제 속으로 키우는 뜨거운 바람에
담금질하던 말
그 한마디
견디지 못하고 내지르는 소리가
노래가 될 때가 있다

이 손을 뻗는다

1
차디찬 허공에도 저렇게 피어나누나
바람 속을 굴러
제철소 너머 바다 끝에
몸을 던져 날리는
노랫소리

스스로 밥줄을 끊고
수수만 톤 아우성을 쌓아올리고 있는 골리앗 크레인 앞에서
나는 이 손이 부끄럽다
수십 년 찌든 작업복 같은
투표용지에 당당하게 파업을 쓰고
신세부 동료들 어깨를 두드리고

이름도 알 수 없는, 누군가, 철골에
깔려…… 어떤 죽음도 부글거리는 폐수
거품 속으로 잦아들 때, 조합 사무실을 멀리 돌아
집을 향해 뻗어 있는 길을 무겁게 끌고
헤드라이트 불빛이 쓰러뜨리는
가로수들을 밟고 달리며
핸들을 잡던 손

2
밤바다엔 조용히 흔들리는 수만 톤의 선체
피와
불과
쇠의 꽃 덩어리
그리고 한 달 야간작업 팔십 시간 위로 길게 드러눕는
CF 승용차의 불빛

그 자리에
쇳물로 흘러
서늘히 굳어
죽어간 불꽃들

이제 마스크도 안전모도 벗어버리고
쇠난간에 나를 매달아
뜨겁게 튀는 용접 불똥이 되고 싶구나

바람에 솟구쳐올라 울음을 터트리다
나를 찾아
더듬더듬 내려앉는
선전지 한 장

3

기름때에 절어가던 시간들이 밀어올리는 흐린 하늘에
쏟아지는 눈발 속에 초라한 손을 씻는다

기계도 꺼버리고
라인도 꺼버리고
마지막으로 남겨둔 용광로 불꽃을 생각하며
함성 속에 손을 뻗는다
비로소 보이는, 든든한 지게차 같은
용접봉처럼 낯익은, 거무튀튀해서
쇳밥 같은…… 얼굴들

송이
송이
수천 송이
내닫는 바람 속
하늘이 뜨겁구나

길

나의 시간은 여전히 대치선 위에서 떨고 있다

밤새 쏟아져 내리다
바람에 휩쓸려
꽁꽁 언 채로
새벽의 골목 한구석에 몰려 있는
눈더미 속에 있다

수당 몇 푼을 찔러넣고
길 위에 서본 사람은 알지
허공에 하얗게 얼어붙은 해가
가슴속에서 어떻게 뜨거워지는지,
골목에서 눈물을 훔치던 길이
어디로 뻗어가는지

지금은 제 죽음의 밑바닥까지 보아버린 어두움이
스스로 피를 흘리는 시간
한 줄기 새벽노을에
길이 대치선 위로 숨을 틔우고 있다

벽 2

내 손에 뜨겁게 흘러내리는 기름방울로
네 모습을 그린다 붉은 입술과 젖가슴과
막 바다에서 돌아온 두 다리

쇳밥을 깎는 선반의 예리한 칼끝으로
허름한 기숙사 방에 기대어

잔업으로 짓물러터진 눈동자 속에 고여오는
너 눈부셔 바라볼 수 없는
하얀 살의
벽

문득 너는 돌아가고 캄캄한 비디오 화면 위로
나를 잘 아는 한 사내 불쑥 나타나
빙긋이 웃는데

언제부터였을까
내 완강한 손이 움켜쥐고 있는
온통 찌그러진 맥주 캔 하나

올여름

숨이
가쁘다

속살에나마 지켜온
한 줌 물기마저 타버린
마음에
붉은 채송화 꽃떨기

한 뼘 키로
애잔히 솟아나
바람을 부르는 것이여

그리움은
먹구름 속
천둥소리로 우는가

번개 불빛 속
빗물 머금고
꽃잎 터트리고 있는

잠

너무 깊어
어디인지 알 수 없는
잠 속이었네

꽃잎이었나 남김없이 피어나
발바닥까지
발가락 끝까지
뜨겁게 숨구멍 열리다
뚝뚝 떨어져
고여오던 피

벌건 노을 속엔 듯
허공에 뜬 깃발에 누워
꺼져가는 외침의 끝까지
가라앉아
소리는 굳고
칼등에 차디찬 땀방울

홀로 미쳐가는 바람 속이었나
불타버린 벌판 꺼멓게 그을린
나무 밑동에
스무 살 때 잘려나간

손가락 하나
매달려 자라고

눈물로도 씻어낼 길 없는 내 안의 역사
깨어날 수 없는
칼날 위였네

폭우

천둥소리에 귀먹고
번개 불빛에 눈멀어
밤새 몸부림치던 마음이
해아침 마당귀에서
나팔꽃을 본다

한 허리 다치지 않고
막 피어나는
애기 살웃음을 달고
흙담을 타고 오른다

폭우가
네 거친 숨결 속에 돌아
꽃잎 속에
비이슬이 되었구나

밤, 꽃

꽃대가리 터뜨려 불을 토하던 대낮을 어이하리

낡은 보안등 아래
땅 밑으로 휘어드는 모가지 간신히 담장에 걸치고 있는
장마철 밤 꽃 무더기
파리하게 떨고 있는 그림자

바람도 없구나
꽃잎 있는 대로 휘날려
제 가슴 뜯지도 못하고

겨울숲에서

과장이었구나

한 장도막 치고 가는 쏘나기 끝에
쟁쟁히 잎, 잎들 태우던
그 땡볕

익을 대로 익어 붉어진 마음
살얼음 여울에 떨구던
가으내 속울음

겨울숲에 들어
나 또한 굴참나무 빈 몸으로 서서
매서워지는 가지 끝으로
바람을 바람으로 알겠구나

바람에 갇힌 새들이여
눈발 붐비는 그리움 속에
그예 울고 있으니
무거운 몸 어디다 부려야 할까

나는 어떤 기다림보다도 막막한 벌판을
눈보라로 질러가면서

수천 마디
쏟아지는 말들을 버린다

떳목에서

칠산바다 삼백 리 길을 굽어보고 서 있던 할머니당(堂)엔
빗돌 한 장 없다

한꺼번에 쏟아져 불타는 노을이
파도에 젖어가는 저물녘

폐선이 된 너구리배
허리께까지 뻘 속에 묻혀서도
물바다 쪽으로 머리를 세우고 있다

소금물에 절이고 기름을 먹여
썩지도 못하는 몸이
바람 속으로 내밀고 있는
저 낡은 돛대

바다에 내가 있다

저 죽어가는 펄 속에 내가 있다

옛 소금막 자리
갈밭 속에
황오리 쉰 울음소리

한번 떠나서는 돌아오지 않는
제방 너머
바다에
내가 있다

안개가 내린다
이제는 아픔도 없이 썩어가는 살
빈 파도 소리의 무덤

물길을 잃고 돌아간
능쟁이 말뚝짱뚱어는 나를 알고 있으리

온몸 메흙칠한 붉은 게 한 마리
저를 찾아
바다로 가고 있다

초상집

상주도 잠이 들어 차일막엔 죽은 이 옛말도 들리지 않고
마늘밭 자리 비닐막 노름판만 불이 훤하다

술애비 금렬이 아재는 만 원 한 장짜리 개끗발도 붙지 않는지
오늘도 흑싸리 개평꾼

못자리에 물이 날까 지관 어른은 남몰래 걱정인데
길게 흐르던 별똥별 하나 들판 끝으로 툭 떨어진다

상여엔 두레 울력도 노래도 없구나
이백 년 묵은 당산나무가
그 텅 빈 몸통으로
간신히 잎을 피워 올리는 봄밤에

산울음

1
캄캄절벽의 밤중에
새끼를 밴 짐승의 에미가 몸을 풀어
긴 울음소리가 골짜기를 울리고
새벽이 그 첫 피를 곱게 흘려
갓 난 새끼들 눈비늘이 떨어지던
그때를 생각한다

그리고 눈 몹시 퍼붓는 저녁에
내 어린 식구들, 노루며 토끼들이며
신랑각시 새들…… 가죽나무 구멍엔
도토리를 굴리는
겨우살이 날다람쥐……
뭇것들의 순한 잠을 품고
이윽이 바라보던 사람 마을의 불빛은
참 따스했었구나

한 그릇 정한수의 가난한 마음이
나를 부르고
눈 속에
죽순을 틔우고

2
이제 내 머리는 잘려
밤낮으로 헬기가 내려앉고

능선엔 군인들이 버리고 간
초소와 참호들
총검이 지나간 자리를 어린 칡순이 덮고 있다

바람이 불어온다
새 울음소리가 갈라진다

애기물방개 놀던 찬샘엔
벌겋게 녹슬고 있는
쇠동전 하나

살이 환히 비치는 광고 철탑이 눈에 부시다

3
수수백 리 사람의 강마을이
처음 마음을 세운 곳
용샘이 마르고 있다
물의 첫자리

물구녁 둘레
허옇게 바랜 돌이끼

아, 휘파람새야 어디로 갔느냐

강의 꿈 1

누렇게 찌들어가는 열사흘 달빛이
채 허물지 못한 논두렁에 떨어진다
제철공단 우뚝 치켜든
저 쇠와 시멘트의 모가지

내 몸에 물비린내 떠난 지 이미 오래
물풀 속에 마음을 숨기고
나는 밤마다 홀로 꿈을 꾼다

가으내 된물살 거슬러와
산단풍에 곱게 깊어가는 물빛을 보다
모래톱에 제 알을 낳고
지느러미를 묻는 연어의 꿈

물방울 타고 바다로 흘러가는 꿈
보름달 부시게 솟아오르면
내 애기
한 아름 굴리고 싶어라

내 이제 의지할 건
저 풀잎 하나

목을 감는 기름띠에
숨이 졸려
나를 부르는

강의 꿈 2

저 강길에 술 한잔 거나한 똥장군 걸음으로
얼쑤절쑤 죽은 창례 애비 걸어온다

솥단지 하나 무명이불 한 채의 생이별도
앞산에 묻힌 어미의 평생도
앉은뱅이꽃 이야기로
쑥부지깽이 풀이름으로
강길에 매달아주던 그이

그리고 그루터기 논에 쥐불 연기 오를 때
들에서 받은 첫 곡식으로
밥을 짓고 술을 걸러
고수레
고수레
강물에 뿌리던 사람

고샅을 도는 징소리에
홍시가 돌담에 툭 떨어지고
모닥불 빛에 벌겋게 취한 강물이
장구 소리 밟던 그때

먼 산에 비울음 소리 들리고

풀개구리 한 마리
빈집 흙담을 넘어
흙차 지나가는 신작로를 우두커니 바라보고 있다

눈물

한강다리 막 건너가는 전철에
강물을 바라보는
웬 비구니 스님이
물빛엔 듯
햇살엔 듯
얼굴에 미소 한 볼 건져올리는데
내 마음에
알 수도 없는 곳에서
눈물이 솟는데

내 안에도
나도 몰래
나를 키우고
나를 살리는 것 있다는데

나 태어나기 전에도
죽은 후에도

애틋한 노을 너머
바람 불고
강물 흐르고
꽃 피는 나무에

물고기들 뛰어오르고
애기풀들 제 맑은 눈물로 피어나는 속에
내가 있다는데

전철을 나와
지하도 어둑한 계단에
동전 하나
걷어차고
저를 밟고 지나간 발길도 잊었다는 듯
구석에서 먼지를 쓰고 있는데
슬픔도 없이
물끄러미 나를 바라보는데

경주 남산

천둥 번개 치던 마음이 굳고 굳어 돌바위가 되었나
바람에 패는 대로
빗물에 젖는 대로
저를 버리고
저를 맡겨

가까이 가면
흐릿하게 모습을 숨기다
멀리 보면
몸을 드러내고

어둠이 저를 밀어올려 산을 깨우면
첫 이슬에 문득 감은 눈을 뜨고
순한 머리를 씻는

경주 남산 바위 속의 돌부처
비껴드는 노을 속
이마에
얼굴에
흐르는 연분홍 살
번지는 고운 피

일출의 뜨거운 불꽃들이 돌 속에 피어
그 옛날 저를 새긴 첫 마음으로 살아

호박꽃

밤새 몰래 밭두둑을 더듬고 간 여우비에
과부 한숨이 벙글었네

비바람에 꽃이 진들 어떠리

애호박 따는 손이 첫 서방 보듯 떨리겠구나

옛말

생강나무 속살에선 똑 그렇게 생강 냄새가 나고요

소태나무 껍질을 씹으면 해나절이 가도록 입이 쓰지요

옻나무는 잘 베어서 익는 장에 띄우는디 평생 가도 옻을 안 타지요

아침해

옥녀봉 아래
버느내
외진 뜸마을 감나무집 아이

탁주 한 사발에 똥장군을 지면
강길이 짜배기판으로 훤해지던
금렬이 둘째아들

쎄피아로 쪽 빼입고
느티나무 동구길에 막 들어서는데
아침해가
얼른 구름 속으로 숨는다

빗소리

오래 떠돌던 마음이 빗소리 속에서 집을 짓는다

새 한 마리
배롱나무 가지 끝에서
비 그친 하늘
젖은 허공 한 뼘을 물고 있다

막차

읍내 장거리에 국밥집 불빛 몇 점 떨어뜨려놓고 버스는 떠난다
아침 장에 고추 몇 포대 흥정하고
막걸리에 밥 말아 먹듯 해 한나절 보낸 떳목 양반
먼 마을의 불빛들 스치는 차창에
반백의 머리를 허물어뜨린다
조개미 지나 벼랑길을 돌면 잠을 뒤척이는 밤바다,
서울 큰 공장에서 납병을 얻어 돌아오더니
예수꾼이 된 맹순이는
물길에 들어 한숨 곤히 눕히고 싶구나
폭폭한 가슴 두드리며
흐느끼고 악을 쓰는 건 나훈아 노래뿐
산굽이 물굽이 자갈이 튀어 날리던 신작로 길이
포장 아스팔트가 뇌는 농안
이 길에서 늙어버린 운전수의 흘러간 옛 노래뿐
해수욕장이 들어 바다도 갯벌도 잃고
진메 어디 골짜기에서 약초를 심는 노총각 김만만이
독한 살꽃 냄새 썩어가는 매창리 골목에
구엽초깨나 바치고 산 여자의 얼굴이
화투짝 꽃그림 보이듯 어른댄다
한없이 어두워지는 마음으로 울음을 터뜨리며 막차가 달려간다

풍경

떨어져가는 고철값 주변에 모여서
막걸리처럼 희미하게 웃는 얼굴들

잎을 피우고 쓰레기 바람 속으로
출렁, 마른 줄기를 눕히는
넝마같이 이름도 알 수 없는 나무 몇 그루

입주권도 없이 한밤중을 뒤집는
유행가 소리가
제 가슴을 치는
천막집 몇 채

우리가 버려서 한 강물을 메우고 우리가 또한 다른 세상을 살면서
오줌을 갈기던 한 마을 위에
신문기사처럼 까맣게 박혀 있는 새떼

입추

어둠 속에 한 가닥 낙숫물 지는 소리
가슴속을 돌아
피 듣는 듯 떨어지는
한밤 두 시 어름

오래지 않아 바람이 그 소리마저 쓸어가리

삶이 무성했던 날들의 뜨거운 불티들이 잦아들어
저리도 흰
새벽달

꽃 이운 자리에서
새까맣게 익은 꽃씨가
바람 속으로
떨어지고 있다

시

눈발을 걷고
밤하늘에
푸르게 돋아나는 별자리 우러러
이제 나는 길을 묻지 않는다

바람 속
송이
송이
눈을 치켜뜨고
서로의 몸을 부딪쳐
새하얗게
불을 켜고
내달리다
땅거죽에 얼어붙는
그 죽음 속에

나의 시가
어두운 골목길
얼어붙은 돌멩이 하나의
갈 데 없는
침묵이 된다 해도
별빛이 차게 비웃는

비참이 된다 해도

그해 겨울

　그해 겨울에도 눈이 내렸을까, 제 어미 자궁 속에서 핏덩이 하나
칼날에 숨을 잘리우는 동안 정말로 하얀 눈송이가
　세상에 내렸을까, 축축한 석탄더미 같은 피난의 내 보따리들을
싣고 기차가
　이제는 그 이름을 기억할 수도 없는 간이역들을 지나 기차가
　달려갔다

　폭설에 갇힌 마을의 외딴 구릉에서 솔 한 그루 오래도록 바람
소리를 듣고 있었다
　벌판의 끝까지 내려앉은 잿빛 하늘 속으로 새들이 불티처럼 날
아오르곤 했다
　어둠 속이었다 기차가
　지나온 모든 길들을 벗어나 터널 속으로 제 몸을 던졌다

　너는 바다를 보았다고 했다 커다란 머리채의
　바닷말풀이 금빛 물살에 흔들리고
　산호가 끝도 없이 불꽃을 뿌리는 속에서
　커다란 거북이 알을 보았다고 했다

　그 병원 골목에선 눈더미들이 흙빛이 될 때까지 녹지 않았다
　병실의 탁자 위에서 난초가
　기미 낀 잎들을 뻗어 물을 달라고 조르고

네 잠 속으로 뚜욱 뚝 떨어져 내리던 링거병 속의 물방울들
꺼칠하게 굳어가던 밥 덩어리와 한 그릇의 미역 산국

눈송이는 내려앉을 곳을 모르고

눈송이는 밟힐 줄도 모르고

눈송이는 어디로 불려가는 줄도 모르고

돌이킬 수 없는 곳에서 신호등이 벌겋게 충혈된 눈을 감고
안개 속에서 기차가 길게 울었다
치욕이 수많은 침목들을 깔고 달려갔다

지금도 그 별은 눈뜨는가

낡은 흑백필름 속 같은 곳에서
쓸쓸히 늙어가는 내가 보인다

한 편의 시를 쓰려면
몇 밤을 불면으로 때우는 나를
바겐세일도 하지 못해
백화점 문턱도 넘지 못하는 나의 상품을
신기하게 바라보고 있는
베스띠 벨리 막 화장을 끝낸 마네킹의 얼굴도 보인다

TV 뉴스 속에선 한총련 아이들 최루탄처럼 구호를 터트리고
내 귀엔 환청처럼 들리고
대낮 뜨겁게 타오르던 해가
페퍼포그 연기 속에서 복면을 한다

꽃들이 일제히 모가지를 꺾고 파업을 했는가

부러진 뼈와 두개골 사이로 새파란
억새를 키우고 있는 공장 위로
기억이 모가지를 부러뜨린 채
하늘을 향해 굴뚝을 세우고
나를 부르는 소리도 들린다

지금도 그 별은 눈뜨는가

그래 가자
가자
저 유월의 싱싱한 은행나무들이
시뻘겋게 녹슨 고철 덩어리로 보일 때까지

모닥불

치솟아
허공을 그을리던 매운 연기도
바람 속 빨갛게 피어나던
불티도 없다

오밤중 두 시 무렵
짓다 만 신축공사장 빈터
취한 내가
허리도 팔다리도 꺾고
쭈그리고 앉아
홀로 사위어가는 모닥불을 쬔다

잿더미를 뒤집으면 벌겋게 살아오는 불덩이들
바람에 문득 하나가 되어
온몸이 뜨거운 눈동자인 채로 이글거리고

나는 갈 곳도 없이 늙어버린 역사 속에 숨어
저를 지키고 있는 몇 마디 말들을 생각한다

오늘 밤엔 시든 성기를 꺼내
모닥불에 오줌발을 세우고
퍼올릴 한 삽 흙도 없이

어둠 속에 떠 있는
비계를 타고 싶구나

공터를 떠나 휘청거리는 골목의 끝을 보니
멀리 술집 창문 가까이
눈송이들이 희미하게 불을 켜고 있다

동암역 근처

전철도 끊긴 동암역 근처
눈 쌓인 골목 미루나무 가지 끝

빈 새 둥지 속에
뜨거운 별빛 한 줄기 떨어진다

오랜 기다림도 그친 곳에
눈은 내려 쌓이리

죽은 이의 옛 소식 속으로
바람은 불어오고

지상의 울음이 쩡쩡 얼어붙었구나
밤하늘의 저 눈빛 하나

역전 뒷골목

천 원짜리 한입에 팽개쳐져
온통 채이고 밟힌 몸뚱어리로
길바닥에서 밤을 새운
맥주 깡통 하나
아침 햇살에 취해 비틀거리다
바람을 따라 제 몸을 굴리더니
하수구 속으로
첨벙 뛰어든다

광고탑에서

저 불빛을 벗기면
너를 볼 수 있을까
때 절어 지폐 같은 얼굴에
얼룩진 눈물과
허벅지나 등덜미 어디
흉터가 되어 잠든
상처를 볼 수 있을까

Christian Dior
di classe,
알몸에 금빛 문신을 새기고 있는
네 사내의 떨리는 손도 볼 수 있을까
달아오른 살에
황홀히 피어나는 그 칼꽃

한때는 네 살 속에 흘러
자궁 속
바다에
물고기떼 속에 알을 낳고
눈부신 구름을 피워 올리던
나의 언어의 죽음

무슨 아픔도 네가 부르는 노래 속에서는 만 원짜리나
이만 원짜리 포르노그래피 한 장의 카피가 되고
세일이 끝나면
뱉어내는 쓰디쓴 거품

길의 끝에서 남김없이 게워낸다,
글썽이는 눈물 속으로
한 푼도 없는 아침이 눈을 뜨고
게으른 창녀의 이부자리 같은
햇살이 등을 두드린다

말

때로 말들은 지하철역 화장실에서
두세두세 담배를 피우며
제 마음을 뒤집고 싶다고 생각한다

아침에 눈을 뜨자마자
일간신문의 활자들 속에서
횡설수설 몰려다니는 말들
대통령이 되어 호령하는 척하기도 하고
베스트셀러로 팔려 야한 꿈을 꾸기도 하고

거리에선 유행하는 가발을 쓰고
루주를 바르고 손님을 부르다
밤이면 불빛을 달고 춤을 추고
영화관에 들어가 잘나가는 여배우와 놀아나기도 하고

때로 말들은 사람들 몰래
한번 실컷 울고 싶은 것이다
쥐가 나도록 킬킬거리고 싶은 것이다
화장실 벽 낙서 같은 것이 되어

변명

침묵이 침묵의 뜻을 얻을 때까지 너를 잊겠다

사랑이 나를 부수고
제 살 속에
핏속에 불을 피울 때까지
사랑이 사랑의 아름다움을 말할 수 있을 때까지

생활과 시 사이에서
때 묻는 지폐처럼
변명은 나를 길들이고,
아 나를 끌고 가는 이 깊은 그림자

소리치는 빗속에서
빗소리도 잊고
바람에 흔들리다
흔들리다 쓰러지는 빗줄기의
눈물겨운 몸짓도 잊고

용인에서
김소진에게

가고 오는 것
떠나고
만나는 일이 이토록 한 몸이어서
네 주검 끝에
늦은 사월의 햇살이 눈부시다

한 생애가 지어 바친 아름다움이
푸르름으로 깊을 대로 깊어져
내 마음이 감춘 그늘을 물들인다

너를 묻고 돌아서는
이것은 관습일 뿐 가을이 와서
산이 몇 번이나 피를 흘리고
바람 속에 분분한 나뭇잎들로
머리를 풀고 눈발을 기다려
마르는 속에
썩어가는 것은 사람의 허사(虛辭)일 뿐

죽음에 대한 모든 과장이 그치고
내 마음이 끝내 놓지 못한
뼈마디 하나
백토 말간 속살로 풀어지고 난 때에

나는 책 한 권을 빼내어 고아떤 뺑덕어멈이라는 소설을 천천히
읽기 시작할 것이다

집에는 예전부터 식구들이 '큰책'이라고 부르던 낡고 두툼한 장
부가 있었다……

문득 날이 흐리다
무심한 마음이 차를 끓인다

너에게

겨울 백양나무숲에
눈이 내린다
빈 몸으로
저를 돌아보는 자의
젖어가는 눈가에
그 가난한 마음에

돌아보면
마을 어귀쯤에서
저희끼리 춥게 모여 떨다
눈발 속으로 흐려지는
몇 가닥
길들

골짜기엔
폭설에 갇힌
소식 몇 자
벼랑에 걸려
바람 속
벌거숭이로
뜨겁게 얼어붙고 있을 게다

십일월

나 또한 십일월의 저 바람 속으로 무거운 몸을 부리고 싶다

바람은
나무들이 끊임없이 떨구는 옛 기억들을 받아
저렇게 또 다른 길을 만들고
홀로 깊어질 만큼 깊어져
다른 이름으로 떠돌고 있는 우리들 그 헛된 아우성을
쓸어주는구나

혼자 걷는 길이 우리의 육신을 마르게 하는 동안
떨어질 한 잎살의 슬픔도 없이
바람 속으로 몸통과 가지를 치켜든 나무들

마음속에 일렁이는 잔등(殘燈)이여
누구를 불러야 하리
부디
깊어져라
삶이 더 헐벗은 날들을 받아들일 때까지

달 3

밤새 흐린 하늘에 매달려가던 달이

구름을 걷고 나와

하얗게 질린 얼굴로

새벽 바다에 지다

다시, 십일월

꽃 떨어진 그 텅 빈 대궁에 빗물이 스쳐간다

이제 나를 가릴 수 있는 것은 거센 바람뿐

시 한 줄 없이 바람 속에 시들어
눈 속에 그대로 매서운 꽃눈 틔우리

제5부

저 꽃이 불편하다

창작과비평사 | 2002

길

장지문 앞 댓돌 위에서 먹고무신 한 켤레가 누군가를 기다리고 있다

동지도 지났는데 시커먼 그을음뿐
흙부뚜막엔 불 땐 흔적 한 점 없고,
이제 가마솥에서는 물이 끓지 않는다

뒷산을 지키던 누렁개도 나뭇짐을 타고 피어나던 나팔꽃도 없다

산그림자는 자꾸만 내려와 어두운 곳으로 잔설을 치우고
나는 그 장지문을 열기가 두렵다

기기 먼지 와
나를 보고 울음을 터트릴 것 같은,
저 눈벌판도 덮지 못한
내가 끌고 온 길들

강화에 와서

강화에 와서 눈 덮인 벌판을 바라본다
간이역도 없는 마을에
웬일로 텅 빈 기차는 어둑하게 벌판을 달려가고

그때마다 길은 다시 끊기고,
나는 지나간 밤 여인숙 방에서 치던
낯선 여자와의 그 서툴던 화투판을 생각한다

나에게 집이 있었던가,
돌아보면 희미한 풍경으로 남아 있는 먼 데 마을
몇 채의 집들

눈벌판이 끝나는 곳에서는 또 갯벌이,
염하(鹽河)마저 얼고 있을 것이다

고개를 숙인다

이제 고개를 숙인다 온통 쇼핑몰이 되어 흘러가는 길
인파와 소란 속
무스탕을 걸치고 웃고 있는 네거리 현대백화점
마네킹 앞에서

맨주먹의 이력서를 쓰는 마음으로
그러나 몇 번이고 고쳐 써도 지워낼 것은
나밖에 없다는 듯이
그것을 똑똑히 확인하는 자세로

이제 정직한 것은 거리에 저렇게
넘쳐나는 불빛과 소란과 광기
그 속에 비치는
살을 섞지 않는 나의, 시(詩)의 속임수

그랜저가 전광판 속을 질주하는 밤하늘 아래
나는 고개를 숙인다

늙은 산

잎도 꽃도 남김없이 지워버린 뒤
눈도 그쳐 허름한
늙은 산

나무들 이름도 꽃 모양도 잊어버린 산

그 산길 외진 바위 곁 잔설 위에서
얼어가는 깃털 하나를 보았다

아, 새였던가

겨울비

1

그 겨울엔 유난히 눈이 없었고, 정신병동에서 나는 흰 벽만 바라보고 살았어요
 흰 벽 위에서 새까맣게 고물거리던 무슨 글씨 같은 것들이 생각나요 지겹도록 약을 먹어댔고, 그리고 허기와 잠…… 머리통을 짓밟고 지나가던 개새끼 같은 쌍소리들
 음악이 없었으면 어쩌면 난 죽어버렸을지도 몰라요 단순하게 살게 해달라고 매일매일 나에게 애걸했어요
 해동을 하는 나무처럼 목도 팔도 다리도 잘라버리고 싶었으니까요

그리고 내 마음이 붙잡고 있던 오래된 흑백사진 한 장
 다섯 살 무렵 어머니 치마꼬리를 붙들고 삐죽하고 웃고 있는, 그 애의 작은 손과 사진에서는 보이지 않는 막 생겨날 듯한 볼우물, 아직은 살아갈 날들이 비어 있는

그때 당신이 어디에 있었는지 모르겠어요 기억이, 기억이 나질 않아요

2

어디서 본 그림이었을까, 맹목조(盲目鳥)라는 그림, 조롱 속에서 어둑하게 허공을 보고 있는 눈먼 새, 몸은 자꾸만 말라가고, 제

울음소리도 잊은 채로 머지않아 죽어갈…… 돌아갈 집도, 밥상 머리에 함께 둘러앉을 식구들도 나에겐 없었는데, 문득, 문득 돌아갈 자리를 찾곤 했던가 봐요

그래요, 뜨거운 물방울들이 내 몸속으로 아주 힘겹게 떨어지는, 그런 때가 자주 찾아오곤 했어요
당신과 내가 십오 년 넘게 끌고 다닌 그 단칸방들이었어요. 시궁쥐들이 와서 조합신문을 쏠고, 쪽방 불빛을 가리고 학습을 하고, 짠지와 막걸리잔으로 서로 건네주던 먼 지역의 소식들, 그리고 늦은 잔업에서 돌아오면 마당에서 눈을 맞고 있던 빨래들…… 그런데 그 단칸방에, 십여 년이 흘렀는데 내가 다시 그 방에, 아파트를 돌며 아이들을 가르치는 내가 걸레쪽 같은 몸을 끌고 돌아와 흰 벽을 바라보고 있는 거야 분명 그 방들을 떠난 지 오랜데, 그 텅 빈 방에 주저앉아 한 움큼씩 안정제를 먹고, 나가게 해달라고 쌍소리질을 하고 있는 거야 정말이지 그 방을 빠져나오지 못할 것 같았어 세상에, 나이 마흔을 넘긴 여자가

생각나요? 살아갈 날이 너무 힘들어서 내가 배 속의 아이를 지우려 했을 때 당신이 울면서 했던 말, 아이를 낳아서 기르자는 말…… 그 애는 지금 어디 있나요

3

누군가는 시간강사 노릇을 마치고 전임이 되었고 누군가는
출판사에 들어가 주간이 되었고 또 누군가는 대기업에 들어가
딸라장사를 하였고
누군가는 이혼을 했고
누군가는
폐인이 되어 떠돌기도 하였고, 밤 열두 시나 한 시, 고등부 학원
수업이 끝나면 집에 들어와 당신은 늘 소주를 마셨어요 18평짜
리 임대아파트였지요 아, 정말이지 지긋지긋해 내가 왜 다시 그
때 일을 떠올려야 할까 그 지루한 헛소리, 다시 현장에 들어가 살
아야겠다 이건 온통 사기다 북한에 한번 갔다 와야겠다 세상 보
는 눈이 넓어질 텐데 아니야 자본주의를 더 깊게 보고 파들어가
야 해 아직 껍네기만 보고 있어, 그렇게 쓰러져 잠든 모습은 수의
도 없는 시체 같았어요 깨어 일어나 대낮부터 멍하니 앉아 TV 채
널을 돌리던 그 무표정한 얼굴 그런 중에도 살을 섞기도 했으니,
그때 내 모습은 어땠을까

등에 얼음이 박힌다는 말 알아요?
어디에도 나는 없었어요

4

나 때로 한밤중 고속도로 갓길 같은 곳에 차를 세워놓고, 술을

마시고 홀로 잠들기도 하였다

　돌이킬 수 없이 달려온, 또 살기 위해 달려갈

　길 위에서, 길을 잃으며

　저를 찾고 있는
　망가진 사내 하나를 보았다

　온몸 환하게 얼어가는 겨울비 속에서

나에게 묻는다

바위가 바위에게 묻는다

강물이 강물에게 묻는다

바람이 바람에게 묻는다

고산면 성재리, 한 점 노을도 없이 산은 어두워오고

더 무겁게 뿌리를 내리는 돌들

간밤 내내 나를 흔들던 빗소리를 찾아

내가 홀로 나에게 묻는다

해창*에서

거기에 늘 어스름 찬 바람이 일던 어업조합 창고가 있었다

거기에
칠산바다 참조기 궤짝이 밤새워 전깃불 아래 쌓이던
부둣머리 선창이 있었다

거기에 갯물에 쩔어버린 삭신이 조생이 한 자루로 뻘밭을 밀고 가던
홀몸 조개미 아짐
읍내 닷새장 막차를 기다리던 늙은 감나무가 있었고

홍어철이 들수록 밤이면 혼자서 가락이 높던 갈매기집이 있었다
지금은 폐항도 아닌

신작로만 간신히 살아 나를 불러세우는 마을
바닷소리 속으로 비
이백 년 나이를 꺾어버린 팽나무
영당(靈堂) 자리에 비

수십 킬로 뻘을 질러간다는 저 방조제의 끝이 어딘지를 나는
묻지 않는다

타는 듯 붉은 노을이 내려
바다도 집들도 바닷바람을 재우던 애기봉도
온통 환하게 몸속을 열어 보이던 그때를 찾아 걸어들어갈 뿐이다

빗속으로 물보라 엉키는 바닷가 철책을 지나
갯벌을 건너

* 전라북도 부안군에 있는 바닷가 마을로 새만금간척사업의 방조제 공사가 시작된 곳이다.

비수구미에서

이 무거운 몸 헐어버리자 했지
허름한 바람 하나쯤 데리고 살자 했지
화천 비수구미에 와서 듣는다

물소리
밤을 새워 계곡을 치며 쏟아지는 물소리

바위도 나무도 물길도 보이지 않는 곳에
바람 소리도 풀벌레 울음도 들리지 않는 곳에
칼을 든 시간이 흘러가는 소리

그리고 신새벽 기진한 물소리가
해산 발부리로부터 천공 아득히 퍼올리는
물안개
물안개

희미하게 누군가 걸어오는 모습이 보인다

봄

하나, 둘 흩날리는 눈송이였다

뒷골목에 몰려 쌓여가는 눈더미였다

흙먼지와 그을음, 쓰레기를 쓰고

한밤중 온통 얼어가는 얼음 덩어리였다

어떤 뜨거운 말들이 치웠는지 나는 모른다

맨땅에 선연한 침묵의 빛을 본다

게 한 마리 가고 있다

방조제에서 바라보면 큰가리섬은 벌써 거칠게 파도에 묻히고
있다
  솟구치는 너울 속에 문득 저를 통째로 버리기도 하는
  바위벽 너머 짙푸른 솔숲

  방조제를 넘어온 바람은
  간척지 갈대숲 속에 박혀 있는 몇 척의 폐선을 흔들며
  인기척을 묻고
  나는 물때가 사라진 옛길을 더듬는다

  죽은 조개들이 떠올라 물길을 찾아 밀려온다는 고정리 찾아가
는 길
  파도 위를 떠돌던 바닷새 한 마리
  수직으로 떨어져 먹이를 낚아채는데
  왜 이리 눈물겨운가

  비웃지 마라
  내 여기서 찾고 있는 건
  수천 도요새가 머물다 간 갯벌이 아니다
  솟대 위에 걸려 있는 눈먼 노랑부리저어새가 아니다
  나를 찾고 싶었을 뿐
  나를 눕힐 갯고랑을 찾고 싶었을 뿐

더는 어디로 돌아갈 수조차 없는 기억이 끝내 치우지 못한
게 한 마리
작은 바위 하나 짊어진 채 가고 있다
온 숨을 몰아 나를 피해서

행려(行旅)

시 한 편을 쓰기가 이렇게 어렵다
하필이면 너는 백화점 입구에서 쁘렝땅인지
이랜든지 끝물이 된 옷들을 세일하고,
네 목에서 울리는 PCS 벨소리가
오래 허공을 떠돌다 돌아와 나를 울린다

어쩌면 쓰다 만 소설처럼 굴러다니던 네 러시아 기행담을 듣고
싶었는지도 모른다
　경계가 사라진 백야의 세계와
　떠돌이 오퍼상을 유혹하는
　무너진 사회주의 뒷골목의 딸라 이야기를 나는 쓰고 싶었는지
모른다

그러나 네가 서 있는 기다림의 밑바닥
더 내려갈 수 없는, 탕진해버린 시간의
무덤 속을 비추고 있는 광고탑의 위용 앞에서
시란 또 무엇일까

끝없는 행려가 있을 뿐 돌아갈 곳이 없다
컨테이너 박스 안을 뒹구는 재고가 된 옷 보따리와
그 곁의 새우잠처럼

먹다 남긴 소주병처럼
그 속에서
깨어나지 않는 꿈처럼

그 여자

공장마다 굳게 철문이 닫혀 있는 거리는 텅 비어 있다
키 큰 플라타너스 나무들이 일렬종대로 서서 담벽을 가리고 있는
외진 공장
좁은 마당에서 웬 여자가
작업복에 톱밥을 허옇게 쓰고
송판을 자르고 있다

전기톱날이 맹렬하게 돌아가며 내지르는 소리뿐,
그 여자는 혼자다

몸이 자꾸 떨려 돌아서 나오는데
행려병자 하나가 어둑하게 길을 걷고 있다

길 위에서

신축공사장 폐유 드럼통을 널름거리던 불꽃도 잦아들고
또 하루를 일당에 팔아버린 길은 갈 곳이 없다

피눈물 나는 쌍소리 속으로 미친 꽃들은 피어나고

차체부 이십 년, 공장의 불빛은 지척인데
웬일로 친구들 모습이 떠오르지 않는다

얼굴을 가리고 있는 저 거대한 담벽
그 너머 어두운 소문으로 몰려와 나를 부르는 소리

길 위에 내 몸을 눕힐 수 있는 곳
천막 농성장엔 아내가 있을 게다
나를 기다리고 있을 게다

봄빛

1
그 단칸방에도 몇 번쯤 봄눈이 내렸을 것이다

모가지를 뚝 뚝 떨구어내는
낙숫물 소리

그리고 겨우내 수척해진 몸을 부르르 떠는 전봇대 몇 그루

2
모든 것은 지나가지 내 말들도 슬픔도 헛소리였을 뿐이야
저 고층 아파트를 보라구 E-MART가
당신이나 나를 연중무휴로 세일하고 있잖아
예전엔 TV 케이스 만드는 공장이 있던 자리예요
요즘 세상의 전위는 저런 걸 거야
다 바꾸어버리거든
이 망할 놈의 머리 가지곤 안 돼요
생각하고 생각하고 생각하고, 똥을 싸다가 멀리 달아나버리지
차라리 머리는 없고 다리만 다섯 달렸다는 짐승이 나아요
상처라도 먹고 살 테니까

(그리고 그다음은? 진실을 말하는 거?
그래, 치욕이라고 말하는 거?)

나는 천천히 아파트 사이를 걸어 놀이터를 지난다
맨발의 웬 여자가 때 절은 겨울외투를 걸치고 철쭉꽃 떨기들을 보고 있다
담배를 푸푸거리며 혼잣말을 중얼거리고 있다
여자는 아이들이 떠드는 소리가 들릴까? 자동차 지나가는 소리도? 제가 하는 말도? 제 모습이 보일까?
시간의 뒷모습이 드리우는 더 깊은 그늘을 지나
우리는 무엇을 보게 될까?

E-MART가 버린 철 지난 옷을 입고, 그 밖에서

3
내 안에서 너는
차진 맨흙을 주무르고 싶다고 말한다
아이를 빚겠다고
물과 바람과 햇빛만 있으면 무엇이든 할 수 있겠다고
살려달라고

자다가 문득 깨어나 보면 얼굴에 번져 있는 눈물의 흔적 같은 것, 지나간 날들은 이미 없다
남은 날들조차 다만 길 위에서 웃으며 팔 수 있을 뿐

소리 한 점 없이 전자동세탁기가 돌아간다
날마다 내뱉는, 부시게 표백된 생(生)
안심이다

4
삼월인데,
달력 속의 눈 밝은 누렁개 한 마리
밭둑에서 번지고 있는
봄빛을 보고 있다

빗속에서

어쩌다 국영방송 TV 화면 같은 곳에서 평양이나 개성 거리를 볼 때가 있다

월급봉투를 말아쥐고 소주 한잔 없이 13층 아파트 난간에 매달려 있는 불빛 한 점을 올려다볼 때가 있다

그림자가 몸을 덮치다 한꺼번에 어둠 속으로 쓰러지며 저를 버티는 시간
허구가 아파트 전체의 무게로 나를 가르치는 때가 있다

지금은 비가 내리고
전방위로 당당하게 빗소리가 울리고
평생을 임대한 아파트가
허공에 떠 흐르다
불시에 지워지고

번개 불빛에 문득 깨어나 나를 훔쳐보는
그 얼굴을 나는 안다

달

한 점 노을 없이 비구름 속에 바다에 해가 떨어진다

파도는 그 끝까지 바위 절벽을 밀어
번갯날 빛에 저를 뒤집고

갯막엔 벌써 불빛이 없다
바다로 가는 길은 끊겼다

이 할목에 와서 나는 단절을 꿈꾸는가
도시에 불빛 속에 뒷골목에 두고 온,
내 몸속에서 썩어가는
주검 하나

울부짖는 바다에 나를 보낸다
어두움에
비구름 속에 떠오르고 있을
지금은 형체도 없는 달

연평도의 말

저 바다가 감추고 있는 뜨거운 물길 하나를 나는 기억하고 있다

부두는 비상등 불빛으로 스스로 제 몸을 묶어
집총자세로 며칠째 말이 없고

어린 칠산바다에서 억센 파도를 배우고
황금색으로 단단해지는 비늘의 바다
서산 태안을 지나
바람 잔잔해지는 한저녁쯤에
내 깊은 곳에서 알을 싣던
물고기떼의 길을 나는 기억하고 있다

한번 미쳐버릴 수도 없이
낮술에 취해 끓는 바다엔
새 한 마리 날아오르지 않고

장단이나 해주에서 건너온 사투리들 속에서
나는 그 물길이 수천 번 뒤집히는 소리를 듣는다
알 실은 무거운 몸을 부려
천 발 삼천 발 투망의 바다를 질러

막 해가 떨어지는 진남포쯤에서 첫배를 풀고

말갛게 야윈 몸들로
어미가 되어 돌아오던
물고기떼 그 몸빛으로 환해지던 물길

오늘도 안개는 시시때때로 몰려와 북방한계선을 지우고
남과 북으로 끌려가, 어디에선가 숨어 떨고 있던
눈망울들이 희미하게 불을 밝힌다

월미산에서

유리창이 깨어지고, 낡은 팻말이 떨어져 뒹구는
군대 막사들을 나는 아직도 믿을 수가 없다
그리고 온통 푸른 빛을 내뿜고 있는 유월의 나무숲

월미산에 와서 나는 여전히 네이팜탄의
불길과 미군 함정의 함포사격과 옛 정보국 자리
녹슬어가는 소문들을 생각하고,
송신탑이 박혀 있는 산머리
어두운 방공호 속을 들여다본다

거기 우리가 스스로 키운
금지된 시간들 속을 살아 저희들끼리 보듬고 있는
이름을 알 수 없는 풀들 어떤 역사나 믿음보다
먼저 제 몸을 찾아 기우는 햇살에도
환하게 물들어가는 저 나무숲의, 얼마나 많은 바람과
햇빛과 눈비와 꽃들이 나의 기억을 지울 수 있을까

바라보면 하인천 너머 만석동 소금기도 없이
바래어가는 오래된 공장들의 침묵과
저물기도 전에 벌써 지쳐버린 바다

나는 산을 내려와 기름 덩이 폐수와 아우성

네온사인 불빛들을 토하고 있는 파도를 보며
좌판에서 잔술을 마신다 방파제에 부딪쳐
낮게 스러지는 물소리가
어둑하게 저물어가는 먼 데 섬들 너머
달을 띄울 때까지

물때

동진강 하구역 강물은 오래 흘러온 길을 갯물에 씻고

물때가 온다
물골을 트고
갯벌이 논다
농게 참게 능쟁이는 볼볼볼 춤을 추고
드난살이 말뚝망둥어는 알을 슬고,
먼 개를 지나 숭어 새끼들은 너울을 타고 솟구쳐 오고 있을 것이다
뻘 밑 깊은 곳에서는
백합이 숨쉬는 소리
한 숨
한 숨
살이 오르는 소리

달과 지구 사이 수만 년의 바다가 흘렀을 것이다
천 갈래 만 갈래 살아 넘치는 바다
바람 자면 저물어 멀리 야위는 바다
밀물과 썰물 사이 수만 년 산것들이 물길을 열었을 것이다

갯벌에
강물에

댕기물떼새 한 마리 기진한 허공을 내려와
뼐 한 점을 물고 있다

내가 떠난 뒤

흰 낮달이 끝까지 따라오더니 여주 강물쯤에서 밝은 저녁달이 된다

늙은 비구 하나이 경을 읽다가
돌에 새긴 비문 속으로 돌아간 뒤에도
내가 바라보는 강물은 멈추지 않는다

내 안에서 오래 그치지 않는 그대 울음소리
강물이 열지 못한,
제 속에 잠겨 있는 바위 몇 개

나 또한 오늘 밤 읍내에 들어가 싸구려 여관 잠을 잘 수 있을 뿐이다

그러나 나는 안다
내가 떠난 뒤
맑은 어둠살 속에서 사라지는 경계들을
강물이 절집을 품고 나직하게 흐르기도 하는 것을

내 끝내 얻지 못한 강물 소리에 귀 기울이는 그대 모습을

이 강에서 하루쯤 더 걸으면

폐사지의 부도를 만날 수 있다

절정

매, 미, 들, 이, 매, 미, 들이, 매, 미들이, 매미들이
온통 살아 제 몸을 운다

한낮이 쟁쟁할수록 맹렬하게
지쳐가는 내 몸을 흔들어대고
숲의 여름빛 전체를 들어올린다,
그늘의 허기까지

뜨거운 바람 속을 거세게 두드리는 소나기

저것이 온 살을 부벼 누군가를 부르는 소리라면
못 견디게 만나
한 몸으로 이레나 열흘쯤을 울고
어두움으로 돌아가는 것이라면
그대로 절정이다

한 삶을 지나 문득 내가 듣는
저 눈부신 허공 위의
또 다른 생

그러나 끝내 몸도
주검조차 보여주지 않는다

생명의, 그 밝은 첫자리

흰 빛

밤하늘에 막 생겨나기 시작한 별자리를 볼 때가 있다, 그래
고통은 그냥 지나가지 않는다
아무도 없는 곳에서 혼잣소리로 미쳐갈 때에도
밥 한 그릇 앞에서 자신을 들여다보는 일이
치욕일 때도
그것은 어느새 네 속에 들어와 살면서
말을 건네지
살아야 한다는 말

그러나 집이 어디 있느냐고 성급하게 묻지 마라
길이 제가 가 닿을 길을 모르듯이
풀씨들이 제가 날아갈 바람 속을 모르듯이
아무도 그 집 있는 곳을 가르쳐줄 수 없을 테니까
믿어야 할 것은 바람과
우리가 끝까지 지켜보아야 할 침묵
그리고 그 속에서 타오르고 있는 불

이렇게 우리 헤어져서
너도 나도 없이 흩날리는
눈송이들 속에서

그래, 이제 시는 그만두기로 하자

그 숱한 비유들이 그치고
흰 빛, 흰 빛만 남을 때까지

북두(北斗)

환한 대낮인데
어디선가 나도 모르는 곳에서
흐느끼는 내 울음소리를 듣는다

칼날 위에서조차
차마 나에게조차 할 수 없었던 말들

텅 빈 방 그 낯선 시간들 속에서
소스라쳐 깨어나 홀로 울고 있을
전화벨 소리를 듣는다

어떤 바람이 죽음을 감춘 낡은 집을 덮고
새들
북쪽 우러러 일제히 날아간 뒤
그 위로 떠오르리라
나 지쳐 돌아가 누울 곳
일곱별자리 북두

물결

강은 내 몸을 끌어당기고 내밀면서
빗속에서 거칠게 내뱉다가 소리쳐 부르기도 하면서
흐르고 흐르다 살얼음 따위
슬퍼할 겨를도 없이
한꺼번에 얼어붙을 것이다

마을 가까이 귀를 열고 몸을 흔들고 있는 나무 몇 그루

완고한 노인처럼 지나간 시간 속을 걸어내려와
내 몸 위에 눕는 어스름 산그림자

한밤중 어느 때쯤 마을의 빈집들이 못내 터트리는
기침 소리를 듣기도 할 것이다
때로 그런 밤에 스스로 꽝꽝 얼어터져
새하얗게 일어설 얼음의 빛 덩어리

내 몸에 새겨질 불꽃

그러나 강물이 풀리고 나는 보게 될 것이다
내 몸이 밀고 가는 추레한 얼음 덩어리 몇 개,
내가 깨뜨리고 녹여 없애야 할
지나간 소문을

중늙은 사내 하나 어둠에 묻혀가는 강둑에 서서 나를 바라본다
오늘 밤도 오래 잠들지 못할 게다

카타콤

이 지하의 성소엔 남녀노소가 없다
이름도 살아온 생애도 없다
어디선가 남의 것이 되었을 뿐

벽화 속
낙원의 여신들은 노래를 부르고
춤을 추고
활짝 열린 펜티엄 윈도우 밑에는
신문지 한 장의 잠

칼부림 곁엔 통성기도 소리
때 절어 야위어가는 시간의 손목

때로 경전을 덮고 내 몸은 거대한 타워 크레인을 꿈꾼다
이 도시의 심장에 박혀
순장(殉葬)의 주검 하나를 들어올리고 싶은 것이다
대낮의 허공에 적나라하게 부활하는
카타콤
내 마음의 황홀한 불꽃

그때에 이 도시의 길들은 그 질기게 늘어붙은 잠을 일으켜
나를 바라볼 것인가,

나는 삐걱거리는 무릎으로 계단을 오른다

나는 지금 어디를 바라보고 있는 것일까

1
시간이 흘러갔다, 구직신문을 말아쥐고 돌아오는 길은
온통 흙빛이 된 눈더미
뒷골목에 버려져 사지가 달아난,
두개골이 으깨어질 때까지
얼지 않는
풀리지 않는
마네킹의 완강한 미소
나의 실업은 아주 사소한 것이었고
전화는 불통이었다
수직으로 솟은 거대한 탑에 새들이 내려앉아 노래를 불렀다
죽은 사람들이 다시 살아나 며칠 동안 신문을 팔았다
80년대와 90년대가 두서없이 찾아왔고
아, 지긋지긋한 불립문자, 임시
막사의 희극, 찢어진
얼굴
나에게는 현실이 없었다
다시 시간이 흘러간다

2
늙은 비구니 스님 하나이 아이에게 이름을 묻는다
늙은 비구니 스님 하나이 아이에게 나이를 묻는다

늙은 비구니 스님 하나이 아이에게 집을 묻는다

전철은 달리고
전철은 달리고

바람이 부는지 한강물이 일렁인다
나는 지금 어디를 바라보고 있는 것일까

그마저 스러진 뒤

내가 남겨놓은 주검 하나를 보았나 불타버린 채로
새벽녘 하얗게 굳어가는

사는 일과 죽음 사이
뜨거운 밥이 있고
시가 있고
한낮 미쳐가는 꽃들의 꼿꼿한 가시가 있고
그 너머로 걸어오는 몇 마디 인간의 말

그마저 스러진 뒤 나를 지키고 있는
숨죽인 풀잎 같은
어쩌면 칼날 같은

저녁놀

불길에 입술이 그슬린 나무들의 수천 마디 잎새들을 본다

피비린내 속으로 꺼져드는 침묵의 빛깔 같은 것

들판을 질러온 길 하나
어스름 내리는 강물에 들어
뜨거운 목을 축인다

누군가의 눈빛 하나가

빈방을 홀로 걷는다
집 밖 골목길엔
찬비

어둡게
백목련 떨어지는 시간

몇 년이 흘러도 어색한 식탁에서
누군가의
눈빛 하나가 걸어나온다

한밤중
오래된 노래를 불러내어
저도 몰래
춤을 춘다

노래가 끝난 뒤에도
삐걱거리는 몸으로

노래도 잊고
춤마저 잊고

홀로 걷는
백목련 스산히 떨어지는 시간

문장수업

영등포 뚝방촌 샛강의 더러운 물빛에
스무 살을 씻었다
강 건너엔 플라타너스 나무들이 하루 종일 서서
공장 담벼락 위로 기름때 묻은 잎들을 피워올리고

더는, 어떻게, 엎드려볼 수도 없이, 낮은 것들이 모여
천막 조각이나 폐타이어를 머리에 쓰고
한겨울 우두커니 얼어붙은 배추밭을 바라보았다

때로 어떤 시간은 아무것도 떠나보내지 않는다
그곳을 떠나서도 내 안에서
봄이면 어김없이 판자울타리 개굴창에 개나리꽃들 피어올랐고,
먼 데서 샛강 물이 밤새 흘려보내던 뜨내기 같은 소식들

갱생원 패거리가 양재기에 막소주를 돌리고
기름불을 피우던 고무공장 빈터
외진 홰나무 가지 끝으로는
갓난애를 업은 달이 환하게 흘러갔다

아무도 몰랐지만 나 거기서 혼자 책을 읽었고
다 깨어져나간 벽돌 조각 같은 철자들을 쌓아올리곤 했다
철거계고장에 몇 번이나 허기진 천장이 내려앉았고

그때마다 비틀거리던 말의 좁은 골목들

지금은 날이 흐리고, 나는 신정동에 와서
철골과 유리와 불빛의 도시를 본다
그리고 오래 내 마음이 지은 옛 마을이 골목과 집들을 허물면서
한 구절, 한 구절 문장이 되어
제 몸을 떠나가는 것을,
어둘녘 내가 걸었던 샛강의 둑길과
칼산으로 가던 먼지 나는 신작로가
다시 만나
내 몸을 싣고 가는 것을

거북골에서

1
골짜기엔 바람 속에 바위들이 쩡, 쩡 얼어붙는 소리

눈이 그치고, 이름 모를 나무 앞에서
나는 한마디 말도 할 수가 없다

허공이 기대고 있는,
눈발을 쓴 이파리 몇 장
그 가지 위에 둥지 하나 걸려 있다
어쩌면 지난날 울고 갔을 새 한 마리
오늘은 내 앞에서 날아가다
아스라이 떨어진다

바라보면 억장 푸르게 눈먼 하늘빛

2
섣달 매운 눈바람도 여드레쯤 묵어간다

술노래 한번에 고래땅 울리는 강강한 노인이 지나가는데
어디서 툭, 물소리가 숨을 튼다

모를 일

저 모과나무
잎새 사이
꽃망울이
겨우내 험했던 바람
머금고 있다는데
아직은 모를 일

천둥 번개 치는
허공에
연둣빛 새움이 눈뜬다는데
내게는
멀고 먼 소식

저 꽃의 눈부심도
흙살 속
뿌리의 애착도
애초에 없다는데

아직은 바람 불고
길가 좌판
햇나물들
춥게 떨고

아, 내 안에
누가 살고 있는가

노을

어린 모들 막 고개를 내미는 무논에
노을은 내리고

헐은 잇몸 속에서 조금씩 흔들리다
언제부턴가 저도 썩어
뿌리째 달랑거리던
이빨 하나
눈물 속에 툭 떨어진다

날로 살져가는 흙 속에
나를 바라보는 흰 왜가리
눈빛 속에

여름비

장독 뚜껑에 고여 있는 빗방울

맨드라미 붉은 꽃벼슬에도 빗방울

줄행랑을 놓던 고양이란 놈
뽈뽈뽈 다 늙은 감나무 가지에 기어올라
늘어지게 하품을 하는데
검둥개는 낑낑거리며 나무 밑을 맴돌고

낙숫물 떨어지는 처마 밑엔
길 잃은 두꺼비 한 마리

언제 적 하늘인가
무지개가 활짝 선다

금대리 생각
김환영에게

산길을 걷는데 굴참나무가
굴참나무가 묻더라고

왜 너는 쉽게 못 사느냐고

양지녘 무덤가에 앉아 쉬려는데
맹감나무 열매가 가지를 흔들며 묻더라고

왜 너는 세상과 그렇게 못 살았느냐고

가르쳐달라고
가르쳐달라고 부탁하려는데
눈발이 막 달려와
울더라고

잠이 오지 않아 나는 일어나 찻물을 끓이고
네가 묻혀 사는 금대리 그 강마을을 생각한다
차마 하지 못했다는 네 말 몇 마디가
내 목줄기 어디쯤에서 강바람으로 얼어붙는다

그림을 그리고 싶었다고
나를 용서할 수 없었다고

문득 내 속에서
내가 듣는
뜨거운 물결 소리

춤

아플수록 몸은 눈이 밝아진다

열에 들린 몸이
꼼지락거리는 나무의 발가락을 본다
제 속을 날아가는 흰나비를 본다

넋이야, 넋이야 출렁이는 피

열꽃이 터지는가
온몸이 근지러워라
다리며 허리
가랑이며 자지 끝까지
고름이 쏟아지고
몸속 가지 가지마다 숨이 열리고
한 숨, 한 숨 돋아나는 물방울들

어디서 사과 익는 냄새
신 살구 냄새
물소리
물소리
달구나 거렁뱅이 바람에도
진한 살냄새

아 뜨거운 몸이
한 발만 내디디면
그대로 춤이 될 것 같은데
허공에 피어
갖은 빛깔로
흐드러질 것만 같은데

봄비

누군가 내리는 봄비 속에서 나직하게 말한다

공터에 홀로 젖고 있는 은행나무가 말한다

이제 그만 내려놓아라
힘든 네 몸을 내려놓아라

네가 살고 있는 낡은 집과, 희망에 주린
책들, 어두운 골목길과, 늘 밖이었던
불빛들과, 이미 저질러진
이름, 오그린 채로 잠든, 살얼음 끼어 있는

냉동의 시간들, 그 감옥 한 채
기다림이 지은 몸속의 지도

바람은 불어오고
먼 데서 우렛소리 들리고

길이 끌고 온 막다른 골목이 젖는다
진창에서 희미하게 웃고 있는 아이 적 미소가 젖는다
빈방의 퀭한 눈망울이 젖는다

저 밑바닥에서 내가 젖는다

웬 새가 은행나무 가지에 앉아 아까부터 나를 보고 있다
비 젖은 가지가 흔들린다
새가 날아간다

낙화

바람 속에

저 눈부신 꽃자리에

눈을 감는 허공에

꽃이파리가 떨어진다

내 몸 어디

캄캄한 가지 속에서

햇잎이 저를 밀어올리는 것인가

백목련 건너 모과나무 한 그루

마주 선 채 아침놀 받고

밤사이 누가 왔나 보다

온몸이 흥건하다

꽃들

공장 담벼락을 타고 올라
녹슨 철조망에
모가지를 드리우고 망울을 터트리다
담장 넘어 비로소 피어나는 꽃들,
흐르는 바람에
햇살 속에

어둠에마저 빛나는, 내가 아직도 통과하지 못한
어떤 오월의 고통의
맨얼굴

직선

매립지가 남겨놓은 물길 한 줄기
그마저 막혀
바닷가 철책 너머로 밤물결 소리를 밀어올린다
물 건너 공장 전조등 불빛은 타고
나는 희미하게 떠 있는 갈꽃 몇 송이를 바라볼 뿐
물결 소리에 어둡게 밀려갈 뿐
갯둑 포장마차가 터트리는 웃음소리는
칼날 떨어지는 풍자 같은데
자동차 불빛에 쫓기면서도 길은 완강하게 직선이다

저 꽃이 불편하다

모를 일이다 내 눈앞에 환하게 피어나는
저 꽃덩어리
바로 보지 못하고 고개 돌리는 거
불붙듯 피어나
속속잎까지 벌어지는 저것 앞에서 헐떡이다
몸뚱어리가 시체처럼 굳어지는 거
그거
밤새 술 마시며 너를 부르다
네가 오면 쌍소리에 발길질하는 거
비바람에 한꺼번에 떨어져 뒹구는 꽃떨기
그 빛바랜 입술에 침을 내뱉다
아무도 모르는 곳에서 내가 흐느끼는 거

내 끝내 혼자 살려는 이유
네 곁을 떠나지 못하는 이유

함흥집

담배집도 술점방도 문을 닫은 어두운 실골목
찬 바람 속에 조등이 환하다

밀리고 밀려, 간신히 살아남은 바람받이
저마다 층층이 언 몸뚱이를 올리고 구공탄 더미가 탄다

불꽃 속으로 미루어진 철거 날짜가 타닥타닥 튀어오르고
술애비 상주는 이제 집 나간 아내를 찾지 않는다

조등 주변엔 함흥집 고향 사투리 같은 눈발이 붐비는데
눈길을 따라 발자국 하나 아무도 몰래 골목을 빠져나간다

눈이 한 번 더 마을을 덮고 지나가면 다 잊혀질 일이다

나는 걷고 또 걷는다

TV는 하루 종일 눈물을 쏟고 있는데
오십 년 만에 사십 년 만에 서울이며
평양이며 원산 바다가 울음을 터트리고 있는데
그 눈물 속에 나는 없다

임하영(70) 평남 은율군 와룡리 협동농장 제3작업반
최창호(71) 함남 함흥시 서호 수산산업소 근무
리현예(72) 평남 평원군 대정리/개성시 선죽동에서 이주
장선제(65) 강원 회양군 하송관리 내송동에서 72년 간염으로 사망

나는 걷는다, 고향집, 동구앞느티나무, 미쳐버린삼팔선
피난의눈보라행렬, 젊은아내와젖먹이의바랜흑백사진——
신문을 구기고 나는 걷고 또 걷는다

약국은 약국의 말을 하고
술집은 술집의 말을 하고
어제와 그제와 한마디 다름없는 말을 하고
제과점은 파리와 뉴욕의 빵을 팔고
책방은 베스트셀러에 신이 나고
기이하게도 평양의 어느 거리 모퉁이 같고

비가 내린다

바람에 거세어지는 빗속에서
늘 분명했던 말들이 지금은 비틀거리는 말들과
엉망으로 하나가 되어 취해간다

눈이 내린다

눈이 내린다
눈이 내린다

나는 평양에 가겠다
공단 거리 지쳐버린 사원임대아파트에 핏빛으로 몰려오는 눈
보라로 가겠다

일용직으로 떨어져
일용직으로 떨어져

바라보는 인원감축합의문 벌겋게 찍힌 노동조합 그 이름으로
가겠다

거리엔 백화점과 술집들이 온통 불빛들을 터트리고

그 불빛 속에 내 눈물 속에 비치는 외줄기 낭떠러지 길로 가겠다

이것이 노여움인지 사랑인지 나는 모른다
쌀이 좋다는 재령평야도
눈이 많다는 국경 마을도
나는 모른다

이 눈물이 아픔인지 비굴함인지 나는 모른다
그러나 바람 속에
저렇게 떨고 있는 눈송이들을 위해
시커멓게 밟혀버릴 눈송이들을 위해

단 한 번만이라도
단 한 번만이라도

어머니

흰 꽃가루가 작업장에 들어와 뿌연 석면가루 속을 떠돌던
봄날에
기진한 몸으로 어머니 자취방을 찾아오시고

쪽가겟방 노름판이 흔하던 큰형님집 술어미 노릇에
지쳐 몇 해 뜨내기 밥집 골목 누님네도 지나
나를 찾아 희미하게 웃더니

번지도 없는 고향집에 내려가 한 칸 바람벽이 되었다
이 주일여 농성 천막을 나와
새벽길로 방문을 열었을 때
내 작업복 어깨를 짚고 간신히 버티다
허물어지던, 텅 빈
방

믿었던 것들의 깊은 허공을 빠져나와
알지 못할 길을 쓸며 눈발은 날리고
공장엔 굳게 닫힌 철대문과
서로 사슬을 지은 채 얼고 있는
붉은 스프레이의 글씨들
나는 닫힌 공장 문 앞을 서성대는데
눈발이 번지는 환영(幻影) 속으로

사거리 모퉁이를 돌아 어머니 오신다

버스정류장을 지나 담벽에 몸을 기대고
한 번 쉬고
길을 묻다
또 한 번 쉬고
천막 농성장 근처 전봇대에서
거친 숨을 고르다
애써 혼잣말을 더듬고 있는

봄눈

흰 빛만이 남았네

내 한 번도 가지 못해 지명으로만 남아 있는 망월동에
눈이 내려
눈이 내려

다들 떠났다는데
무덤 자리엔 깨어진 이름자 하나 없다는데

먼 내 집 뼘짜리 마당
겨울도 봄도 아닌 수상한 바람 속에
새움 내밀고 있는
꽃가지에 엉겨붙는
눈이 되어

웬 더벅머리 청년 하나이
잠바때기에 신발을 끌고
한 점 빛으로 꺼질 때까지
나를 부르고

허기

시커먼 폐수 속을 꽃이파리가 흘러간다
그 너머 공장 굴뚝 위로
오늘은 새파란 하늘에
낮달이 떠간다

벙치*

누구나 그 여자를 벙치라고 불렀다

며칠 동안이나 내리는 눈 속에 고샅길도 끊기면
우리 집 정짓간 아궁이 곁에서
뜨거운 숭늉에 대궁밥을 말아 먹었다

전쟁통에 망해버린 백씨네 부엌애기로 팔려왔다고
사람들이 떠나고 나서는 우물물을 먹을 수 없었다고

봄갈이 한나절이 한 그릇 밥이 되었다
전깃불 아래 발동기가 돌아가는 타작마당이
하룻밤 잠이 되었다

반벙어리 소문이 툭, 툭 말문을 열기도 하였다
방앗간집 외팔이 사내가 몰래 건드렸다고 하고
저수지 늙은 물감독 외딴막에서 보았다 하고
배부른 몸으로 문득 사라진 뒤엔
됫술을 팔던 옹술네 화투판 끗발이 사납다는
외방 노름꾼을 따라갔다 하고

부르지 않아도 먼저 나뭇단 한 짐을 부려놓고
어스름 깔리는 우리 집 마당의 눈치를 보던,

정짓간 어머니가 점례야 하고 이름을 부르면
얼른 알아듣고 푸시시 얼굴을 풀던

나뭇단에 간간하게 내려앉던
흰 눈송이들

* 벙어리.

문득 세월이 잿더미 속에서

온몸 골골이 바람든 노파가
오늘은 묵은 허리를 펴고
미역국물에 밥 한술
동치미 국물에 밥 한술
간신히 떠 흘려넣는
중늙은 사내의 떨리는 손을 바라본다

돌아보면
옛집 마당가엔 지금인 듯 싸락눈이 붐벼
개오동나무는 하얗게 머리를 풀고,
애비의 대궁밥을 기다리던 소년이
애써 고개를 들어
아이 적 어머니 얼굴을 더듬는다

문득 세월이 잿더미 속에 묻어둔 불씨를 찾아
엄동에 새벽밥을 짓고,
집강아지 한 마리
정짓간 환한 아궁이 불 곁에서
잠이 든다

산길

쪽동백나무 꺼뭇한 살결을 보았네
있는 그대로 저를 다 피우고
바람 속에 시드는
당단풍나무 누런 잎들을 보았네

인적을 비켜 길을 끊고
눈에 덮여 있더니
저도 몰래 숨결을 틔워
언 몸 수배를 풀고 있는 골짜기
살얼음 서려오는 마음에
비치던 그 물빛

산길 끝에 서서
눈물 속으로 밝아오는

물의 자리

물 위로 꽃 한 송이 피어난다

나 오래 물의 자리에 내려앉고 싶었다

더 깊이 가라앉아

꽃의 뿌리에 닿도록

아픈 몸이여, 흘러라

나 있던 본디 자리로

제6부

별자리에 누워 흘러가다

창비 | 2007

김수영 시비를 보며

가을 잎들이 허공에 부딪치며 날아간다
바람 속에 온통 몸을 내맡기고

내 괴로울 때마다 그대에게 돌아가던 길들이
오늘은
바위 골짜기
낮은 물소리도 불타는 나무도 돌아보지 않고
산숲에 든다

어디쯤에서 길은 다시 물음이 되는가
바라보면 도봉(道峯),
산머리엔
새하얀 바위벼랑

겨울이 와서 남김없이 헐벗은 뒤
골짜기에 눈이 쌓이면
그대 빗돌에도 얼음이 얼겠다

해창에서 2

바지락철이 오면 온 식구들이 갯벌에 나가 살았다

키꼴이 선 장정들은
소를 몰고 와 쟁기를 대고 갯고랑을 갈아엎고,
거기 가마니때기로 바지락이 쌓여갔다

저녁물이 되어 집으로 돌아가던 소구루마의 어둑한 행렬 속에는
금성표 라지오의 이미자 노래가 있었다

수평선 자락에서부터 눈 시리게 출렁이던 물이랑을 지우고
물길을 끊어버린 방조제 공사장을 나는 바라본다
뻘길은 평지가 되고 한 도시가 들어서겠지

보상금에 조생이 자루를 놓아버린 조개미 아짐은 또 취했나 보다
다 떠나버린 마을 길에서 해장술집을 찾는다

탑

저 탑이
왜 이리 간절할까

내리는 어스름에
산도 멀어지고
대낮의 푸른빛도 나무도 사라지고

수백 년 시간을 거슬러
무너져가는 몸으로
천지간에
아슬히 살아남아
저 탑이 왜 이리 나를 부를까

사방 어둠 속
홀로 서성이는데
이내 탑마저 지워지고
나만 남아
어둠으로 남아

문득 뜨거운 이마에
야윈 얼굴에 몇 점 빗방울
오래 묵은 마음을

쏟어오는
빗소리

형체도 없이 탑이 운다
금 간 돌 속에서
몇 송이 연꽃이 운다

인제를 지나며

인제 산촌(山村) 어디쯤인가 지나는데
눈보라가
외딴집 한 채를 비켜가네

거기서 나는 보느니
눈 맞으며
눈 맞으며
마당가 빈 나무 밑을 서성대는
누렁이 한 마리
훗날
먼 데
내 모양일레

지게문을 열고
머릿수건을 쓴 늙은 어머니
흰빛만 쌓여가는 마당을 물끄러미 내다보네

봄눈
고 이문구 선생 추모시

이레 전 출상하더니
어디쯤에서
한 잔
두 잔
그 먼 길을
ㄱ ㄴ ㄷ ㄹ 물어 돌아오시는가,
밤중인데 거나하게 오는 눈이
이문구 선생 못다 쓴 문장들일레
그리움이라 한들
봄빛 되어 환히 녹을 일이매
허공에 돋는 어린 우듬지 속
내 눈빛도 맑게 씻겨지리

임시묘지의 시

1
불빛 넘실거리는 아파트 거실에
총탄에 맞은 아이의 팔과 다리가
툭, 툭 떨어지는데
나는 본다네
TV 앞에서 넋을 빼고 앉아 있는
시(詩)의 몽매한 얼굴을

그대, 붉게 속꽃 벌어지는 장미는 어떤가
내 안에 넘치는, 폭염에 끓는 바다

2
카티자, 어서 대답해
카티자, 가지 마! 너밖에 없어
카티자
카티자……

임시묘지에 파헤쳐진 흙구덩이 속에서 아이의 울음소리가 들려온다
사막에서는 거센 바람이 불고 있을 것이다
아홉 살이나 열 살, 눈물이 씻고 있는, 저 커다란 눈망울도
가매장해버릴 수 있을까

하지만 이미 다 보았다

중늙은 사내가 무덤 앞에 빈 음료수병 하나를 거꾸로 꽂는다
병 속의 종이쪽에는 이름과 나이와 고향과 미사일이 떨어진 자리가 적혀 있을 것이다
이승의 주민등록증, 곧 밤이 오면 한 덩어리 주검이 쏜살같이 하늘을 날아
유프라테스 강쯤에서 서늘히 빛날 것이다
사막의 바람도 수십 년 묵언의 시간도
밤하늘의 별자리를 지우지는 못한다
그래, 카티자, 너를 묻고 어쨌든 또 살아야 하니까……
다시 세상에 네 동생들이 태어나고……

정신병원 뜨락에서 여자들이 서성거린다
팔다리가 튀어 날아간 자리에서 굳어버린
단 하나의 표정이
꽃을 바라보고 있다
카티자, 세상에 꽃이라니, 도대체 무슨 꽃들이
저렇게 빨갛고 노란 것일까
기억 속의 꽃들이 한꺼번에 말을 잃고
병원 계단을 오른다

카티자, 그 아이가 살상무기인가요
그들이 내 아이를 찾아내
쏘아버렸어요,
홀로 남은 어머니가 멍하니 TV 카메라를 바라본다
내년쯤이면 거대한 E-MART가 임시묘지를 점령할 것이다

* 시작 메모

새삼스럽게 시와 양심의 관계를 생각하면서 시를 썼다. 화려한 수사가 가리고 있는 현실의 비참과 말의 무기력함. 곧 여름의 폭우가 쏟아질 것이다. 말 혹은 시의 회복은 그 폭우를 통과함으로써 가능할지도 모른다. 그렇게 장미는 추하게 땅바닥에 떨어질 것이다.

봄날

봄날이었다
오남매가 에미의 젖을 물고 있는 돼지막에
햇살 여릿여릿 펴지던 해나절이었다

감나무 밑 두레멍석에
생굴무침에 막김치에 되들이 막걸리를 깔아놓고
노래도 없이 절로 취해가는데

꼬부랑짜리 여든 할매가 지팽이를 땅에 뚜드리며
으젓져쩌
으젓져쩌
큰집 작은집 손주놈들을 몰고 들어오누나

한 놈은 내달려오다 넘어져 깨지고
한 놈은 돼지막에 붙어 헤헤거리고
한 놈은 겅정겅정 술판을 돌고
네 살배기 어린것은
누렁이를 쫓아 되똥거리고

들판을 질러 먼 데 바닷바람이 불어왔던가,
감나무도
마당집도 문득 간데없어라

허름한 골목집에 봄 끝물 빗소리만
소주도 한 잔 없이 뒤척거린다

늦은 작별

그 언제부턴가
가을도 다 지나고

가슴속에
식은 채 묻혀 있던
불덩어리 하나

다 피어나지도
저를 떨구지도 못한
꽃덩어리 하나

오늘은
허연 잿더미를 헤치고
말갛게 불티로 살아난다

이제 그만
저를 놓아주세요

찬 바람 속
몹시 앓다가
한 여드레쯤 지나면
문밖 골목에도

고즈넉이 흰 눈 내리겠다

양구 1

일 년에 단 한 번 늙은이들은 철책문을 따고 비무장지대로 들어간다
해마다 눈은 자꾸만 흐려져
가물거리는 산세를 따라 집터를 찾고 밭자리를 더듬지만
때도 없는 골안개 잡목숲 속으로 길은 사라지고
왜가리 울음에 허방을 짚고 주저앉는다
빤찌볼*을 지나 부대 막사에서 술을 얻어마시고
어색하게 기념사진을 찍고 장취해서 돌아오는 길
저도 몰래 나오는 어릴 적 이북 노래 속에
때로 안개를 제치고 들국화 몇 송이가 피어
비로소 옛집이 보이고
냇물 건너 인민학교가 보이고

* 펀치볼.

양구 2

봄물 넘실거리는 무논에선 개구리들이 뛰고
비닐막 모판은 파랗다

짙어가는 산빛이 눈물겨운 양구군 웅진리
사월까지 눈이 날리는 골짜기 마을
삼팔선이 소양강 줄기를 끌고 매복을 하던 밤도 있었다
몰래 배를 타고 강을 건너
아우는 제사를 지내고 돌아가고
밀수 장사꾼들은 평양이며 경원선 길을 더듬고,
옛말이 끊긴 나루 선착장엔 표지석 하나가 물속에 잠긴다

저물어 밤이 오면
칠십객 노인 홀로 밥을 짓는 외딴집에서는
민통선 너머 어디
묵은 옛 땅문서 같은 이야기도 없이
TV가 켜질 것이다

양구 3

변하지 않은 것은
골짜기를 흔들고 지나가는 물소리뿐인가
문밖에는 고개를 꺾고 눈을 감은 영산홍 몇 뿌리

산숲에서는 얼굴도 없는 새들이 울고
양구는 수복지구, 전쟁이 끝나고 문득 이남사람들이 되어
군부대를 따라 막소주에 점방을 붙이고
읍내 거리 뒷전에 여인숙을 치고
물길이 끊기고 댐에 물이 차올라
산밭을 갈던 사람들은
대처에 가서 숨었다
남양구
북양구
영산홍 봉오리가 눈을 뜨는 신새벽
어둑한 산줄기가
끝내 이남 사람이 되지 못한 먼 촌(寸) 사람들의 행방을 묻고

마야콥스키

옛날도
훗날도 없다

시간의 경계 위에서 늙어가는 길이 있을 뿐

늘 오늘이듯
풀들은 저렇게 자라고
내 마음에 그득해지는 눈부신 여름빛 등성이
밤을 새워 슬레이트 지붕을 두드리던

빗소리는 발자국 하나 없다

무덤이 꽃을 피우는
이 짧은 한나절이
문득 바람에 기우뚱 넘어지기도 하는 것을
나는 웃으며 바라본다

몽골 초원에서

외줄기, 하얗게 빛나는 길이
느리게 초원을 가다
지평선 속으로 사라진다

하늘에도 바람 속에도 내가 지어 부를 노래는 없다
저 홀로 깊어져 푸르러갈 뿐
바람이 기르는 몇 떼의 구름도 이내 흩어진다

그리고 여기, 시간은 있는가
가없는 초원에
한낮에 풀들이 마르고
앉은뱅이 쑥부쟁이는 이미 천년 전에 꽃을 피우고
타는 정적 속에서
말들이 강물을 건너간다

바람 소리
바람 소리
저 불어오는 바람은 무지(無知)일 뿐이다
저도 모른 채 돌 하나의 순한 침묵으로 돌아갈 뿐이다

붉은 구름이 밀려가는 저녁으로 돌아가던 낙타가
내가 온 길을 무심히 바라본다

물소리

밤 두 시나 세 시
한밤중 골목길을 홀로 걷는데
맨홀의 캄캄한 구멍 속에서
물 흐르는 소리 들린다

하수도 속을 흘러가는
물소리
형체도 보이지 않는 밑바닥에서
어두움을 벗고
제 몸마저 벗고

생의 어디쯤에서 나의 사랑도
썩을 대로 썩어
온갖 수사와 비유를 벗고
저렇게 낮은 목소리로
세상의 캄캄한 구멍을
울릴 수 있을까

간절하게 나를 부를 수 있을까

밤고양이 한 마리
나를 보고 길게 울더니

경계를 훌쩍 넘어
담장 안으로 사라진다

위도에서

수평선 끝에서 뜨거운 눈물이 달려온다
파도는 제 몸 위로 쓰러질 수 있을 뿐
안개를 두르고
돌아앉은 섬
몰라라
물길을 막고
침묵하는 섬
파도가 파도를 업고 달려온다
주검들이 수천 마디 물음으로 살아 쏟아진다
왜,
왜,
왜,
칼등을 세운 시퍼런 물줄기 위에서
갈라터진 발바닥이 갈라터진 발바닥에게
목마른 혀가 목마른 혀에게
뻘밭 백합이 돌아가는 말뚝짱뚱어에게
묻다
묻다가
그대로 바위 절벽이 되어
다시 밀려오는 파도를 받는다

자술서

1
무궁화꽃이피었습니다 무궁화꽃이 피었습니다 무, 궁, 화, 꽃,
이, 피, 었, 습, 니, 다…… 사방은 어두워오고
1983년 용산구 남영동 소재 번지 미상의 어둠 속에서
낯선 술래가 되어 나를 찾기 시작한 거예요
신작로도 고샅의 탱자 울타리도
동무들의 얼굴도 보이질 않았어요
저는한국전자에근무하며공원들과친목을도모하던중사철나무
라는모임을결성하였고또한……
사방 벽에서 지렁이 문자들이 벌겋게 기어다녔고
그래요, 어느 땐가부터 나는 숨을 곳이 없었어요

2
너는 거기서 살았다……
더 살 수 없는 곳에 사는 사람들을 생각하며
우연히 스치는 질문── 새는 어떻게 집을 짓는가
뒹구는 돌은 언제 잠깨는가 풀잎도 잠을 자는가……*

(욕조에 쏟아지는 물 속에 머리를 처박고……
비명을 지르며……
아, 내가 쓴 자술서를 믿어만 준다면……)

너는 거기서 살았다 선량한 아버지와
볏짚단 같은 어머니 티밥같이 웃는 누이와 함께*

3

그 이야기를 해야겠어요 열흘쯤 지난 밤이었을까, 한 걸음을 떼어놓는 일에도 시간은 침을 흘리며 헐떡거리고 정말이지 어떻게 무엇이든 끝을 내야 했을 때

안경 낀 고수머리가 빵을 던져주는 거예요 단팥빵이었어요, 공장에서 철야를 때리면 야식으로 나오던 백 원짜리 그 삼립빵…… 오작동한 프레스가 뭉툭하게 떨어지는 것 같았어요

"알고나 먹어라. 통로 건넛방 늬 애인께서 전해주시는 물건이란다. 지가 먹을 걸 너한테 준다는 말씀이야. 참말로 눈물 난다야."

허기가 노란 꽃을 피우던 그때

다 지나간 일이라고 가판대의 신문들이
늙은 배우처럼 웃고 있습니다
지상의 휴대폰들이 환하게 켜지고,
새떼들이 일제히 날아갑니다
나는 여전히 번지 미상의 길거리에서
노래의 후렴을 듣습니다
꼭꼭 숨어라 머리카락 보일라

꼭, 꼭 숨 어 라 머 리 카 락……
사방은 다시 어두워지고

* 이성복의 시 「모래내·1978년」에서.

청옥고등공민학교

그 학교의 손바닥만 한 운동장과
단 두 칸의 교실을 가려주던 지붕 위에는
얼마나 많은 조막별들이
깜빡
깜빡
졸음에 겨워하다
저도 몰래 떨어져내렸던 것일까

* 고등공민학교는 1960년대에 집안이 몹시 가난하여 학교에 갈 수 없던 아이들이 배움을 위해 밤에 모여 공부하던 곳입니다. 낮에는 일을 해서 돈을 벌던 소년들이지요. 청옥고등공민학교는 우리나라 노동운동의 선구자라고 불리는 전태일이라는 노동자가 소년 시절에 다녔던 야간학교입니다. (발표 당시 시인이 『창비어린이』 지면을 고려해 붙인 주―편집자)

눈길

이십 리가 넘는 눈길이었습니다.
할아버지 누우신 지 오래되어
마당에선 늙은 개오동나무가 혼자 우두커니 눈을 맞고 있었습니다.
하루에 두 번 들어가는 산골 버스가 끊겨
아버지는 새내끼줄로 감발을 치고
눈 쌓이는 길을 내처 걸었습니다.
나는 아버지 넓은 등에 업혀
지나가는 전봇대를 세다가
깜뿍깜뿍 잠이 들기도 하였습니다.
그쳤던 눈이 다시 내리면 선득선득 이마가 차고,
눈에 덮여 조개미며, 큰다리며, 삼간리며
내가 아직 이름을 모르던 마을에서는
이따금씩 개 짖는 소리가 들려왔습니다.
가까웁던 산이 눈발 속에서 먼 곳으로 가 꺼뭇하게 떠오르고,
아버지는 슬픈 소리가락을 불러내어
바람 속에 눈꽃을 매달아두었습니다.
배고픈 새 몇 마리가 눈밭에서 울다가
날 저무는 어둑한 눈발 속으로 날아갔습니다.
나는 아버지 등에 고개를 묻고
어머니가 방 아랫목 이불 속에 묻어두었을 놋쇠주발의 밥과
된장기가 얼큰한 시래깃국을 생각했습니다.

겨울 선두리에서 1

강화 앞바다 선두리
갯바람에 기울어가는 폐가 몇 채
돌담 가에
옛일처럼
사철나무들 마냥 푸르러가고

찬 노을이 내린다
뻘길을 더듬는 사내의 캄캄한 뒷등에,
온통 소주에 취해가는
유행가 속에

겨울 선두리에서 2

한 번을 살아, 떠나는 일이 저렇게 절박하다
구름 한 점의 허사(虛辭)도 없이 불탄 몸이
핏덩이 핏덩이를 낳고 숨겨간다

거기 내가 있을 것인가

한 바다
뻘을 물고
지는 하늘을 비켜 물떼새들은 날아가고,
어스름 허공에 찍혀가는
수만 년 개펄의 생애

거기 내가 있을 것인가

찬 바람에 시래기 말라가는 노을녘의 한때를 등지고
나는 바다를 향해 걷는다

몽골 초원에서 2

강물은 흐르고
강물은 흐르고
해맑은 물빛으로 웃고 있는 조막 돌멩이들
흐르는 대로 나 또한 흐르고 싶다

어디쯤에서 나는 그대와 헤어졌는가
나는 그것조차 모르고,
깨어진 물거울 속에는
시간이 묶어간 집들이
사슬이 되어 서로를 묶고 있다
이제 돌아와 바라보는 테레즈
강물은 흐르고
강물은 흐르고

흔들리는 나뭇잎이 가르치는 대로 나는 바람 소리를 듣는다
대지에 드리운 거대한 발자국을 거두고
지평선을 붉게 들어올리고 있는
구름의 저녁 한때를
나는 바라본다

사람이 지어내는 한 점 슬픔도 없이
이제 별이 돋아나리라

모든 길들이 지워진
캄캄 암흑에
나 별자리에 누워 환히 흘러가리라

강물은 흐르고
강물은 흐르고
내 안에 다시 뿌리를 내리고 있는
테레즈 강
물소리
물소리

몽골 초원에서 3

새푸른 하늘은 대낮이다

지평선마저 사라진 초원에서는
사십몇 년 묵은 나의 국적도 이름도 자취가 없다
들메뚜기 튀어오르는 소리만이 선명하다

여기서 나의 말(言)은 풀 한 포기 흔들지 못한다
헤매는 길이 어디쯤인지 나는 모른다
쑥 향기 속에 잠시 몸을 눕힐 수 있을 뿐
어디쯤에서 길을 잃었는지 나는 모른다
다만 풀을 찾아 구름을 넘는 양떼를 따라갈 뿐이다

이제 너를 돌아보지 마라
다비(茶毘)
다비
돌아갈 곳을 찾던 슬픈 마음이
불꽃 한 점 없이 저를 사르고
까마득한 허공의 새들을 부른다

해맑은 구름이 타는 하늘은 대낮이다

몽골 초원에서 4

저 노란 꽃들이 어디서 왔는지 나는 묻지 않는다
얼마나 살았는지도

형체도 슬픔도 없다
때가 되면 산 것들은 바람 속으로 돌아간다

무심히
풀씨가 날아와 또 다른 꽃을 터트리는 그 첫자리

한낮의 초원이 뜨거운 숨을 들어올려
갓 난 구름송이 하나 피워낸다

낡은 집

1
기왓장을 울리는 빗소리 속으로 낡은 집 한 채 흘러간다

깨어져 빗물이 새는 기왓장들 사이를
천막 쪼가리들이 안간힘으로 깁고 있는,
손바닥짜리 마당이 남향으로 나 있는
그 집

공단 마을의 단칸방들과 골목을 떠돌다
처음으로 대문 밖을 향하여 이름을 내걸며 웃던,
인천시 부평구 부평4동 10의 22번지

빗소리가 울린다
온통 빗소리에 갇혀 집이 울린다
장미철 꽃들이 일제히 목을 떨어뜨리고,
그래, 십여 년의 시간이 가파르게 흘러갔다

2
이 집에서 언제부터 혼자 살게 되었는지 대답을 못하겠어요 기억이 나를 밀어내는 것인지, 한밤중 골목에 나와 밤고양이 울음소리에 몸을 떨면서 하수돗물 흘러가는 희미한 소리에 귀를 기울이곤 했어요

생(生)에 대한 그리움이나 기다림이 남아 있었다면 조금은 편안했을까요 내가 쓰는 글이란 잠자리를 축축하게 적시는 식은땀 같은 것이었고, 정오 가까운 시간에 일어나면 한기에 떨리는 몸으로 마당에 내려 쌓이는 햇살을 멍하니 바라보았어요

(제발 80년대니 90년대니, 그런
헛소리로 나를 불러내지 말아요
나는 지금 2000년대의 근사한 헛소리를 씹고 있고
달콤한 똥을 싸고 있다구요
밤새 불을 켜고 있던 불륜의 활자들이
얼굴을 처박고 벌써 납덩어리가 되었잖아
아, 나에게도 홈페이지가 있다면
무슨 별이 뜰까
소주병이 애국가를 나발 부는 이 질탕한 밤에)

브로크 막벽돌은 금이 벌고
창틀과 문짝들은 휘어지고 제멋대로 패어 이빨이 흔들리기 시작했고
지붕의 기와가 삭아 자주 방의 천장이 젖었고

기억은 늘 둔중한 지하철처럼 시간을 깔아뭉개고 지나갔어요

당신을 사랑한다고 말할 수 있었다면 얼마나 좋았을까 그 집에서, 허공엔 듯 길을 내어 처마와 담벼락에 꽃을 매달고 오르던 나팔꽃들을 믿을 수 없었지요 플라스틱 흙판에 묻어놓은 씨앗이 넝쿨을 올리고 꽃을 피우다 이윽고 가을이 와서 지붕에 잘 익은 제 몸뚱어리를 의젓하게 올려놓던 그 호박들을 당신은 지금 믿을 수 있나요 세탁기가 돌아가고, 마당에선 빨래가 마르고, 국이 끓는 부엌에서는 도마질하는 소리가 들려오던

그때에도 나는 시를 썼던가요

3

그것은 바람이 바뀌는 첫겨울의 문턱에 파르르하게 깔리는 살얼음 같은 것이었을까, 몇 번쯤인가 몸살이 찾아왔어요 고열이 머리통을 불덩어리로 만들었고, 입천장과 혀가 타는 듯 뜨거워서 침을 제대로 삼킬 수 없었지요 나는 혼자였고, 기댈 끼니라고는 찬 생수가 전부였어요 통증과 외로움 때문이었을까, 한밤중이 두려웠습니다 그리고 낮이 오면 후들거리는 몸으로 병원을 찾는 것이었는데, 집에 돌아와 약을 먹으면 문득, 문득 토막잠이 찾아오곤 했어요

그때에 나는 꿈을 꾸었을까
환영(幻影)을 보았을까

혹은 환청?
시커먼 꽃잎을 벌리고 있는 나팔꽃들이
마당과 지붕을 뒤덮고,
깨어나면 또 밤중인데
통증 속으로 시계 초침 돌아가는 소리가 뜨거운 물방울처럼 뚝 뚝 떨어져 내리고

그때에 나는 어디에 있었을까,
태연하게 골목을 점령하고 있던 포클레인과 굴착기와 덤프트럭 몇 대가 껄껄거리며 손발을 움직이기 시작했지요 지붕이 내려앉고, 브로크담이 주저앉고, 어디선가 전화벨이 울리고, 문짝이 떨어져나가고, 창틀이 깨어지고, 누군가 다급하게 문을 두드리는 소리…… 내가 흙먼지 속을 더듬고 있는 동안 그 집에서 간신히 버티고 있던, 내가 어떻게 헤아려볼 수도 없을 만큼 오랜 시간들이 가뭇 사라져버렸어요 그 자리, 어느덧 공터가 되어버린 집자리에 무심히 내리는 해거름녘의 햇살 몇 줌과 문득 흙먼지를 일으키고 지나가던 바람, 그 자리, 그래요, 공터 가녘 한켠에 쓰러져 누워 있는 모과나무 한 그루의 잔뿌리털에는 아직 흙덩이가 매달려 있었어요

내 몸 밖 어디로 몸살이 빠져나갔는지 모르겠어요
문득, 눈송이들이 하늘에 비치고

허공을 빽빽하게 채우고

4
내가 살고 있는 낡은 집 한 채
제가 살아온 지붕도
두 칸 방도 창도,
시간도 다 떼내어 버리고
오래 허공 속을 떠돌고 있다

그래, 그래, 아픈 몸이 지치도록 밀고 가는 구름의 떼

빗소리가 울린다
빗소리가 울린다

골목에서는 레미콘 트럭이 시멘트 개어 올리는 소리
흙탕물 속을 곤두박질치며 쏠려오다
물 위로 떠오르는 옛 문장들 몇 편

내가 살고 있는 낡은 집 한 채
마당귀의 토마토 두 그루
여자 하나이 꽃대를 세우고
흙살을 돋우고 있다

나는 빗소리를 열고
그 푸른 줄기 속으로 들어갈 것이다

돌부처

저렇게 오래
돌아앉은 돌부처는 말이 없다

골짜기 저 밑바닥에서 안개는 올라와
지난날의 전나무와 갈참나무 숲을 지우고
어두워가는 살 깊은 곳으로
바위 가파로운 산줄기를 문득 밀어버린다

어느 때쯤 돌부처마저 보이지 않고

알 수 없구나
다만 맨몸인 내가
사방 허공에
뼈마디까지 적나라한데

어디선가 희미하게 물소리 들리고
바람에 불려가는 안개
뜨거운 이마에 맺히는 시간의 물방울들
내 안에서 수천수만 햇살의 숨구멍들이 한꺼번에 열린다

돌부처 하나이 바위 절벽 속에 제 몸을 새기고 앉아
빙그레 웃고 있다

결핍

1
너무 뜨겁다
내 몸은 온통 결핍의 자리

내가 살고 있는 골목길
봄날 대낮의 시간에
허공에 터져오르는 백목련
눈부신 흰빛을 바라본다

지상의 그늘을 딛고
타는 듯 하늘을 빨아들이고 있는
꽃의 환한 자궁

저 밝은 꽃숭어리들은
겨우내 목말랐던 나무의 몸이
제 살을 찢고 피워낸
뜨거운 숨덩어리들

나는 안다, 빈방의 허기와
욕정과 구겨진
원고지와 바람벽에
지친 형광등 불빛에 말라비틀어져

툭 떨어지는
꽃대가리, 결핍은
견딜 수 없는 비등점에서
주검으로 타버리는 것

그리고 갈증으로 허공에 토해놓은 욕망의 흰빛
비와 바람에 이내 사라져버릴 황홀한 꽃자리
그 한없는 반복

너무 뜨겁다
불탄 마음의 자리에
백목련 저 흰빛의
불안한 꿈

한낮이 가고
흰빛도 스러진 뒤
나는 나에게 쏠 것이다

결핍은 욕망의 감옥이라는 말

2
나는 저 꽃가지 위에 새 한 마리를 올려놓는다

날갯짓도
울음소리도 잊어버린,
저 몸속에
타고 있는 불덩어리

대낮 뜨거운 하늘길에
눈이 멀고 있는

홀로 미쳐가고 있는
맹목조(盲目鳥) 한 마리

진달래

그리움이 무너지면 무슨 빛깔이 될까

기다림이 무너지면 무슨 꽃이 필까

먼 산에 진달래빛 가물거리는데

아, 너는 가버리고 말았구나

꽃 진 자리에 돋아오를 새잎마저

새잎마저……

기억하느냐, 그 종소리

모든 것은 다 지나간다

천년의 꿈이라 한들
제자리에 있겠느냐

우리가 사는 일이 온통 고통이라 해도
오늘 바람 속에 흔들리는
저 풀잎 하나보다 못하구나

기억하느냐
겨울 빈 들에서 듣던 그 종소리

가을비

길가 플라타너스 나무 밑에서
자장면 그릇 몇개
서로 얼굴을 파묻고
비에 젖고 있다

아무도 돌아보지 않는, 빈 그릇 속으로 고이는 빗방울들
지나가던 행려의 사내 하나 그 모양을 보고 있다
어디 먼 데
먼 데로
흩어진 식구들 생각을 하나 보다

플라타너스가 젖고
빗속으로 가지들이 흔들리고
허공에 걸리는 새 울음소리

나뭇잎들이 길바닥에 낮게 엎드린다
온통 젖은 얼굴 한 장
흙탕물 튀어오르는 그릇 위로 떨어지고 있다

날이 더 저물면 한 번쯤 우렛소리가 건너올 것이다

사랑

어느 날 너에게도 사랑이 찾아올 것이다

미친 꽃들처럼
봄을 온통 들어올리는 그 웃음소리처럼

그리고 너는
자궁에 물이 마르고
고름이 흐를 때까지
오래 여자를 헤매일 것이다

시궁창에 제 새끼를 버리고 노랫가락을 두드리는
여자의 가랑이에선
또 물이 흐르고

저기 봐라, 술병 속에서 꽃들이
벌써 벌건 속잎을 벌리고
환하게 젖고 있다

밀물의 방

밀물이 들고 있다
방에
내 방에 술이 흐르고
목마른 살들이 숨구멍을 열고

천천히 취해가는 바다
핥고
문지르고
끌어당기고,
거무튀튀한 개펄이 흥건하게 젖어간다

술 속으로
살 속으로
질탕하게 갯물은 흘러가고
뻘 밑에선 거친 숨소리

발기한 파도 몸부림치는
바닷물고기들이 일제히 물을 차
튀어올라 허공을 물어뜯고

온몸을 흔들어 파고드는 비린 살의
구멍 황홀한 지느러미의

춤 희학질 소리
희학질 소리 파도는 온통
부풀어오르고 술은 흐르고
흘러 개펄은 더 목이 마르고

절정을 넘어가는 몸이여
나에게 욕망의 맨얼굴을 보여다오
사랑을 가르쳐다오

썰물이 지고 있다
빈방에
내 방에 나는 보이지 않고
골목엔 뜨겁게 피어나던
백목련의, 떨어져 저렇게
텅 빈 꽃자리

슬픈 눈빛

내 안에서 누군가 울고 있다

돌아가고 싶다고
오래 나를 흔들고 있다

한밤중인데 문밖에선 비 떨어지는 소리

아직도 그곳에서는 봄이면 사람들이 밭을 갈고
논물에 비쳐드는 노을의 한때를
흥건하게 웃고 있는가

아버지와 어머니와 형제들과
돌아갈 저녁 불빛이 있는가

종소리
시간의 먼 집으로 돌아가는
종소리

낡은 시영아파트 곁마당엔 노란 산수유가 피고
울던 아이들은 젖을 물고 잠이 드는가
아직도 그곳에서는 사람들이
뜨거운 손을 잡고 노래를 부르고

누군가
아픈 몸으로 시를 쓰고 있는가

빗소리에 꿈 밖 어둑한 머리맡이 젖고
슬픈 눈빛 하나가
나를 보고 있다

만조의 바다

너는 오래 기억할 것이다
먼 데 섬들이 파도에 쓸리던
겨울바다에서
차마 너를 바라보지 못하고 돌아서서
노을에 홀로 취해가던
사내의 뒷모습을

너는 오래 기억할 것이다
할 말은 모두 소주병에 갇혀
소리도 없이 미쳐가던
술집 탁자에서
붙잡을 것이 없어 허공엔 듯 술을 붓던
사내의 떨리는 손을

불면의 뜨거운 이마에 떨어지던 파도 소리
새벽술의 벌건 눈동자

물길에 누워 흘러가고 싶었다
바람과
햇살에
환하게 부풀어오르던
만조(滿潮)의 바다

물너울마다 웬 꽃들이 부시게 피어났던 것인지

너는 오래 기억할 것이다
바람이 텅 빈 갯벌을 쓸고 가던
겨울바다에서
갈대숲엔 듯 홀로 남아 떠돌던
사내의 발자국 소리와
젖어가던 네 얼굴을

허공

눈발이 몇 번쯤 쓸고 갔을 뿐
바람에
허공이 가파르다

새들이 날아간 자리에
울음소리가 뜨겁게 얼어붙는다

내 안에 살아 흘러다니는
불티 몇 점마저
놓아버리고 싶구나

내 절박했던 생존의 문장들은 무엇이 되어 세상을 떠돌고 있는가

시간도 형체도 사라지고 없는 자리,
바람이
허공을 뚫고 간다

봄

거리에 인파 속에 나무들
연둣빛 새순에 꽃가지에
흘러내리는
햇살

저 뻔뻔한 거짓말!

플라타너스 둥치에 제 목줄을 매고
검둥개 한 마리
혼곤히 잠들어 있다

십일월

이맘때
강화
저무는 내가저수지
물안개와
산그림자와
내 지친 마음이 만나 오래 바라보던
그 저녁 물빛

괴로워하지 마라,
물 위를 흐르던 청둥오리떼가 저를 찾아 날아갔을 뿐이다

오늘 너는 보이지 않고

그 자리에
아픈 몸이 흔적처럼 남아
바람 속에서
야위어간다

밤이 오면 희밝은 사리 한 조각 별자리에 뜨리라

수련

물 위로 꽃을 올리지 못한 봉오리 하나
몸이 얼마나 썩어야 자궁이 열릴까

숨을 틔울 바람 한 점 없는 저 물속에
꽃도 뿌리도 없이 내가 꿈꾸는 것

한번은 미쳐버리고 싶은데
미쳐
활짝 깨어나고 싶은데

산마루엔 노을의 빛들이 벌겋게 터져 흐르고
저 봉오리 홀로 숨이 가쁘다

폐사지에서 1

내가 여기서 보는 건 사금파리가 된 나의 문자(文字)들이다

절벽에 서 있던 시간들이 붙잡고 있던
그리움 하나
반쪼가리 몸뚱이로 비에 젖고

그리고 웬 주검이 저를 보내지 못하고 옛길에서 저렇게 완강하다

나는 탑과 부도를 돌아 먼 데 마을을 바라본다
길을 끌어당기고 있는
오래 묵은 풍경들과

마음이 끝내 허물지 못한 낡은 집 한 채

돌아가고 싶었다
이 폐사지를 건너
뜨거운 해와 바람과 물소리마저 사라진 뒤
밝아올 어둠의 자리

거기 내가 두고 온 바다에 종소리가 떨어지고 있을 게다
막 태어나 젖먹이 울음을 머금고

별자리 하나 눈 푸르게 돋아나고 있을 게다

늙은 산수유 한 그루 나를 보다가 빗속으로 가뭇 사라진다

폐사지에서 2

늙은 산수유 몇 그루
제 몸도 잊은 채
노란 꽃 한 무더기 저질러놓고
햇살에 취해가는구나

한낮 허공에 떠흐르는 저 빛덩어리

천년쯤 묵은 바람이 피워낸 아기부처 숨결 아니냐

만월(滿月)

생일이랍시고
중늙은 사내놈 홀로
텅 빈 책상에서
중얼
중얼
소주 몇 병 쓰러뜨려놓고
방바닥에 대자로 눕는다

깨어 일어나 골목을 젖히는데
아, 언제 적에 보았던가
밤하늘에 흘러가는
환한 얼굴 하나

그놈 웃음 반 눈물 반으로 고개를 툭 떨어뜨리는고나
태어난 집 고샅에선 풍장 두드리는 소리 울려오고
아이 적 함박눈이 펑펑 쏟아지고

살아온 날들 어디에선가 잠겨 있던
휴대폰 벨소리가 터지고

겨울, 나무

첫겨울의 숲에서 나무들은 지금
온몸 전부를 열어
몸속의 수분을 밖으로 내뿜고 있다
우듬지에서 떨고 있는 한 잎의 안간힘도
몸속에서 들끓고 있는 대지의 기억도
남김없이 떨구고 가는 늦은 십일월,
나무들은 물관의 길을 끊고
가지 끝까지 흐르던 심장의 피돌기를 정지시키고
영하의 지상으로 자기 자신을 밀어내고 있다
한겨울 뿌리마저 얼어붙는 폭설의 밤을 견디기 위하여
얼어터지지 않기 위하여
몸의 물길에 열리던
뜨거운 꽃들을 뱉어내고
잎들을 뱉어내고
욕망의 절정을 뱉어내고 있다

그 필사적인 생존이 허공을 움켜쥐고 흔들린다
어느 때쯤엔 나무들이 뿜어낸 물줄기가
잠시 겨울의 메마른 골짜기를 적시며 흘러갈 것이다

* 시작 메모
    요즘 나의 삶이 그렇고, 시 또한 그러하다. 때로 시라는 비유의 세계가 현실의 삶과 한 치의 틈도 없이 일치되어 나타나는 때가 찾아온다.
    요즘 몸이 아프다. 욕망은 생의 에너지인가, 다만 추문인가.

이사

1
내가 떠난 뒤에도 그 집엔 저녁이면 형광등 불빛이 켜지고
사내는 묵은 시집을 읽거나 저녁거리를 치운 책상에서
더듬더듬 원고를 쓸 것이다 몇 잔의 커피와,
담배와, 새벽녘의 그 몹쓸 파지들 위로 떨어지는 마른기침 소리
누가 왔다 갔는지 때로 한 편의 시를 쓸 때마다
그 환한 자리에 더운 숨결이 일고,
계절이 골목집 건너 백목련의 꽃망울과 은행나무 가지 위에서
바뀔 무렵이면
그 집엔 밀린 빨래들이 그 작은 마당과
녹슨 창틀과 흐린 처마와 담벽에서 부끄러움도 모르고
햇살에 취해 바람에 흔들거릴 것이다
눈을 들면 사내의 가난한 이마에 하늘의 푸른빛들이 뚝 뚝 떨어지고
아무도 모르지, 그런 날 저녁에 부엌에서 들려오는
정갈한 도마질 소리와 고등어 굽는 냄새
바람이 먼 데서 불러온 아이 적 서툰 노래
내가 떠난 뒤에도 그 낡은 집엔 마당귀를 돌아가며
어린 고추가 자라고 방울토마토가 열리고
원추리는 그 주홍빛 꽃을 터트릴 것이다
그리고 낮도 밤도 없이 빗줄기에 하늘이 온통 잠기는 장마가
또 오고, 사내는 그때에도

혼자 방문턱에 앉아 술잔을 뒤집으며
빗물에 떠내려가는 원추리꽃들을 바라보고 있을까 부러져나간
고춧대와 허리가 꺾여버린 토마토 줄기들과 전기가 끊긴
한밤중의 빗소리…… 그렇게
가을이 수척해진 얼굴로 대문간을 기웃거릴 때
별일도 다 있지, 그는 마당에 신문지를 깔고 앉아
누군가 부쳐온 시집을 읽고 있을 것이다
얼마나 많은 물결을 끌어당기고 내밀면서
내뱉고 부르면서
강물은 숨 쉬는가

 2
그 낡은 집을 나와 나는 밤거리를 걷는다
저기 봐라, 흘러넘치는 광고 불빛과
여자들과
경쾌한 노래
막 옷을 갈아입은 성장(盛裝)한 마네킹들
이 도시는 시간도 기억도 없다
생(生)이 잡문이 될 때까지 나는 걷고 또 걸을 것이다
때로 그 길을 걸어 그가 올지도 모른다 밤새 얼어붙은 수도꼭지를
팔팔 끓는 물로 녹이고 혼자서 웃음을 터트리는,

그런 모습으로 찾아와 짠지에 라면을 끓이고
소주잔을 흔들면서 몇 편의 시를 읽을지도 모른다
도시의 가난한 겨울밤은 눈벌판도 없는데
그 사내는 홀로 눈을 맞으며
천천히 벌판을 질러갈 것이다

봄날

누렁이란 놈과 검둥이란 놈이
머리맡에 빈 밥그릇 하나씩 두고
봄볕 내리는 마당을 깔고 누워
곤히 잠에 떨어져 있는 것이다

얼라
거시기, 저것을 어쩌
꽹과리도 울력을 나가 논틀밭틀 뛰어댕기는 이 바쁜 농새철에
………

봄내 풋것이나 매달고 있는 저 감나무가 알겠는가
늙어빠진 돌배나무가 알겠는가,
누렁이는 지금 꿈인지 생시인지
검둥이와 혀가 떨어지도록
자식농사를 짓고 있는 중인 것이다

오늘은 산그늘이 한결 깊어지겠다

절규

저렇게 떨어지는 노을이 시뻘건 피라면 너는 믿을 수 있을까

네가 늘 걷던 길이
어느 날 검은 폭풍 속에
소용돌이쳐
네 집과 누이들과 어머니를
휘감아버린다면
너는 무슨 말을 할 수 있을까

네가 내지르는 비명을
어둠 속에 혼자서
네가 듣는다면

아, 푸른 하늘은 어디에 있을까
작은 새의 둥지도

제7부
시집 미수록 시

눈 1

봄에 죽은 나무들이 누군가의 은혜로움으로 다시 살아날지 몰라. 물이 모자라 불이 날 리는 없어.

말간 밤중에 젊은 바다가 보이는가. 지금도 그곳에 내 꽃이 시들지 않았다면 누군가 뭍에 옮겨 심었을지도 몰라.

내 그림을 꿈 가운데로 옮겼더니 찬 서리가 앉았는데 다음 날 내 감기로 마당엔 햇빛조차 달아나버렸지.

음악도 없이 눈이 흐르네. 혼자 생각하고 혼자 얘기하는 눈은 겨울을 저 건너 나무에게 주고 땅 밑 저 건너 겨울을 노래하는지도 몰라.

겨울에 죽은 눈은 겨울을 살고 영원을 산다. 한 사람이 죽은 후에도 눈은 무덤에 내린다.

_『학원』1976년 4월호

눈 2

명동(明洞)에도 눈이 내린다.
즐거운 골목이 갑자기 내려앉는 눈으로 주민들은 번개 보듯 놀라고, 두려운 불빛 속에서 고개 들지 못하던 나는 잃었던 길을 찾을 수 있다.

눈길 위에서 헛된 잠을 얻으려 하는 그대여, 이제는 추워서 불조차 켜지 못하는 그대에게 눈은 무관심을 욕하지 않는다.

어서 맑은 설수(雪水)로 눈을 씻어라. 내년 겨울부터는 그대의 추웠던 겨울을 잊어먹지 말아라.

명동에도 눈은 앉는다.
조금씩 강해지는 다리의 아름다움을 조금씩 나는 두려워하며 마침내 내년 겨울까지도 믿지 못한다. 눈이 녹으면 그대는 나를 하수도 구멍으로 흘려보낼 거야.

_『학원』 1976년 5월호

수유리에서 3

돌아오지 않네. 찔레꽃 지는 시월,
밤길로 흩어지던 이들 기다리며
뭇 새 몇 마리, 열 길 깊이 패이는 울음으로
스스로 저희 마음 허물듯
하늘 가득히 빈산을 우러르고
어느 곳일까, 어둠 껴안고 헤매는
그대.

돌아오지 않네. 가슴 뜨거워질수록
바람은 더욱 아프게 불어오고
잠 못 들어 자꾸만 마르는 귓가론
족쇄 소리 부딪치는 소리 소리……
새벽은 다만 혼자서 빛나고 있어
치닫는 별들만 끝없고
잊힐까, 미친 입술로 더듬는 그대.
아직 살아 흐르는 눈물은
어느 가슴에 고이겠는가.
저희 노래가 그리워 온 어둠을 울고 있는
저 뭇 새들의 하늘은
눈물로도 일어서지 못할
골짜기 아 골짜기,
어느 가슴에 푸르르겠는가.

돌아오지 않네.

새움 일듯 터지고 말 손들 기다리며
돌아와 꽃이 되어라.
산도 제 막음 허물어
피 묻은 허리 가득히 햇빛을 들이고
어느 곳일까, 한곳에서 만나야 할 그대.

          『반시』 6집(열쇠, 1981)

철거민

어디일까, 주저앉는 신음 소리를 밟고 잦아드는
망치 소리를 따라 해가 기울고 판자 더미들 흔들며
캄캄하게 바람이 멱살을 잡는 곳 알 수가 없네
한길 건너면 아파트 환한 불빛들
번지고 구둣발 같은 것들이 무심히 밟고 가는 눈물들 곁에
매달려 떨고 있는 깜부기 같은 얼굴들 언제부턴가
밤을 따라 작은 불길들이 오르고
깊어갈수록 모여드는 사람들 알 수가 없네

집을 짓세 집을 짓세 사시장철 어디서나
불던 바람 아니던가 한숨일랑 걷어차고
갈퀴손에 횃불 들고 어서어서 집을 짓세
집을 짓세 집을 짓세 쏟아질 듯 잔별들도
찬 바람에 떨다가 먹장구름 속에 숨는 밤
밝은 하늘 너른 땅이 눈앞에 넘실 가슴에 뭉클
눈물짓는 사람들아 이 밤이 새고 해 솟으면
남는 것은 이름 석 자 서슬 같은 인심일세
비켜서는 걸음걸음 반평생 어둡던 빛
큰 삽날로 베어내고 어서어서 집을 짓세
망치 소리 찢어진 치맛자락 속에 기어드는
울음 소리 밤새 솟아오른 하꼬방 위에
망치 소리 열두 살 순이 허기진 손바닥 위에

구호품 떨어지는 소리 잊혀질 것인가
김씨 오장육부에 화주 타는 소리

가자, 가자. 또 어느 언덕바지 어두운
빗줄기 속에서 계고장 움켜쥐고
남쪽 하늘을 바라볼 것인가 손이라도
흔들 것인가, 정이월 눈보라 건너
이 거리 저 바닥에 철없이 봄빛 쏟아질 때

_『공동체문화』 1집(공동체, 1983)

철거민 2

죄가 되더라, 밟고 버텨야 할 땅 한 치도
보이지 않을 때 비명처럼 살아서 꿈틀거릴 때.
저물도록 타오르는 한세상
울면 터져버리고 웃으면 일그러지고
흘려야 할 피 말고 더는 움켜쥘 것도 없는
빈 벌판 더 캄캄한 곳으로 모가지를 파묻으면
그리움도 메마른 사랑도
한 삽의 흙처럼 분명해질까, 눈부시게 하늘 저 홀로 청청할 때
목숨은 넘쳐 번지는 불꽃이 되더라.

들리는가, 고향 자랑에 마른 눈물 글썽이다
석이 할미 객사할 때
무명치마 쌈지 속에 쇠푼 닷 닢 울던 소리
간직해서 무얼하나
뒷덜미를 잡는 후루라기 소리 울릴 때마다
석이 애비 유치장에 묶이며는
도부 치던 리어카 바퀴에 굵은 대침 박던 소리
생각하면 눈물만 나지.

보이는가, 두 평 방 낡은 사진첩 아래
큰 별처럼 가난을 내려보던
국민학교 적 우등상장

진학 못한 순이 돌아설 때
눈빛 속에 고이던 애비 모습
떠올려서 무얼하나
한밤중 큰비 내려 축대가 무너지고
임시 피난소 마룻장에 주저앉아 울다
굵은 빗줄기 따라 어디론가 떠나서는
소식도 없는 석이 얼굴
생각하면 눈물만 나지.

산다는 것은
부서진 울타리 너머 타는 별빛도 멀리
엎디어 더 낮게 꿈틀거리는 것
걸으면 하늘이 서럽고 먼먼 남도길
지금은 갈 수 없는 곳 붉은 가시가 되어
그리움을 찌르고 아아 산다는 것은
한밤을 울고 눈 뜨고 새벽빛마저
무심히 스쳐 지나갈 때
소리칠 수 없어서 더 캄캄하게 타오르는
소리들 보듬고 말없이 피 흘리는 것

이 지집년이 공사판에서 벽돌을 등짝에 지고 댕겼는디, 어여 들어보소. 한 발 두 발 산 겉은 걸음을 디딜라먼 다리는 휘청거려쌓고, 하늘은 노랗게 뱅뱅거리는디 어쩔 거여, 살으야겄다 비 궂은 날을 됩데 원망하믄서 크는 것들 멕여야 쓰겄다 어금니 새에 소금 깨물디끼 내 집 한 칸 맹글자 그 일념을 품고 살어왔는디…… 인저 어디로 간다…… 목숨이 질어서 죄랑가, 하눌만 지다리고 산 인생도 아니건마는, 허난드난 굽혀 살어온 평생이 죄랑가.

  빈 벌판 먼 불빛 곁에서
  웅크리고 손짓하는 나날들이여 하얗게
  솟구치다 멀리 뒷걸음치다
  휴지가 된 계고장 비에서나 머물고 있는지
  말없이 건네는 술이 오를 때
  신명인지 서러움인지 어깨들 걸치면
  번지는 모닥불 아래
  판자 더미에 뒤덮인 골목들 아프게 깨어나서
  굵게 상처 패인 손목들끼리 물소리처럼
  나직이 서로 엉키고, 보이더라 고개 숙이고
  비켜설수록 단단해지던 어둠이 또 어디로
  뻗치고 있는지 검게 빛나는 샛강 어디쯤에서
  더 깊어지고 있는지 흐리게 희미한 만큼
  두려웁게 뒤를 밟듯이.

                         __『반시』 8집(육문사, 1983)

철거민 3

찬 새벽 하얗게 무서리가 내려 지나간 밤
머리맡을 서성거리던 개꿈도 얼어붙고,
빈 깡통 속에 쌍소리들 유행가 소리 낭랑히
흔들며 달려가다 머리에서 나풀대는 억새꽃 문득 부러지는
등굣길 자주 돌부리에 채어 넘어지던
열두 살 순이 내팽개쳐진 책가방 곁에서
버릇처럼 뒷걸음치는 김씨. 사과 사려
맛 좋은 제주도 밀감 사려 빗방울 소리 후두둑거리는
저 많던 날들도 개꿈이었을까

불빛도 멀리 벌거숭이 야산 언덕바지 더 보이지 않게
안양천 넘치는 물도 몰라라 뚝방 아래 살아도
억새는 억새 뿌리 깊어서 꽃이 오르면
뽑혀지긴 마찬가지였지만, 떠나와서 머물던 곳마다
고향 하늘은 저물도록 내려앉아
푸르른 날들을 덮고 무엇으로 까막손 내미는 것일까.

    다시 볼 수 있을랑가 밤이면 별빛 따라
    기러기떼 울며 가는 늦가을
    빈 들판 허수아비 빛에 겨워 쓰러질 때
    떠나왔네 고향 땅 가불재 넘어
    냇갈물로 타는 가슴 축이고

낡은 터라 최씨 부자 큰기침 소리 걷어차고
모르겠소 모르겠소 옥녀봉 높은 골짝
상수리 붉게 우는 뜻을 나는 모르겠소.
빚 독촉에 전답 팔고 남의 땅을 지어 먹다
대처라 너른 세상 품을 팔아 살아간들
보리 모가지 익으면 다시 올 수 있을랑가
나락꽃 피면 이내 품에 안아볼 수 있을랑가
신작로 가 노란 탱자 떨어지고 멀리 갯들에서
큰 바람 서성일 때 떠나왔네 고향 땅
뒤울의 댓이파리 울타리마다 곱던
오동색 나팔꽃 언제 다시 볼 수 있을랑가.

더듬는 듯 아주 낮게 떨다 청보리 밭둑을
지나 춘삼월 마파람에 지천으로 흐느끼는
독새기풀을 뜯다 무논 가에 주저앉아 울다
허리를 밟고 고개를 넘어 파고드는 북소리
그리고 세월은, 김씨여
넘치는 눈물처럼 하늘 속에 붉게 파고들다
흔적도 없이 캄캄하게 떨어지는
노을을 따라가는 것일까 때때로 노란 배추꽃 위에
햇빛 내려 좋던 날들 곁에서
아이들이 자라고 어느 날 얼어붙는 물줄기를 따라

걸어가다 병이 들고 비틀거리는 발자국에
고이는 북소리

    시월비 맞으며 철길을 따라 안양천
    밤마다 폐수 아래 건너 공장의 불빛들
    구겨넣고 넘치는 허기 위에 쓰레기 더미
    부리던 곳 샛강 밑으로 찾아들었네.
    잡아보면 울던 논바닥 주먹 같은 쌍소리들 씹으며
    부서지는 힘만으로 괭이를 내려치던 손목들이었지만
    서럽던 인연은 더 많아서 뜨내기라 뱃나루 같은 인생들
    서로 못생긴 얼굴들 부비면서 고향을 다시 만나면서
    뚝방촌을 이루었네. 다시 아이를 낳고 에미는
    장터 어둡게 구석진 곳에 주저앉아 생선을 팔고
    더러는 부서지기 전에 떠나기도 하였지만
    벽돌을 찍고 허기진 막걸리판 일당을 세고
    루핑 지붕 위로 스레트가 올려지기도 하던 좋은 시절
    아이들은 자라서 공장에 들어가고 사과 사려
    제주도 밀감 사려어 김씨 도부를 쳤네.

흐른다, 무심히 눈이 내리면 마음보다 먼저
얼어붙던 안양천 하릴없는 날품팔이들
돌멩이나 던지며 봄을 기다리던 곳 무너진 집터

마지막 불꽃마저 빠뜨린다. 버릇처럼
검게 빛나는 물빛 위에 오줌을 갈기고, 김씨
막소주에 취해 돌아가는 밤
날이 새면 떠나야 할 오늘은 마지막 밤
발밑에서 으깨어지는 보상비여, 셀 수 있는 것은
보상비뿐일까. 밤새 헛고함을 지르는 김씨
잠들 수 있는 곳은 얼마나 먼 곳일까.

     맛 좋은 제주도 밀감 사려어
     몽땅 떨이요 밀감 사려어
     못난 평생
     땡전 닷 푼에 사려어

__『반시』 8집(육문사, 1983)

철거민 4

안전장치에 붉은 불이 켜지고 하얗게 떨리는
손가락들을 빼내는 밤 8시나 9시
수당 위에 손가락처럼 붉게 떨어지는
졸음을 깨물며 늘어가는 적금통장의 까만 숫자들을
떠올렸다 이유도 없이 밝은 일요일
교회당 종소리보다 먼저 작업 종소리를 들으면서
절단기를 밟으며 아무도 들을 수 없을 만큼 작았지만
나는 인간 승리라든가 성실이란 말을
불러보곤 하였다 아버지는 벌써 아무 일도 못하시고
네가 쓰러지면 아무도 우리를 먹여줄 사람이 없단다
어머니 어느 날 무너진 집터에서 어린 발목은
넘어져 피가 흐를 때 일당처럼 분명하게
성실 같은 것들이 하얗게 솟아올랐다.

일당과 아버지의 담뱃값과 생선을 굽는
어머니의 모습이 소중했던 시절 작업장에서 어쩌다
간단한 곡소리와 보상비를 치르고
불량품을 고칠 때처럼 입고량을 확인하고
도장을 찍을 때처럼 친구의 죽음을 파묻는
사람들 속에서 산다는 것은 막막한 것이 아니라
두려운 것이라고 남몰래 깨우치기도 하였지만
슬프지도 않게 그것은 어쩌면 내 살갗을 찢는

쇳조각들은 아닐 거라고 우겨도 보았다 열아홉 혹은 스무살
가릴 수 있는 것은 아무것도 없을 때
또 어디로든 떠날 수조차 없을 때 불행이란
바람 같은 것은 아니었고 어린 방울나무에 패인
칼자국 같은 것일까

여자 나이 스물셋이면 결혼도 할 수 있지만
나는 소리와 먼지와 냄새 속에서
화려한 책표지 위에 풀을 치는
공순이에 불과하다오
여자 나이 스물셋이면 엄마도 될 수 있지만
나는 차가운 기숙사 전등불 아래
남몰래 일기를 쓰며 눈물을 짓는
공순이에 불과하다오
여자 나이 스물셋이면 사랑을 알게 되지만
나는 어쩌다 특근이 없는 일요일
한 달 급료를 세며 차를 들며
단칸방의 불빛을 그리워하는
공순이에 불과하다오

누이여 불행이란 어두운 화장실 혼자 울면서
반 장 은 나 쁜 놈 죽 고 싶 다 오 늘 도 야 근 까 지

삼 천 이 백 원 벌 었 다 울 지 말 자 갈 겨 쓰 던
낙서 같은 것이 아니었고
어린 방울나무에 패인 칼자국 같은 것
어린 시절 밤술에 취한 아버지
어머니를 걷어차고 단칸방과 다섯 식구를 후려칠 때
형과 함께 판자 울타리 뒤울
방울나무에 그어대던 칼자국
집을 나간 형은 돌아오지 않고 언제부턴가
언 새벽 밥을 지어 소년원에 나가시던
어머니 뒷모습 위에 홀로 훌쩍이며
그어대던 칼자국 누이여 가지마다 방울 노랗게 열리고
잎 푸르게 출렁거릴 때 자라온 날만큼 칼자국은 깊어져
허리 더 아프게 쑤셔올 때 성장이란
이력서 같은 것 위에서 묵은 피 흘리는 것일까

무너진 집터 위에서 꿈틀거리는 것일까 떠나는 것만큼 분명하게
두 팔 들고 무릎도 꿇고 눈빛마저 죽이고
걸어가도 용서하지 않던 안양천 샛강물이
어디로 흘러가고 있는지
보았다 맘잡고 살겠다고 설치던 형도 이제는
떨리는 주먹을 뒤로 감추고 어린것들과 함께
떠나면서 다만 오래도록 뒤돌아보는 뜻을

사노라면 좋은 날도 있겠지
좋은 날도 있겠지
믿지 않아도 될 유행가와 누이의 고단한 잠 곁에서
매일처럼 안전장치에 붉은 불이 켜지고
화려한 책표지에 풀이 쳐지고
눈이 쌓이는 것만큼 분명하게

— 『반시』 8집(육문사, 1983)

나의 살던 고향은

시린 조막손들 난롯가에 모으고
지루한 식당 행렬에 밀리다 엘레강스
바라볼수록 작은 눈빛을 걷어차는
페이지 위에서 울음인지 웃음인지
킥킥거리다 아프게 쑤셔오는 맨살을 더듬다
작업 벨소리에 서둘러 흩어지는
한겨울 작업장, 때 없이 몰려오는 눈발이
유리창을 두드릴 때 왠지
잘 다린 작업복이 부끄러웠다.

먼 나라에서 오다는 자꾸만 밀려들고
까맣게 달려드는 컨베이어벨트
주저앉는 앞날들처럼 불량품은 쌓여서
검사부 언니들 쇳소리가 날아와도
어지러운 회로 위에서
못다 읽은 페이지들 끝도 없이
야시장 싸구려 옷가게 머뭇거리던
시간들을 가리키며 넘어갈 때
문득 손등에 떨어지는 인두를 잡아주며
등 뒤에서 웃고 있는 야식 식권
철야빠질사람손들어요
반장님오늘은오늘은

……눈발보다 세차게
쌍소리가 스카프를 후려쳤다
무엇일까 손이 올라가지 않는 것은
수당 때문일까 두려움 때문일까
울타리 너머 불빛 속에서나
무심히 써 갈기는 볼펜 위에서나
환히 웃고 있는 노동법 어려운
행간(行間)을 더듬다 소리와
먼지와 냄새를 더듬다
멀어버린 까막눈 탓일까

   영자야내동생아몸성히잘있느냐
   여기에있는이오빠는과장님이아니란다
   여기에있는이오빠는공장하고도
   밑바닥에서빡빡기는공돌이란다
……정순이 엉덩이를 치며 절룩
절룩 수리사 곽씨 달아날 때
심야방송도 끝이 나고
억울함보다 먼저 작업다이 위에
그어지는 칼자국들 열심히 살자
올바르게 살자 눈물이 더러는 힘이 되었다.

눈발 아래 흐느끼던 세상도
흐느끼다 떨어지던 살별들도
눈 덮인 안양천 키도 낮추고
지붕도 숨기고 엎드린 철산리
얼어붙은 배추밭 둑에서 잠드는
밤 3시나 4시
잠시 눕힌 몸 홀로 일으키고
유리창 가에 서서
전북부안군행안면월암리이경님
바보같은이경님 번지는 성에꽃 위에
편지말을 몰래 접는
눈빛 속에 고이던 것은
눈물이었는지 배우다 만 교과서였는지

_『실천문학』 4호(1983)

전북 부안군 행안면 월암리 이경님

봄날이 다 가도록 어둡던 화단 한구석에 피어
날마다 반갑더니 궂은비 내려
참꽃도 떨어지고, 몰라라
돌아누워버릴까 허드레 몸 떨리도록 달마다
살갗을 찢어도 언제나
쓰지 못한 생리휴가서 빗줄기 아래
구겨지고, 두려움은 부끄러움보다 먼저 어디서나
돌멩이처럼 날아왔다.

내일은
야유회 가는 날.

반장의 눈빛도 팽개치고 라인마다
콧노래가 신나고 수리사 곽씨
빗소리도 장단이 되는지 흐린 하늘에
아나 떡 아나 돈 주먹도 먹이면서
보릿대 가락에 신명을 돋울 때,
어두운 화장실 낙숫물 떨어지는
소리에 매달려 붉은 하혈
쏟아내며 열 손가락 마디
마디 캄캄하게 맺히는 일당을 세었다.

떨어져 밟히는 가로수 나뭇잎들 위에
흙탕물 고이는 공단 뒷길 물웅덩이 속으로
기우는 홑집들 다 못 낸 월세 위에
빈혈을 새기면서 어지러운 이마에서
타는 빗방울들 말없이
견디면서…… 나의하루
생활을생각하면참우습기조차
하다일하고먹고자고일하고먹고
자고……하지만더열심히일
을해야한다이악물고돈을벌어서
늙은오매도보태주어야하고저축
도해서시집갈장만도해야지군
것질도하지말고반장님말씀마
따나몸이아파도특근도하고철야
도해서잘사는집아이들같이앞으
로나마잘살아야지……하지만어
쩌다다방같은데가서참한남자
를보면연애도하고싶다……
돈도벌고사랑도하면얼마나좋을까
……오래도록 어디선가 교회당 종소리
들려오면 엎드리기도 하다가 생각나는
친구들 중중 까까중 접시 밑에 핥아중

이름들 쓰면서 웃기도 하다가
내일은
야유회 가는 날, 봄빛 치마 두르고
거울 앞을 서성거리기도 하였다.

짠지 아줌마 만담에 잔파도같이
웃다 이것이냐 저것이냐
벙거지춤이 들어간다 수리사 곽씨
자꾸만 정순이 곁을 맴돌아
야지 소리 날아들고 야간학교 학생들
고고춤도 잦아들어 모여앉아 둥글게 손잡고
      꽃 동네 새 동네
      나의 옛 고향
      파란 들 남쪽에서
      바람이 불면
      냇가에 수양버들
      춤추는 동네
      그 속에서 살던 때가
살던 때가 그립습니다…… 고향은 멀어서
잔별들처럼 더 가득하게 밀려오고
어디선지 세상 밑바닥을 때리는 밤파도 소리
어린 몸 기대며 언니

경님이 언니 고향이 가까운 중막골
열여덟 순애 우는 몸
보듬고 서둘러 떠나지 못하는 것은
억세게 엉키는 손목들 때문일까
죽어야겠다고 소주병 깨뜨리며 절룩
절룩 걸어가다 쓰러지는 곽씨
서러운 나이 탓일까

_『실천문학』4호(1983)

걸어가다, 절뚝거리다, 담벼락에 나붙어

안양천 오래 흘러도 찬 바람은 실려가지 않는지
까맣게 얼어붙은 강바닥을 바라보다
며칠째 주린 배
누런 하늘을 머리맡에 베고
강둑을 뜯다 어지러워라
떡 좌판에 주저앉아 밀가루 개떡을 씹다
한 바퀴
또 한 바퀴
서성거리는 공장 뒷길
담벼락에 쪼그리고 서러운 남쪽
어머니 부쳐온 편지를 읽다
무엇을 할까 햇살 아래
어둡게 떨다 무엇을 할 수 있을까
먹장가슴 두드리다 떨다
터지듯 달려가
철문에 매달려 나아직일할수있어요
나아직납땜질ㄲ떡없어요 흔들다
믿을 수 없는 건강진단서 찍혀버린
이름 위에서 뒹굴다
파묻힌 보상비 위에 캄캄하게 맺히는 앞날들
휘젓는 손바닥에 맺히는 묵은 피를 더듬다
쏟아져라 큰비 세상 열두 마당 더 크게

쏟아져라 큰비…… 몰라라 웃고 있는
청청하늘에 주먹을 먹이다

걷어채어 고개 떨구고
허공을 두드리면
노란 봉투 속에서 컹컹 짖고 있는 앞날들
……정임아순애야은숙아
세상너른천지몸뚱이하나로살다가
병드니갈곳이없구나다같은촌년들
맨살부비며모여살다내한몸뚱이
병들어쫓겨나니아무도오지않는구나
이대로는고향에도갈수가없구나……
우리같은운명이야또누군가병들어서
길바닥에내버려진다면……정임아
순애야은숙아……우리중의또누군가
그자리를메꾸어친구의이름을낚아
챈다면……우리는정말무엇이되는걸까
부를수록 텅 빈 하늘
비켜가는 발자국 소리 곁에 웅크리고
섣달 바람에 붉은 기침 터뜨리다
한 발
또 한 발 넘어지다

절뚝거리다

__『실천문학』 4호(1983)

안양천에서

눈이 내렸다. 홑이불 아래 웅크리고
싸구려 옷장 속에 접어둔 급료봉투를 세다
보고 싶은 얼굴들 곁에 돌아누우면,
어디서 오는지 아프게
어지러운 이마 위로 떨어지는 눈송이들
맺히다 떨어지다
번지는 이름들. 손을 뻗쳐
서로 어깨들 걸치고 햇살을 걸치고
환히 웃고 있는 늦은 봄날 초록빛 야유회
사진을 더듬다 허공을 움켜쥐면,
눈물보다 더 가까운 곳에서 몰려와
철 지난 주간지 위에 생라면처럼
떨어지는 가래 덩이. 살면서 더운 피
한곳에서 서로 적시며
만난다는 것은 무엇일까.

혼자 서성거리던 공장 뒷길
걸을수록 캄캄하게 맺히던 시간들일까,
들리겠지. 흔한 작별인사도 못하고
무심히 타는 납땜인두 아래 고개 수그리고
비켜갔지만, 정임아은숙아미순아
쌓이는 먼지와 냄새와 소리만큼이나 분명하게

누군가 서둘러 빈자리를 메꾸는 만큼이나
분명하게 들리겠지.
어디론가 또 떠나도 만나던 어둠이나
불러서 가까이 갈수록
어디론가 또 뒷걸음치던
불빛을 따라가다
어느 날 고픈 배로도 밥알을 씹지 못할 때
어느 날 고향 땅 큰 별 밝던 눈빛이
햇살 아래에서 더 어지럽게
구겨져버릴 때 아아
누군가 또 기침 소리를 터뜨릴 때
일할수있어요
일하고싶어요
철문에 매달려 더럽게
푸르던 하늘에 매달려
부르던 이름들, 정임아은숙아미순아
들리겠지. 이름들 위에 씌어지던 일당 이천 원이 무엇인지
분명하게 소리들 속에 새겨지던 앞날 캄캄한 파도 소리도
분명하게
들리겠지.

눈발이 그치고, 번지는 날빛을 따라 안양천

억새들 누렇게 흔들리는 강둑을 따라
못다 한 말들 타다
타다 맺히는 눈물들 일으켜 달려가면
또 어디선지 얼어붙은 하늘을 깨뜨리며
달려오는 눈송이들 높은 공장 굴뚝
솟구치는 검은 연기와 함께
손목들 시리게 뻗으며 마디
마디 캄캄하게
언 땅에 살아 울다 가는 바람
속살 뜨겁게 쑤셔넣고 버티고 섰는
가로수들을 돌아 맨살
시퍼렇게 엉겨붙는 병신 꽃잎들
살아야 한다
살아야 한다 밤 들판. 흔들리다. 어머니.
부르다. 마른. 목. 타는. 목구멍. 견디다.
두렁물. 가까이. 기어이.
한. 발. 끌다.
넘어지는. 허수아비.
돌멩이로 후려치며 고향 땅
뻗치는 조막손 낚아채는 기적 소리
걷어차며 쏟아지는 눈송이 속에서
무엇이 되었는지 　　　　　_『실천문학』 4호(1983)

겨울, 철산리 부근에서

탈의실, 깨어진 유리창으로 흩날려오는
눈송이들 속에서 흔들리는 건너 공장의 굴뚝을 바라보며
간식용 백 원짜리 삼립빵을
씹곤 하였다. 어디선가 지게차 멈추는 소리
비명 소리 가까운 역에서 기차 지나가는 소리
까맣게 하루가 또 묻혀가고

식빵 쪼가리처럼 허기 속을 찌르는 쇳가루처럼
작업장 구석구석에 말라붙은 눈빛들
웅크리고 한곳으로 수그린 얼굴들 핸드카에 싣고
어떤 밑바닥까지 가고 싶었다.
다리가 붓고 허리가 쑤실 때 가령
일당 삼천 원짜리 싸구려 유행가를 부르고 싶을 때

주저앉아버릴까. 열두 시간의 노동과
지쳐 떨고 있는 형광등 불빛.
캄캄하게 굴러오는 2만 PS 합지들 위에
떨어져버릴까. 눈물방울 같은 것으로 남아
더러운 얼룩이 될까

얼어붙은 하늘에 김치 100원
계란 70원 땀수건 500원 헐벗은 숫자들을

돌멩이처럼 내던지면서
산언덕바지 단칸방 불빛들에 기대어
더듬는 맨살, 더 분명한 곳에서 쓰러져야 한다.
눈물과 콧물과 목구멍에서 얼어붙는
가래덩이들이 이 겨울의 모든 관계가 되고
엉겅퀴 씹는 맛이 될 때까지
그렇다……………………………………………
……………………………………………………
…………눈송이마다
엉겨붙는 바람과 함께 솟구치며
맨바닥에 부딪쳐 으깨어지며 쏟아지면서

휘감는 기계 바퀴 아래
아우성처럼 피들처럼
꼿꼿하게 밀려가는 것들도 보았다.

　　　　　　　　　　＿『민중시』 1집(청사, 1984)

고향의 말 10

잔등 너머 논 두 마지기
물갈이도 못하고 간다고 너는
육순 애비 허전한 뒷등을
자꾸만 바라보았다

    워치기 허건 말건
    맘이나 독하게 챙길 요량 혀

SAUDIARABIA, 땡볕보다
네거리 이발소 달력 위에서
신나게 올라가던 모래밭 고층 빌딩보다
먼저 시오릿길 겁나게 갈아엎는
황소 몇 마리 떠오른다더니

모래 더미 위에서 밤에도 불빛을 깔아놓고
일을 한답니다 부두의 큰 공사판이에요
농사짓던 손이 갈 데라고는 막일자리여서
돈은 멀고 내년 모내기철에도 가지 못하겠어요
서울로 어디로 나가 사는 식구들도 잘 있는지요

    바람에 벼꽃이 떨어지고
    낫 모가지에 걸린 고지서

삽날 끝에 찢겨진 땅문서
밭둑 위에 갯들에는 할미새
먹을 것이 없고

쭉쟁이로 뽑히든············
독새기로 버티든············
시월비 뿌리는 공판장 뒷길
핏방울 속에 엉키는 쌍소리 위에
오줌을 갈기면서 네 애비 자꾸만
네 곁을 더듬곤 하였다.

　　　　　　　　　　__『민중시』 1집(청사, 1984)

앞날을 향하여 2

바람이 분다. 흘러갈 곳도 없이
폐수 더미 아래 까맣게 울다
억새와 함께, 절단기 칼날 아래
쑥잎 뜯던 맹세도 고향도 잘려 보내던
밤들을 지나 때 이른 눈발과 함께
얼어붙는 안양천.

보이지 않는다. 배구공처럼 하얗게
하얗게 떠오르던 우리의 얼굴들, 농촌 총각 상경성공기 위에
방망이로 후려치는 햇살 솟구치는 하늘 위에
때때로 써보던 것들

성공이나 결혼이나 귀향 같은 말들

붕대에 배인 핏방울 같은 것일까
다시 새길 수 없는 맹세 곁으로 보상비 곁으로
튀어오르던 손마디들 같은 것일까
찢어지게 울던 탤런트의 눈물 같은 것일까

열아홉 시다 시절엔 남모르게 눈물도 짰지만
이제는 일급 기사 호강하는 몸이란다
멋쟁이 옷을 입고 고운 님과 함께

나는 가야지
열차 타고 고속버스 타고
고향산천 찾아가야지

흘러가야 한다. 손가락도 청춘도 잘라내며
잘라내며 끝내 잘릴 수 없는 이름들로
떠돌다 서로 부딪치다 무엇인가
이 어둠보다 더 분명한 곳에서 다시 만나는
아우들과 함께. 그친 눈발 아래
온통 하얗게 얼룩진 안양천,
시퍼런 쑥잎 더미 어우러지는 억새꽃 뻗치는 가지마다
열리는 눈물들
터질 때까지

__『민중시』 1집(청사, 1984)

들잠
전라도 3

허기져 봄빛도 달던 한나절
쑥잎 뜯던 네 에미 보따리 고개 너머
달 기울도록 씨아를 돌리며
물레를 잣고, 봉창 곁에서
홀로 명씨기름이 탈 때
너는 들잠이었다.

창칼을 쥐고
패랭이 서러운 눈꽃 던지며
무명베를 끌고 흰 고개 넘더니
아우는 끝내 돌아오지 않고,
물레가 울 때 먼 갯들
춤추는 불이랑 타는 갈대밭 속에서
너는 들잠이었다.

다스리는 자들아
너의 혀 끝에서도
쑥잎이 달더냐 우리 에미 열 손가락
시퍼렇게 쑥물이 드니
나라가 기울더라

__『민중시』 1집(청사, 1984)

솔아 푸른 솔아
전라도 4

부르네. 물억새 곱던 갈꽃 잎에
엉키던 아우의 피들 무심히 씻겨간
빈 나루터, 물이 풀려도
찢어진 무명베 곁에서 봄은 멀고
기다림은 철없이 꽃으로나 피는지
주저앉아 우는 누이들
옷고름 풀고 이름을 부르네
솔아 솔아 푸른 솔아
샛바람에 떨지 마라
어여뒤여 상사뒤
한 철 피는 산유화가
떨어졌다 슬퍼 마라

부르네. 장맛비 울다 가는
삼 년 묵정밭 드리는 호미날마다
아우의 얼굴 끌려나오고
늦바람이나 머물다 갔는지
수수가 익어도 서럽던 가을, 에미야
시월비 어두운 산허리 따라
넘치는 그리움으로 강물 저어가네.

만나겠네. 엉겅퀴 몹쓸 땅에

살아서 가다가 가다가
허기 들면 솔잎 씹다가
쌓이는 들잠 죽창으로 찌르다가
네가 묶인 곳, 아우야
창살 아래 또 한세상이 묶여도
가겠네, 다시
만나겠네.

__『민중시』 1집(청사, 1984)

공장 벽시 1

라면 인생은 되지 말아야지, 얼어죽을 맹세처럼 나뒹구는
라면 박스 위에. 김씨 아줌마
내미는 외상장부 위에. 벌써 석 달째
밀린 임금 위에. 눈이 내린다
텅 빈 주머니가 얼어붙는다

몸이라도 팔러 가야겠어 이판사판
조질 몸 싸우디에 가서 딸라돈 벌어와야겠어
닭장 아파트, 연탄불도 없는 싸늘한 밤을 베고 누워
신나게 밟고 싶은 절단기를 생각하며
잠이 든다. 전기세 1000원 수도세 2000원
오물세 1000원, 찬밥 덩어리처럼 목구멍에 걸리는
밀린 방세를 어금니에 깨물고

눈발도 폐업 공고판도
어디론지 모르게, 회사일을 내 일처럼
근로자를 가족처럼, 찢겨진
플래카드처럼 처박혀버린
사장님 얼굴도
붉은 줄로 박박 지우면서

_『오늘의 책』 1984년 겨울호

공장 벽시 2

영철이 오빠, 동해바다 속초라든가 묵호라든가
중학교도 못 마치고 오징어만 죽어나도록 말리다가
큰 배 타고 나가는 꿈도
고기 창새기만 따다가 파는 어머니도
검은 파도 속에 다 파묻어버리고
돈 벌러 온 서른 살 총각.

밀린 돈을 주어야 기계를 돌리지요.
아버지를 집어삼킨 파도보다 캄캄한
세상 앞에서, 영철이 오빠
엎드려 숨죽인 라인을 걷어차고
공돌이라는 이름을 내팽개치며
고향집 돌아오지 않는 아버지 억울한
뱃길을 두드리는 뱃고동 소리가 되었다.

싸움이 되었다. 기계가 돌아가야 돈도 생기고
밥도 생길 거 아냐, 특근 반장님
주먹이 터졌다. 꼴리면 그만두라구,
쌔고 쌘 게 실업자야 이 새끼야.

5만 PS 돌파 기념 축하 콩쿨대회에 몰려가는
우리들 멱살을 잡으며, 영철이 오빠

해고통지서를 더듬듯이 밤새워
노동법 책장을 넘기며 떡볶이집에서
포장마차에서 라면집에서
우리를 부르는 오빠.

                                                                                        —『오늘의 책』1984년 겨울호

공장 벽시 3

남의 바다에 나가시면 아버지는 달포가 다 지나야
돌아오시고 하루해가 다 가도록 찬 바람 속에서 어머니
남의 바다에서 조개를 잡고,
지금도 그 생각을 하면 눈물이 난다.
나는 일요일마다 게를 잡아 팔면서
돈을 얼마나 벌었나 세어보았다.

경실아, 아직도 우리는 그 아이의 이름을 모른다.
마지막 그 무슨 그리운 고향 땅 팍팍한 고개
눈물바람처럼, 열아홉 다 내주고도 끝내 줄 수 없던
순정처럼 네가 남기고 떠난 핏덩이.
소문도 없이 3공장으로 전출된 이 기사
더러운 멱살 한번 흔들지 못하고
공순아, 공순아 밑바닥 끝까지 후려패는 다른 세상의
눈빛들 속을 절뚝거리며 산언덕바지
싸구려 조산원을 더듬어 내려오던
우리의 이름도 모른다.

무엇일까. 떨다 떨다 잠깨어 쭈그리고 앉아
바라보는 신새벽, 함께 눕던 자리 기숙사
벽도배지 위에 하얗게 얼어붙은 성에 아래
죽어 있던 수백 송이 꽃들일까. 아아

비명 소리를 내지르며 기계는 다시 돌아가고
기계는 돌아가고, 돌아가는 만큼 짓밟히는
삶은 어디서 멈추는 것일까. 경실아
네 죽음을 가리키는 허전한 손짓 위에서 타는
푸른 하늘이 우리의 이름일 수도 있을까.

어머니, 늘 어린 저를 보살펴주시는 웃어른들과
언니들 덕택에 몸도 마음도 건강하니 걱정하지
마세요. 지난달에는 실적이 좋아 모범상과
금일봉을 받았습니다, 어머니.

_『오늘의 책』 1984년 겨울호

공장 비나리

하나. 일기

일터로 돌아가고 싶다, 하지만 나는 일도 하지 못하고 돈도 벌지 못한다. 남들 하는 말이, 나 같은 것은 작업복 쪼가리보다도 쓸모가 없다고 한다.

병들어 썩어질 몸, 늙은 에미는 반겨줄랑가. 진학도 못한 동생 성민아, 서울 가서 돈 많이 벌어 왔느냐고 묻지 말아다오.

정말 이 너른 세상바닥에 아무도 없는 것만 같다. 산다는 것은 무엇일까. 묻고 싶다. 땀방울도 야근하던 숱한 밤들도 더럽게도 무심하게 씻겨가버린 세월, 무엇 때문에 나는 높은 공장 굴뚝 같은 곳에서 그만 떨어져버린 것일까.

뒤돌아보지 말자, 살아야 한다. 깨무는 입술에 피는 흐르고 개새끼 개새끼 나쁜 사람들……, 욕설과 눈물 속으로 뻗치는 그리움 속으로 달려오는 앞날들.

일을 하고 싶다, 목구멍에 더한 냄새와 먼지와 가스가 쌓여서 가래 덩이 더 붉은 기침이 쏟아질지라도 일을 하고 싶다.

* 「공장 비나리」는 『대열』에 「공장 비나리」 1~4로 나뉘어 실렸다. 행갈이가 달라진 '하나. 일기'의 서두 부분과 제외된 '1. 귀향 열차'를 수록한다. ＿엮은이

1. 귀향 열차

한 발 두 발
넘어지는 깨금발,
구르는 진통제 몇 알 곁에서
무심히 웃고 있는 골목과 굴뚝들.
더 챙길 것도 없는 시간들이
손을 내밀었다.

서울 처음 올라와 며칠째
서성거리던 곳, 수출산업공단 모집공고판.
여전히 그만그만한 계집아이들이
알 수조차 없는 앞날을 헤아리며
일당을 세며 수줍게 두리번거리고

　　　애, 전자보다 봉제 쪽이 일당이 쎄대.
　　　몰라서 그래, 시다 생활 석삼년에 미싱은 타기커녕
　　　위장병, 폐병, 골병에 빈 봉투야

다시 올 수 있을까, 웰컴 웰컴
헤프게 웃고 있는 목장승아
다시 볼 수 있을까, 저 구름다리

허기진 퇴근길 울먹이며 내려다보면
아득한 기찻길 기적 소리 울려
고향이 가까웁던 곳

보이지 않았다, 야식을 먹고 옥상에 오르면
빈 몸을 넘어뜨리던 피곤함들 곁에서
내려앉던 밝은 세상의 불빛들.
차창에 엉겨붙다 떨어지는 살별을 따라
더 먼 곳 바라보아도
어디선지 달려오는 눈발들뿐,
하얗게 쏟아지다 건강진단서 위에서 문득
붉게 멈추는 피들뿐.

돈이 없어서 병원에 갈 수가 없다. 하지만 어머니를 생각하면 차마 내려갈 수도 없다. 몸이 병드니 잘 대해주던 친구들도 다 떨어지고 자꾸만 눈물이 난다. 죽고 싶다.

수백 장 먹꿈을 더듬다
하얗게 깨어나면서
고향 가는 길.

  ㅡ『노동시선집』(실천문학사, 1985)

솟구쳐올라라

김경숙 추모시

돌아온다. 우리들 오랜 싸움이 타는 곳, 푸르른 하늘마다
찍혀 있는 낙인을 밟으며 노동 속에서 거칠게 패인
손바닥들 잡으며 네가 돌아온다.

비린 눈물만 파고들던 열여섯 살
달력의 날짜들을 그어 지우며 무슨 큰 꿈이었을까
하루 도급 단가를 쓰던 네 앞날의 마디마디에
비웃음처럼 머리카락만 엉키던 가발공장
가슴도 어깨도 썩어가던 철야의 밤
졸음 위에 쌓여가는 불량품 위에
욕설 위에 밝아오는 신새벽 날빛 위에
번지던 코피
죽고 싶던 날들을 지나, 경숙아
두려운 눈빛들 몰래 화장실 같은 곳에서 읽던
민주노조, 서투르게 더듬어 내려가다
너는 무엇이 되었을까 피투성이 죽음을 건너
너는 돌아와 구로동이나 부평, 인천이나
낯익은 작업장 어디서나 내려앉아
어두운 구석마다 번져가는 아우성 곁에서
주먹이 된다 보증금 십만 원에 월세 삼만 원짜리
자취방에 모여 전태일을 읽는 어린 벗들 속에
너는 돌아와 투쟁의 시퍼런 열매로 돌아와

씌어지지 않은 노동법 구절이 된다.
너는 우리들 굶주린 날들이 된다 아아
열사흘 단식 끝에도 캄캄한 백지 언론 위에 씌어지는
혈서가 된다 박수 소리가 된다 바람아바람아
불어오너라 이가슴터트리며솟구쳐올라라 노래가 된다.
타오른다.

네가 살아오는 뜻 속에 파묻혀 네 곁에서
피 흘리던
오래된 벗들과 함께

__『민족의 문학 민중의 문학』(이삭, 1985)

철야 180시간

1. 퇴근길

어머니의 텅 빈 가계부 주름살처럼 슬픈 산동네
짠물 드는 살림 내력을 훨훨 걷어내듯이 꼬마 종식이
급여지급봉투를 다시 꺼내어 휘파람 장단으로
돈을 세어 넘긴다 발바닥 굳은 살가죽 같은 곳에서나 제값이던
노동도 잊었는지 탈의장 한 마당을 돌며
신나는 발장단이 된다. 우리와 다른 세상에서는
부끄러움이 되고 무식한 코메디가 되고 아아 걷어채어
오줌발이나 받겠지만, 운반부 최씨
무슨 기구한 운명같이 수첩 일력 속에 꼬깃꼬깃 씌어진
시간 외 작업 시간을 바라본다 철야 180시간
밤으로 나무토막처럼 흔들리며 기계 소리도 잊고
안전장치 비상벨 소리도 몰라라 지친 몸 잠겨들던 졸음 속으로
감겨드는 손가락 개죽음의 비명 속으로 2천 PS
3천 PS 총열처럼 새파랗게 달아오르는 미친 절단기
앙칼진 쇳소리 속으로 아아 함께 밤을 넘기는
아내의 노동 한 벌에 일 원짜리 시아게질 속으로
타들어가던 캄캄한 시간의 벌판
쏟아지던 아우성 몸부림의 눈송이들 맞으며
아아 어디로도 박힐 수 없는 흑싸리
빈껍데기 몸으로 공장 문을 나선다

2. 소주를 마시며

이곳을 떠나면 갈 곳이 없지
그렇지 우리는 밑바닥 노동자
저 불빛 바다 찬란한 거리에는
한 푼 쓰일 곳이 없지
떠도는 막노동 날품팔이는 더 서럽지
기계를 잡고 이곳에 뼈를 박고
우리 애기 찌든 울음 멍든 얼굴
환히 펴질 날 기다려야지
그렇지 우리는 밑바닥 노동자

소주를 마신다. 서로 어깨를 부딪치며 막힌 목청을 트고 굳은 노동을 풀어 던진다. 높은 곳에서 던져주는 누려운 눈칫밥을 삼키며 살아온 날들은 우리에게 무엇이 되는 것일까. "따지러 가야 쓰긴 쓰겠는디, 총무과에 들를라치면 괜히 오만 간장이 죄 주눅 든다 말이시" 바다도 기계도 징글징글스럽다는 섬 사나이 김형이 잘못 계산된 월급명세서를 구기며 탁자를 친다. 떼인 임금을 찾지 못하면 사무실 패 맥주값으로 나갈 거라고 소리쟁이 최씨가 핏대를 올리고, 우리는 맥주값과 철야 수당을 한곳에서 맞추어본다. 아아 우리의 목숨값은 얼마나 되는 것일까. 나흘 전 기계에 손목이 잡혀 병원에 실려간 철수의 모습이 술잔 속에서 어지럽게 나뒹굴고, "내 남편 손목을 돌려줘요. 어떻게 돈 같은 거하고 바꿀

수 있느냐 말이에요?" 임신 육 개월의 몸을 콘크리트 바닥에 던
지던 그녀의 울부짖음을 씹는다. 술잔을 놓고 일어서면서 그러나
우리의 분노가

    무심히 흩어지는 것을 바라본다 돌아서서
    언제나처럼 비겁한 노동자가 되어
    휘두르는 칼날에 속살까지 베어져도
    버둥거리며 라인을 타고 기름밥을 챙기는
    우리들 폐질의 삶을 바라본다 김형
    최씨 그리고 병신이 된 철수야 그러나
    우리는 영영 이대로 파묻혀가는 것이냐
    기계를 잡고 썩기만 하는 것이냐
    그런 것이냐 우리가 짐작할 수도 없는 곳에서
    뿌려지는 노조비가 다시 우리들 벙어리 노동 앞에 돌아와
    몽둥이가 되어도 좋은 것이냐 아아
    우리들 벙어리 노동의 깃발이 되어도 좋은 것이냐

3. 우리 서방 공돌이

    우리 서방 공돌이라
    월급 받아 십여만 원
    정부미 삼등 쌀을 사서

이밥이라 지어 먹고
말 탄 듯 오르는 사글세 따라
산꼭대기 꼭대기로
살림살이 올려가며
한 뼘 두 뼘 줄여가도
돌이 지난 병든 애기
어화둥둥 우리 애기
병원 높은 문턱 한번
넘어가지 못했다네
어허야 우리 신세
하늘 갈고 땅을 갈아
사람 노릇 하여볼 날
언제 환히 돌아올까

실밥투성이 누렇게 내려앉은 몸을 털며 아내는
기다림과 쪽가위질에 부르튼 손을 내민다
아내의 상한 얼굴과 슬픔으로 패인 마음을 바라보며
쑤셔오는 가슴 한쪽을 감추듯이 서둘러
급여지급봉투를 밥상 위에 올려놓는다
산동네 뒷산을 뒤져 끓였다는 쑥국을 먹으며
세상의 어느 어두운 모서리에서나 두고두고
서로를 사랑한다는 것은 얼마나 어려운 것일까 생각한다

돈을 세며 아내는 오랜만에 채송화꽃같이 웃으며
자랑하듯 자기도 오늘 이천 원을 벌었다고
두 손가락을 펴 보인다 잠든 애기를 끌어안으며
내달부터는 적금에 들어야겠다고 말하는데
무엇이라고 말해야 하나 내달부터는
일감이 떨어져 잔업도 드물 거라고 말하면
아내의 얼굴은 울상이 될까 웃음이 될까
홀로 지낸 몇 밤의 기다림을 서둘러 밀어내듯이
우리는 끓는 몸으로 하나가 되어 서로의
맨몸을 더듬는다 구겨진 서로의 노동과 한세상 살림살이를
끌어안고 펴내듯이 서로의 가장 깊은 곳에
속살 속에 곧은 힘으로 서로를 심고 담금질하며
햇덩이보다 뜨겁고 큰 세상을 꿈꾸어본다

_『외국문학』 1985년 가을호

친구 1

여기까지 함께 우리는 흘러왔다. 포만의 거리에 설 때마다
언제나 고쳐 쓰고 싶던 이력서
부끄러움 속으로 몇 줄금의 끝물 시래기 바람이 되어
다가오는 고향 쑥잎 타는 누우런 하늘 밑을 떠나
맨주먹 허공 우라질 헛맹세를 밟고 돈을 찾아서
우거지 기름밥을 찾아서 기계를 잡고 노동을 굴리며
싸구려 단칸방 낯선 번지수를 따라 우리는 살아왔다.
굳어가는 가슴 썩어 죽어가는 희망
꿈틀거리는 핏줄 속에 솟아오르는 칼날을 낮추며
폐수 속으로 분진 덩어리 폐수 속으로 우리는 함께 걸어왔다.

언제나 이 바닥을 떠나야 한다고 생각했다. 가구공장
  도장부, 싸구려 보호마스크를 쓰고 차오르는 밑바닥 가래 덩어리
울분으로 앙칼진 세상을 향하여 총잽이처럼
스프레이 건을 휘두르며 신나를 뿌리다
콧속이 헐고 어설픈 악당처럼 네가 쓰러지고
몇 푼의 위험수당 속으로 어지러움 속으로 또 쓰러지면서
우리는 한 세월 잡고 흔들 수 있는 끗발을 생각했다.
반반한 기술도 알아주는 자격증도 없으면서
남의 세상 입지전 속에서 반짝이는 큰 별을 훔쳐보면서 그러나
바라볼수록 더 큰 허탈함으로 아아 더 크낙한 적의로

칼날로 남는 드라마를 뒤집어엎고 빈 깡통 맨가슴을 불지르며
노동을 더듬는 눈물이면서 아니다 공돌이 티를 벗으면서
아니다 스스로 지우고 감출수록 시리도록 찬 비웃음만 남는
십오만 원짜리 움베르또 쎄베리 월부 외상값만 남는
노동자이면서 우리는 반장에게 개장에게
기계에게 속 깊이 썩은 고름만 고이는 노동의 몸을
부딪치며 싸우다 찍힌 친구의 뒷전에서
흑연 페이퍼 하얀 가루를 온몸에 둘러쓰고
라인 위에 굳은 시체처럼 누운 아줌마 곁에서
공허한 웃음만 날리면서 등 뒤로 돌아서서 언제나 흩어졌다.

그러나 우리가 공단 뒷길 쩔룩이 아줌마 막걸리집에 모여
군대 가는 어린 깡패 철진이
쓸쓸하고 가난한 뒷길을 따뜻이 감싸며
경조비를 떼내어 함께 술잔을 돌릴 때
서로 흩어져 허전하던 뒷골목길을 박차고 우리가
다 큰 딸마저 어디론가 떠나버린 과부 아줌마
서러운 마흔 살 생일을 함께 돌며
공장 뒷마당에 모여 과자 잔치를 벌여놓고
얼룩지는 아줌마 애처로운 눈물 속에서
오오래 하나가 되어 떠나지 못할 때
억울하도록 무심하게 쌓여가는

벌거숭이 노동의 무덤 속을 밀치고 나와
서로의 슬픔 속에 박혀서 우리가
십 년 노동에 폐질이 되어 쫓겨난 운반부 김씨
보상금을 외치는 막혀버린 출근길에
한 걸음 두 걸음 눈칫밥도 걷어차버리고 아아
친구가 되어 친구가 되어 우리가
하나의 노동자가 되어 출렁거릴 때

    친구여, 우리들 사이 왜 이리 멀었나
    홀로이 쓰린 노동의 가슴 무엇으로 달랬나
    친구여, 눈물만으로 터져버릴 것 같은
    우리들 가슴 그 누가 갈라놓았나
    한덩어리 기름밥 형제인데
    하나의 울음인데
    우리들 사이 그 누가 갈라놓았나
    어깨동무 만남의 푸른 언덕에 함께 섰으니
    이제 말해보게 친구여 우리 사랑이여
    그날이 오면 그날이 오면
    물결처럼 나가야지 서로를 감싸고
    서로를 밀면서 나가야지 친구여

싸움이 되었다. 구겨진 평생의 노동을 깔고 앉아 성난 구호처럼

아우성 나부끼는 벽보처럼 아침마다 박수 소리를 부르던
김씨, 멈추어 서서 안부를 묻는 우리들 내어미는 악수 속에서 환히
웃으며 피어나더니 어둡게 소리치며 끌려가고
두려움의 눈동자가 커질수록 맷자국의 추억은 깊어가고
운반부 살림계가 깨어지던 날
요란한 회식이 열렸다. "회사가 필요로 하는 사람은
회사 내규에 충실히 복종하는 사람입니다."
마음보다 먼저 얼어붙는 술잔 속으로 캄캄하게
떨어지던 침묵은 어디에서 깨어져
무엇으로 가슴속에 남아 타올랐을까
운동장의 플라타너스 나뭇잎들 떨어져
누렇게 썩어가는 동안 우리는
잘려나간 친구의 노동 마디마디에서
인상된 위험수당보다 분명한 노동자가 되어갔다.

_『외국문학』1985년 가을호

노동

아니다 탄식이 아니다
쇳가루 쌓여가는 폐질의 몸을
끌고 가며 기다리는 죽음이 아니다
노동이란 돈에 팔려
쇠붙이가 되어 밥덩어리에 팔려
타는 기다림 속에서 익어가는 붉게
붉게 피어나는 노여움의 가슴을 파묻고
아아 죽음으로 잊어버리고
기계가 되어 돌아가는 것이 아니다

떨리는 맨주먹의 흐느낌 속으로 번지는
살아온 노동의 내력을 따라
오색 페인트로 가리어진 고향집
어린 시절 누더기 가슴을 헤치고
무너진 돌담을 기어올라와 엉겨붙는
시퍼런 호박넝쿨을 따라
일당 이천 원으로 하루를 밀며
안전등도 없는 절단기 아래 철커덕
철컥 손가락을 바치던 시절을
일으켜 깨우고

오를수록 피 흐르는

노동의 캄캄한 골짜기
함께 희망의 푸른 삽으로
찍어 오르며
쓰러지는 친구들의 아우성 퍼올리며
나아가면서 공동체가 되어
아아 출렁이는 기쁨으로
상처투성이 온몸을 서로 씻는
공동체가 되어

거듭 태어나는 것이다 노동이란
사슬의 두려움으로부터 굶주림의 추억으로부터
일어나 사람의 일을 하는 것이다
사람의 땅에 서는 것이다

_『외국문학』1985년 가을호

어머니, 저는 왜 이 대열에 섰을까요

사방 길목이 막혀 들어오지도 못하고 문밖에서
이리 밀리고 저리 밀리며 발을 구르며
우리를 부르는 노랫소리가 들리네요.
흔들리지 않게 흔들리지 않게,
벌써 사흘째 물 몇 모금으로 버티며
곤추서서 달려오는 수천의 핏방울들로 되살아오는
지나간 노동의 기억 속에 온몸 담금질하는
단식의 밤 기진한 몸을 일으켜 창문을 열고
우리의 외침을 새긴 머리띠를 풀어
흔들면서, 흔들리지 않게 우리 단결해
흔들리지 않게 우리 단결해,
노래를 부르면서 함께 울음바다가 되면서
새벽이슬같이 맑게 돌멩이처럼 단단하게
깨어납니다. 어머니
딸의 이름 앞에 붉은 딱지를 붙여 보낸
회사의 편지를 움켜쥐고
덜컹거리는 평생의 눈물 보따리 하나를 품고
삼등 완행열차 한밤을 시리도록 깨물고
뜬눈으로 달려와 울먹이며
훼 훼 손을 내젓고 있는 어머니

언제이던가요 아버지 돌아가시고 이듬해이던가요

고향에서 보았던 새터 재 너머
양파밭이 떠오르네요. 뽑혀져
밭고랑마다 뒹굴며 푸르른 줄기 그대로 썩어가는
양파를 보며 속은 가슴을 치며 눈물을 닦다
허청대는 걸음으로 호맹이* 세월을 그리며 다가와
어린 딸의 슬픈 조막손을 잡고
"세상천지 믿을 것이 있간디? 웬수 같은 땅이여.
에린 느그덜도 몰라라 대처바닥이루 내몰등마는
인자는 나까징 쫓아내겄다고 지랄굿을 떨어쌓네.
허기사 느 애비 생목심도 벗겨간 잘난 인심이니께
말해 뭣혀. 땅농사가 망허면 천지가 썩는다등마는."
아아 어머니 얼마나 좋은 세월이 흘러야 머리 풀고
밭머리 적시는 물이랑처럼 살겠느냐고 하늘을 부르며
비나리하듯 어린 딸에게 텅 빈 마음을 기대이며
저린 가슴앓이 타는 속불을 다스리던 어머니 아아
이 강산은 누구의 것일까요

친구들이 쓰러지고 있어요. 탈춤 팔목 장단 가락에
해고의 사연을 담으며 끝까지 함께 가겠다고
우기더니 어깨춤 한번 올리지도 못하고
어린 경실이 봉숭아꽃처럼 어둡게 떨어져
병원으로 실려가고, 호소문을 쓰던 정순이

찬물만 들이켜다 썩은 위장 한 움큼 토해내며
못다 쓴 호소문 구절을 깔고
바닥에 눕고, 쓰러지고
쓰러짐으로 하나가 되어 어우러지고. 어머니
저는 왜 이 대열에 섰을까요

   온전한 사람으로 살고 싶었습니다
   공순이라는 말 공돌이라는 말
   기계라는 말 물건이라는 말 위에
   살아 펄럭이는 노동을 쓰고
   자유를 쓰고 인간을 쓰고 싶었습니다
   해고 아니라 해고를 밟고
   그 뒤안길에 찍히는 취업불가
   낙인 아니라 낙인을 밟고
   깨어져 밟힌 노동조합 주저앉은
   통곡 소리 아니라 통곡을 터트리며
   밀려가고 싶었습니다

어머니, 폐농의 양파밭 눈물 그렁그렁 더듬어 찾듯이
딸의 이름을 부르며
어두워가는 하늘 내리는 빗발에 보따리 젖는 것도 잊고
밀리고 밀려오는 친구들 노랫소리에 싸여

방망이질하는 가슴 두려웁던 고함 소리도 밀어내면서 아아
흔들다 떨어진 우리들 머리띠 우리들 노래 우리들 아우성을
편지말처럼 소중하게 챙기고
먼 길에 주먹밥을 말아줄 때 같은
보따리를 꾸려줄 때 같은 눈빛 몸짓을 보내주시는
어머니, 언제 그날이 올까요
노동의 강산 어디에나 우리들 튼튼한 바윗돌이 되어
굴러가 서러운 눈물을 터트리는 날, 굴러가
오래 헐벗은 어머니의 들판에 박혀
기다림의 뜻으로 곧게 설 날.

* 호맹이: 농구의 일종인 호미를 전라도 지방에서는 호맹이라 부른다.

__『밤꽃 피는 유월에』(지양사, 1985)

마지막 수업
야학 이야기

비철의 텅 빈 날들을 가득 채우는 허기와 어지러움 속으로
빗줄기는 캄캄하게 밀려들고, 우리의 믿음과
우리의 배움을 뒤지며
책장의 페이지와 노래와 해고통지서 위에
붉은 줄을 그어대는 낯선 얼굴들은
자주 찾아들고. 며칠째
형들은 돌아오지 않았다.
어두움 속에 창백하게 박혀 있는 교실 유리창 위로
우우 쏟아지는 바람 떨리는 온몸을 움켜쥐고
두려움을 찍어 넘기며 우리는
멀리 뒷걸음질치는 친구들 찾아 서로
끌어안고 발을 구르며 노래를 불렀다.

가자 어서 나가자
가자 노동의 억센 핏줄 꿈틀거린다
피 묻은 햇덩이가 산맥을 타고
떠오른다 우리를 부른다 가자.

……형들은 잘 있는지. 엊그제는 희망야학이 깨졌다 하고
끌려가고 길목을 가로막고 명단을 체크하고 그곳에서
우리를 찾는다 하고, 뒤를 밟는 소문에 쫓기며
산언덕배기 자취방으로 답답한 가슴으로
소줏집으로 몰려다녔다 어디엔가 박혀 있을 칼날을 찾아

낯모르는 작업장 가명(假名) 속으로
흩어져 먼지와 원단 냄새와 흔한 일당 속으로
쑤셔박혔다. 무엇이 되어 형들은
피 비린 살냄새 쇠창살에 걸리는 누우런 하늘 아래
한마디 진실도 추억도 쓸 수 없는 자술서 위에
인장을 찍어 누르며 아아 얼굴을 돌리시는
화상당한 하느님 부를 수 없는 우리들 이름
아무것도 말할 수 없는 혓바닥으로
비명으로 울고 있을까
        소리치고 있을까, 가자 어서 나가자
        가자 싸움의 수레바퀴 힘차게 밀자
        억울한 젊음이다 눈보라 자갈길이다
        노동의 열매가 돌아온다 보아라

 구멍 뚫린 가슴과 오줌 속에도 번지던 썩은 피, 에헤라 못 살겠네 동짓달 설한풍 바닥살이 삼 년 이대로는 죽고 말겠네…… 순녀와 정자가 떠나간 막막한 벌판 남은 그루터기처럼 떨던 우리들 곁으로 형들이 다시 돌아왔다.
 "어떻게 되나요……?" 텅 빈 야간학교. 〈오늘의 어려움 내일의 밝은 미소〉. "우리 교실이 없어진 거야."
 미싱사의 눈초리와 찬란하게 돌아가는 거리의 불빛들, 지친 몸뚱이와 고향집 어머니 그리움도 씻겨주더니, "살아오면서 처음으

로 인간애를 느꼈어요." 아아 가시관을 쓰시고 피 흘리는 하느님,
하루라도 빠지면 안심이 되지 않더니,
  눈물이 흘렀다 가슴을 적시고, 고향집 미루나무 먼 발치에서
바라보던 학교를 적시고, 흘러서 늘어나는 한문 공부 속으로 밝
아오던 신문 활자를 적시고. 터져 흘렀다
  함께 그리고 쓰던
  임금 액수 계산법과 대머리 개기름 사장의 얼굴 위로
  싸움의 두려움과 의심을 넘어 어깨를 끼고
  주먹을 쥐던 깨우침의 기쁨 속으로, 아아 우리는
  한곳에서 터져 피어나야 할 노동의 공동체.

  흩어지지 않았다.
  미싱판 위에 난풍잎 고운 가을옷도 널어지고 겨울코트가 올려
지고
  자취방의 텅 빈 가계부와 문 닫힌 야간학교
  뒷길을 밟는 발자국마다 살얼음장이 낄 때에도 우리는
  외롭지 않았다, TV 드라마 속에서 인간승리의 미담 속에서
  공순이를 지우고 노동을 팔고
  넘기지 못하는 밥덩이와 쓰린 위장을 감추고
  돌아서서 흩어지는 작업장 동료들의 손목을 끌며
  서럽게 살아온 사연 속에서 아아 하나가 되면서

__『밤꽃 피는 유월에』(지양사, 1985)

촌극을 만들며
야학 이야기

손에 손 맞잡고 눈물 흘리며
깨우치리라 땀 흘리리라
끝내 이기리라, 신문을 읽기에는 아직도 짧은 한문 공부와
고향 땅 어머니 주름살처럼 혹은 웃고 있는 사장님의 얼굴처럼
답답하기만 한 근로기준법 곁으로
아직도 어려워서 더 묻고 싶은
평등의 세상과 납중독이 되어 쓰러진
혜순이의 사연 속으로
어느새 여섯 달이 지나가고

돌아가는 미싱 바퀴 속에서 손목과 무르팍이 해종일 아우성치다가
　야근을 넘기며 옷감처럼 툭 툭 떨어져나가는
　시간들을 버티며, 그 버팀과 아우성 사이에서 우리는 야학의 마지막 날들을 보냈다. "가난은 끈질기게 가난한 자 뒤에 달라붙나 봐요. 아무리 발버둥쳐도 늘어나는 건 손등의 미싱바늘 자국과 나이뿐이에요." 플래시 불빛과 알전구가 우리의 살아온 이야기를 뒤집어엎고 후려패고 끌어안는 무대 위에서
　영철이는 배불뚝이 사장이 되어 혜순이를 걷어차고
　병수는 기동경찰이 되어 조합을 까부수고
　"제 병든 가슴을 보상해주세요
　우리 네 식구 이끌고 가던 제 젊음 돌려주세요"

혜순이가 쓰러져 흐느끼고, 손찌검과 구둣발 아래 터지고 뒹굴고
아아 모두가 울음이 되었다. 주먹을 쥐고 어깨를 걸치고 얼싸안고
우리는 일어섰다, 부딪치는 가슴 불질러오는 기쁨 속을 돌다
솟구치는 연판장 위에서 불꽃이 되어
일렁이는 우리들 이름 위에서

노랫소리 막이 내리고 오랜 박수 소리
가슴속 밑바닥까지 밀려오는
노동의 거친 북소리 쏟아지는
쇠망치 소리 미친 듯이
참을 수 없이 솟아나 살아온 날들을 덮는
희망의 풀 냄새 속에서 우리는
야간학교 밤마다 책장 위에 어리던 눈물 속에
흑판 위에 새기던 희망의 말들을
소리쳐 불렀다, 서럽고 쓰리던 지난 날들은
오지 말라고 다시는
다시는 오지 말라고.

_『밤꽃 피는 유월에』(지양사, 1985)

최후진술

1. 법원 가는 길

결근의 내 빈자리에 숨죽인 작업다이 위에
가래 덩이처럼 얼어붙을 늙은 반장의 쌍소리와
생계비를 찢으며 떨어져 내릴 C급의 작업 등급을
생각하며 걷는다 바람 속 웅크린 헐벗은 가로수
벌거숭이 나뭇가지들을 치며 함께 울먹이고 흔들리며
서두르듯 한 점 서러운 햇살마저 덮는
눈발을 맞는다, 영철이는 빠져나왔을까
짜귀 녀석과 혜숙이의 조퇴사유서는 찢겨질지 몰라
어쩌면 모두에게 사직서를 쓰게 할지 몰라 아아
형들의 오 년 구형량은 우리들 가슴마다 무슨 말로 씌어져
우리들 노동을 끌어가고 있는 것일까, 낯익은 기동차 앞에서
버릇처럼 얼어붙는 발걸음을 세우고
눈발 아래 얼어터지는 침묵을 바라본다
아무 말도 없다 말하고 있는 것은
뒷골목의 찢겨진 벽보들뿐 납작 엎드린
소문들뿐 아무 말도 없다
당당한 것은 거리를 껴안고 돌아가는
우리들 노동의 뒷덜미에 찍히는 남의 나라 상표들뿐
침묵을 밟고 돌아서서 몰래 두려움의 밑바닥에
침을 갈기는 뒷골목을 걸으며

형들을 생각한다 잔업 이백사십 시간의 누우런 얼굴로
돈을 세듯 웃다 쓰러진 친구 곁에서
어깨를 걸고 나가던 노랫소리 속에서

2. 최후진술

먼저 나는 내가 왜 이 재판정에 섰는가, 묻고 싶습니다.

가을걷이가 끝난 빈 들판이거나, 추곡수매 공판장의 바람 드는 한구석에서
떨어진 이삭처럼 주저앉아
홀에미 농사의 서러운 뜻을 그루터기마다 뿌리며
서울로 공장으로 흩어진 식구들을 그리움으로 부르다
아들의 소식을 듣고 겨울 살림으로도 모자란 나락값을 쥐고
육니오 적 무슨 총소리 앞에서처럼 떨리는 마음으로
마을의 눈치를 보며 아무에게도 알리지 못하고
어머니는 왜
강물의 밑바닥 같은 얼굴을 눈물로 적시며
달려온 것입니다

내가 노동자이기 때문입니다. 일당 삼천 원의 허기를 메꾸기

위하여

　밤으로 밤으로 이백 시간이 넘는 시간 외 노동 속을 살면서
　돈 많은 서울의 꿈속을 울면서
　지쳐 뒹굴고 터지고 알 수 없는 세상의 구조 앞에서 막막하게
　앞날을 흐느끼며 절망으로 스스로의 몸에 살 깊은 칼자국을 내고
　친구의 멱살을 잡고 피투성이가 되어 함께 생존의 밑바닥을 바라보던
　우리의 이야기를 말했기 때문입니다. 생존의 뜻을 깨우치고
　우리가 무심하게 써갈긴 낙서 속에 쓸쓸한 유행가 마디 속에
　돈으로만 헤아리던 노동 속에 나직이 스며 있는
　노여움과 그리움의 참뜻을 깨우치고
　사람의 자존심으로 사람과 함께 가야 할 노동의 자존심으로
　함께 굴러가야 할 싸움의 벌판과
　희망에 대하여 말했기 때문입니다.

　친구들과 어린 동생들과 함께 보낸
　지나간 일 년이 그리움으로 가득 출렁이며 밀려와
　손과 몸을 조이는 포승줄마저 풀려나가는 듯합니다.
　세 사람만으로도 비좁은 두 평 방 자취집에 모여
　라면과 소주의 뜨거움으로 공장 폐수 같은 가슴을 풀고
　맞춤법도 부끄러움도 없이 신나게

굴려나가면서 작업장이나 거리에서나
어디에서나 몰래 나붙는 노동의 말들을 펴놓고
작업일지를 넘기며
어두운 공장의 구석구석을 더듬으며
서로의 할 일을 나누어 갖던 밤들
등사판의 캄캄한 먹지에 새겨진 우리의 이야기가
가슴을 타고 깊은 속 물길로 기쁨으로 몰려오던
나날들, 그곳에서 나는 처음으로 사람으로 태어났습니다

어린 노동자가 가르쳐준 노래 구절들이 떠오릅니다.
      내 나이 열다섯부터 공장엘 나갔지
      하지만 나는 언제나 부끄러움에 젖어
      내 이름을 숨겼다네 노농자라는 이름
      언제부터였나 스무 살 방직공장 시절이었지
      다정한 언니들을 따라 지친 마음 녹여줄
      사랑을 찾아다녔다네 억압도 눈물도 없는 곳
      친구야, 가난한 노동자들의 집에서 나는 배웠다네
      나 또한 소중한 사람이라는 것을
      싸움은 언제나 힘들었지만, 친구야
      이제는 노동자라는 내 이름 감출 이유가 없어졌다네
      어두움도 굶주림도 다시는 내 이름
      지울 수가 없지 모진 비바람 몰려온다 해도

3. 작업장의 빈자리

살아 끝없이 울려와
두려움으로 떨리는 가슴을 적시며
일으켜 세우며 가야 할 곳의 밑바닥까지 환히 비추어주며
싸움의 터진 맨살 속에서도 따뜻한 눈물로 출렁이는
북소리 노동의 북소리였다, 형들은 돌팔매처럼 떨어지는
판결문을 밟고 서서 우리가 노동으로 수없이 죽고 깨어나며
고쳐 써야 할 말들을 가르쳐주며
포승줄 속으로 조여오는 삼 년 형기 벽을 타고
쇠창살을 타고 언 몸 부딪쳐 노동자 만세
노동운동 만세 젓가락 토막으로 아아 눈부신 핏방울로
새겨나갈 날들을 꽃처럼 활짝 터트리며
환히 웃으며
총을 잡고 나가듯 호송차에 오르고
울지 말자 울지 말자고 손에 손을 잡고 우리는
법원을 나오며 보았다, 바람을 타고 아우성을 타고
눈발 속을 달려오는 우리들의 모습을 보았다
부서진 농성장을 지키며 부르던 노래
터진 이마 피에 젖어가던 머리띠 아아
빼앗긴 노동의 어두운 끝에 눈물처럼 매달려
떨고 있는 작업장 어두운 구석의 빈자리를

그리움으로 형들의 가슴으로 타는 싸움으로
지키는 우리들을
_『밤꽃 피는 유월에』(지양사, 1985)

겨울 벌판을 가며

겨울 벌판의 나무를 보아라

우리가 한세상을 노동으로 싸우며
지쳐 생활의 찬 돌을 베고
들잠 속을 떨며 그리워하는 것들,
싸움도 잊고 눈물 글썽이며
끌어안는 식구들의 시래기 밥과 우거지 울음.
오늘은 지린내 나는 뒷골목의 슬픔
멀리 버리고 보아라

나무는 거친 바람 속에 서서
울며 매달리는 잎과 가지들
안타까운 살붙이들 베어내고
오히려 죽임으로 벌판과 한 몸이 되어
묵묵히 눈보라를 껴안고 있다

막된 껍데기 희망을 찾아 부르며
죽어가는 것들의 기침 소리로
얼어붙는 빈 벌판,
돌무덤 위로 떨어지는
주먹 같은 눈송이들.
아아 우리는 언제쯤 칼날이 되어

제대로 이 벌판에 설 수 있을까

겨울 큰 나무의 벌판을 보아라

얼어붙는 강물 밑바닥까지
나무는 뿌리를 내리고
흐르는 물과 만나며
언 몸 비틀어 하늘을 오르고 있다

_『신동아』 1986년 12월호

길

가는 길이 외롭고 지치거든
길목마다 백 가지 숲으로 열려 있는 산에 올라
산맥을 볼 일이다.
수만의 슬픔이 낮은 구릉이 되고
애기봉이 되고 때로 절벽이 되어 깎이고
우르르 쏼쏼 쏟아지는 물소리가 되어
마침내 한 산맥으로 만나
우리 땅의 역사를 이루지 않느냐
나무 한 줄기의 슬픔도
부지런히 함께 모이니
큰 산이지 않느냐

　　　　　　　　　　　　__『계간경향』 1987년 가을호

파업

투쟁 노래도 까뭇 잠든
한밤중
부평공단 새나라금속 공장
이층 무조건 올려 생산 라인에
백 명쯤 되는 농성 조합원들이
어느새 열사흘째
싸움으로 지친 몸들을
새 세상 단꿈으로 눕히고 있는데
이게 무슨 소리
쿵!
딱따다다다 와장창!
캄캄한 판에
문짝이 떨어지고 유리창 파편이 튀어오르고
각목에 쇠파이프가 날아드는데
어찌할거나
그저 맞고 터지고 깨지고
개좆같은 쌍소리에 밟히고
피 흘리며 쓰러질밖에

가는고나 조합 간부님네
피 묻은 얼굴 괴로운 눈빛으로
조합원 얼굴들 더듬으며

동지가 노래로 발 구르며
어허 닭장차 타고 가는고나

조합 뜬 지 석 달 열흘
이리 뛰고 저리 뛰고
여우발 거는 관리자들
이리 피하고 저리 치고
억울하게 살아온 세월
조합 일로 우뚝 세웠더니
닭장차가 달려와서
웬수 보듯 끌고 가네

죄라네
일 속에
굶주림 속에
죽음 속에 사무쳐 울다
눈뜨던 빛나는 노동의 눈동자
거기서 타오르던 새 세상 그리움
아아 모두 죄라네

옳아
법이라는 물건

참말로 배부르고 잘난 놈들 문자일세!

한밤이 지나고 공단 철마산 너머 신새벽 노을꽃이 피고 동이 트도록 구사대 잡것들에게 한바탕 와장창 깨지고, 그렇게 깨지는 중에 쌩정치깡패들 몰려와 닭새끼 노리던 소리개 모양 간부들만 톡 채어 물어가고, 그렇게 양쪽으로 돌림빵을 당하고 나서 환장하는 중인데 구사대 놈들 지랄근천을 떨며 환호작약 기세를 올리고 있으니
　새나라금속 노동조합원들 그 심정이 어떻겠느냐
　아하 열사흘 싸움이 간밤의 개꿈이었더란 말이냐

반장 놈 눈도 못 믿겠다
떴다 보아라
생산독려반!
한눈팔다 들키면 D급으로 떨어진닷!
몸 아픈 핑계로 나가떨어지는 놈
애비 제사라고 휴가증 내미는 놈
그날로 해고밥이닷!
그놈들 한 놈 남김없이 몰아내고
처음으로 맛본 자유
아아 아무도 들려주지 않던 것
배부른 놈일수록 두려움으로 감추던 것

금지되었던 것
　그러나 단결의 힘으로 노동의 가치를 찾을 때
　기쁨의 눈물로
　맑게 솟아오르는 것
　마침내 세상과 싸우게 하는 힘
　자본가 세상을 이기는 튼튼한 사상
　새 세상을 만드는 노동
　그것
　해방으로 설레이며
　뜨겁게 흐르던 피가
　그예 아주 죽었더란 말이냐

　깡돌이 놈은 장탄식에 가슴을 치고, 봉순이는 주저앉아 퀭한 눈으로 새파란 하늘 흰 구름 보며 무심타고 도리질하고, 대찬이는 분한 울음 커억컥거리며 땅바닥에 주먹질, 김씨 아저씨 다리 절룩질로 걸죽 놈 곁에서 잠깐 봉순이 앞에서 한참 왔다 갔다 정신이 없고, 찢겨진 플래카드는 땅바닥에 뒹굴고
　이럴 적에
　뽀얀 먼짓길로 벤츠 하나 굴러온다
　날 좀 보아라 비까번쩍
　벤츠란 놈이 오는데
　바람난 년 갈보걸음으로 이쁘게도 굴러온다

양키 쪽발이 마크 콱 찍어서
똥폼 잡으며 굴러온다
내가 왔다 내가 왔다 빵빵 소리 요란하게
무식하게도 굴러온다

그놈 제법 으시대고 딱딱거리는데
어찌 생겨먹었는지 쌍통 한번 보자
우스울시고
머리는 똥파리가 미끄러질 대머리요
가슴은
동짓달 얼어 죽는 거지 보리밥 한 주먹 못 줄 새가슴이요
무엇을 그리 처먹었는지
배는 장구배요
제 몸뚱이를 못 이겨 다리는 하냥 뒤뚱거려쌓는데
똑 앉은뱅이 오리 똥 싸는 뽄새라
이놈에게 한마디 붙여보는데
"너 어찌 여기에 왔느냐?"
"오리발 내밀러 왔소"
"천하에 숭악한 놈…… 이름은 무엇이냐?"
"오리발도 모르시오?"
"허면, 무슨 일로 먹고사느냐?"
"물론 오리발이오"

"옳지, 네놈이 바로 이 회사 사장이라는 것이구나!"

이 오리발이라는 놈이 눈물이 뚝 떨어지다 말 아조 슬픈 얼굴로
조합원들을 이리저리 바라보더니
목에 헛울음 한 자락 메기고 나서
사설 한 토막을 까는데
자 들어간다

"요지음 우리 회사가 환난을 당하여 이 모양이 되고 보니
이 사람 참말로 가슴이 찢어지고
고민이 깊어져 오직 죽고 싶은 심정입니다
근로자와 경영자는 한 가족 한 형제다
비가 오나 눈이 오나 같이 살고 같이 죽는 한 지붕 식구다
투철한 신념으로 살아온 이 사람
이 모양을 당하고 보니
오직 허무할 따름입니다

여러분이 땀 흘려 물건을 만들면
저는 시장을 찾아 물건을 팔고
일이 끊어지면 여러분이 길가에 나앉을세라
처자도 잊고 아메리카로 저팬으로 일감을 찾아
일감을 찾아 고민하던 이 사람

지난날 협조의 시대를 생각하니
목이 메어옵니다"

이 오리발이라는 놈 눈물을 짜는 듯 삼류 신파조로 지겹게 곡조를 뽑는데
어허 그놈 그 와중에도 도둑질하듯 눈알을 반짝 굴리며
조합원들 표정을 살피는 모양을 보아라
영락없다 그놈
사랑에 울고 사랑에 웃는「장한몽」편에 김중배가 심순애를 꼬시는 대목이 있는데
영락없이 김중배다, 그놈!

"허면 누가 우리 사이를 갈라놓았더란 말입니까
우애와 평화를 존중하는 우리 새나라금속 가족들입니까
분열과 폭력을 증오하는 이 사람입니까

회사의 어려운 경제사정을 그토록 설명했건만
어려움에도 불구하고 오직 여러분 편에 서고자
임금 백 원 인상과 복지후생으루다 밥값을 전액 회사 부담으로 조치했건만
누가 약속을 깨고 폭력으루다 생산을 중단시켰습니까
빨갱이식 투쟁으로 여러분을 선동하여

우리 새나라금속 가족의 존폐를 위태롭게 하고
사천만 국민을 불안에 떨게 한 자들은 누구입니까

여러분도 아닙니다
이 사람도 아닙니다
그것은 바로
노동조합이라는 빨갱이 괴물입니다!"

허 우애라는 말 평화라는 말
눈물겹도록 그리운 새 세상 문자인데
어허 오리발이라는 놈이 씹어 돌리니
칼 든 강도 뺨치게 무섭게 변하는구나
허 자본이란 물건 본시 생겨먹기를
무엇이든 처먹지 못하면
더 큰 놈에게 돼지는 것이라 그 성질 그렇기도 하겠다만
오리발이라는 놈 이빨은
가히 쇠로구나
노동조합이라는 것 법에도 버젓이 있는 문자인데
그놈이 와드득 씹어 삼켜서
똥 싸질러 내놓으니
어허 갈데없이 빨갱이가 되는구나

허 일당 사천 원에 백 원 인상으로 저토록 게거품을 물고 제 가슴을 쥐어뜯고 있으니
　어찌할거나 오리발이라는 놈
　저 말 저 소리 저 곡조 저 뽄새를 따라가자 할 것 같으면
　인천교 다리 밑에 움막 치고 살아야 할 판이니
　어허 어찌할거나

"허나 호랑이에게 물려가도 정신만 차리면 호랑이마저 잡을 수 있는 법
　그 조상님들의 지혜를 이 사람 오늘에야 배웠습니다
　허니 불철주야 회사를 사랑하여
　애사충절 죽기를 각오하고 싸워주신 우리의 자랑 구사대 여러분
　궂은일을 마다하지 않고 달려와 남다른 모범으로
　조용하고 깨끗하게 판을 쓸어주시고
　무엇보다도 처음으로부터 끝까지 일관되게
　판쓸이 전술을 지도 전수 지휘해주신
　부평경찰서장님 이하 백골단 애국청년 여러분
　이 사람 몸을 굽혀 감사할 뿐입니다
　끝으로 우리 새나라금속 여러분
　행여나 노동조합 물이 들어 남몰래 괴로워하는 분이 있다 할 것 같으면
　그때마다 오늘을 기억하여주시기를

삼가 부탁드리는 바입니다"

먼지 티끌만 날릴 뿐
조용하다
땅바닥에 모가지 처박고
말이 없다

동지가 노랫소리 밤하늘에 울려퍼지던
여기 노동자의 자리
라면 한 끼에도 단결의 뜻이 있어
신명이 넘치던 그 자리

아아 한갓 옛일인가
가슴에 통곡만 주검처럼 묻어두고
세상 멸시 공돌이 이름으로
돌아가야 하는가

아흐 가슴 탄다
미친 피가 터져
온몸은 떨리는데
아흐 칼은 춤추는데
잡을 수 없다!

이리 가슴이 터지고 줄줄줄 오장육부가 녹아 그저 환장하다가
나가자빠질 판인데
　대열 한 가녘에서 소리 하나
　돌멩이 떨어지듯 툭 튀어나온다

　"날 좀 보소
　어여들 고개 들고
　내 말 좀 들어보소"

　저게 누구여
　어디서 땡감 떨어지는 소리여
　워메, 도장부 댕기는
　걸쭉이 아줌마 아녀

　"사장님네, 옳은 소리는 떨어지는 씨 한 톨까지
　빨갱이로 몰아세워 작신작신 밟아 죽이는 판이니
　오늘 이년 빨갱이 될 폭 잡고
　한마디 해야 쓰겠소
　우선 세상이 개판이니 침 한번 뱉고
　퉤!"

맞어
이 판에 한마디 못하는 놈은
사람도 아녀

"사장님네, 허시는 말씀 대목대목 한 식구니 가족이니 눈물 나
게 고맙기는 하요만
생각수록 번지수가 틀리요
제 식구가 굶고 앉아 우는데
벤츠 타고 골프장 댕기고
일한 품삯 제값대로 올려달라 하니
빨갱이라고 가져간 쪽박조차 깨버리는
그런 집안도 있습디여?
참말로 웃기는 집안도 다 있소!"

임금 인상하자 하니 단돈 백 원이라
아서라,
느 아들 깨무는 비스께또 하나가 오백 원이란다

"사장님네, 오늘 보니 참말로 까막눈이오
낫 놓고 기역 자밖에 아는 게 없는 무식한 년 눈에도 등불 보듯
훤한데,
아메리카 방귀까지 뀌다 온 사장님네 모른다니

노동조합이라는 것 별게 아니라
일하다 생짜로 병신이 되어도
말 한 자리 내놓을 수 없는 깜깜칠흑 세상에서
일하는 사람끼리 서로 모여
못 배워서 몰랐던 권리 서로 배워 깨우치고,
친구의 고생이 내 고생이요 나의 억울함이 친구의 억울함이라
동무 사랑 내 사랑으로 단결하는 마음 일으키고,
눈웃음 한번에 오빠 같고
생일술 한잔에 형님 같던 반장님네 과장님네 사장님네
임금 싸움 한번으로 가짜 얼굴을 벗겨내어
그것으로 우리 편을 가려내니
바로 그놈이 노동조합이라
까믹눈 사장님네,
아직도 모르겠소!"

서리 맞은 듯 주눅 들어 멀쩡던 눈동자들
번쩍
번쩍 뜨는구나
오갈 들어 답답하던 가슴들
벙싯
벙싯 열리는구나
얌전이 봉순이 넌 보아라

눈물이 왈칵 배었구나

"사장님네, 참말로 오리발이오
못 살겠다 배고프다 노동자들 일어서면
무신 소리?
회사 사정은 이렇고
나라 사정은 저렇고
국제 사정까지 우려먹고 나서
나 몰라라 뒷짐인데
시커먼 속을 뒤집어 볼작시면
빌딩 사고 땅을 사고
투기판에 열심이라!
협상이 결렬되어 농성으로 들어가면
타협 노래로 김을 빼놓고는
뒷전에서 구사대 훈련시키고
평화적인 농성장에 몽둥이춤 추고 나서
우리네들 폭력범이라 공갈치고
어허 퉤!
물러가라!"

바람에 풀포기 일어서듯
대열이 꿈틀 움직이더니

아우성이 터지는데
오리발이라는 놈 물러가라는 소리
노동조합 노래 목 터져라 부르는 소리
그중 제일 크구나
그 와중에 오리발이라는 놈 찾아보니
어느새 간데없고
구사대 놈들만 알짱알짱거리며 눈치를 보는 것이
여차하면 줄행랑 놓을 뽄새로구나

어화 가세
새나라금속 노동조합 동무님네
새 소식을 전하러 가세
어깨 걸고 달려가
구사대 놈들 쓸어내고
더 한 걸음 힘차게 뛰어
묶인 간부님네 풀러 가세
노동조합 동무님네
어화 단결하세
노동자 세상 분명 올 것이니
끝까지 싸움으로 단련하여
그날을 만나보세

__『녹두꽃』1집(녹두, 1988)

사랑

이른 봄 시퍼렇게 깡추위 뚫고
들판에 지천으로 솟아나와
세상 양식으로 제 몸 툭툭 꺾어 주는
쑥잎으로 살아라.

사람 사는 세상 잊을 수 없어
그리움으로 제 몸을 밝히고 밀려가던 벗들
갈 곳 없어 찾아들면
밭이 되고 참나무막집이 되고
빈주먹에 다시 푸른 산죽(山竹) 움켜쥐게 하는
큰 산 하나쯤 품고 살아라.

어린 풀잎 하나의 슬픔 앞에서도 그냥 흐르는 법 없이
다독거리며 정답게 적셔주고,
썩은 개굴창도 마다하지 않고 흘러
함께 뒤집혀 흙탕물로 흘러
쓰라린 눈물도 탄식도 칼날마저
오장육부 한구석에 넣고 댕기다
들판길로 나설 때쯤
또 한 번 뒤집어 맑게 우려내는
큰 강물로 살아라.

그리하여 사랑은 들판이 된다.
우리가 세상을 사는 동안
참다운 싸움으로 견디고 이겨낸 땅
조선의 아들딸들이 청무밭에서 쑥쑥 자라고
자라서 우리들 옛이야기를 쓰고
옛노래를 부르고 들판의 주인이 되고
그때가 되면
마당가 햇빛 드는 한 가녘에서
오래 잊혀진 조국의 서러운 꽃들
채송화도 봉숭아꽃도 분꽃도
수줍게 웃으며 피어날 것이다.

_『문학예술운동』 2집(풀빛, 1989)

가투 2

얼마나 오래 이 거리에 달려오고 싶었는지
적을 향해 한 발 앞으로 나가기 위하여
최루탄 총구 앞에서 떨리는 마음
몇 번이나 쥐어뜯으며
맨주먹 노여움에 불을 질렀는지
최루탄아, 너는 모르지.
너를 쏘아 날린 파쇼의 총대가 꺾여지고
우리가 이 밤을 끝장내지 않는다면
죽음이 되어 너는 끝끝내
우리들 심장에 박혀 미칠 테지, 최루탄아!

　　　　　　　　　　__『문학예술운동』 2집(풀빛, 1989)

가투 5

영진아,
잔업 수당을 챙겨도 언제나 밑바닥에 깔리는 생계비 앞에서
하고 싶은 말 한마디가 그토록 어려워
눈 붉히고 돌아서는
찌든 노동을 죽음이라고 깨우치고
너는 가고 수없이 다시 와서
벙어리 가슴에 쇳물을 붓는다.
우리들 노여움은 새 피로 흐른다.

공단 네거리
머리 위로 떨어지는 지랄탄 맞으며
보도블록을 깨뜨리면서
불타는 네 모습을 본다
야근 노동자들 공장 담에 올라
투쟁지를 달라 손짓하는데
잘 싸우라 박수 치는데
반가움으로 함께 손을 잡으며
우리는 네가 마지막 숨을 넘기며
한마디 한마디 남기던
투쟁이라는 말 해방이라는 말을
외쳐 부른다

가라 페퍼포그 속으로
화살이 되어 날아라
이 한 밤이 끝나면
맑은 피 영롱한 이슬 속에 깨어날
꽃들의 기쁨으로
춤추어라! 산날등을 타고 산맥을 향해
달려갈 푸르른 숲들의 큰 걸음으로
힘차게

_『문학예술운동』 2집(풀빛, 1989)

가투 6

　역전 너머 천마산을 물들이며, 저도 오늘 하루의 아우성을 못 견디겠다는 듯이 타오르던 핏빛 노을이 분홍빛 몇 점으로 스러지고, 문득 산은 뒤로 멀리 가서 어둑해져갔다.
　도로는 이미 몇 시간 전부터 집회 장소로 쓰이고 있었으므로 차량 통행은 없었고 멀리로 돌아가는 차들의 경적 소리가 들려올 뿐이었다. 낮 동안 터진 최루가스들이 거리 곳곳에 엎드려 있다가 불어오는 바람을 타고 날아가 구호를 따라 몰려가는 사람들을 맵게 하였는데, 연일 최루탄과 맞서온 터라 바람에 날아드는 정도로는 눈물을 흘리거나 얼굴을 감싸쥐며 주저앉는 사람은 없었다.
　큰 도로의 입구에는 전투복을 착용한 전경들이 방패를 앞세워 가로막고 있었고 골목길에서는 사복조들이 깔려 있었으나, 사람들은 샛길을 타고 용케도 빠져나와 노랫소리를 듣고 집회 장소를 찾아왔다. 길목을 가로막는 수작은 집회를 고립시키기 위한 것이 뻔했다.
　상점들은 이미 오래전부터 셔터를 내린 채였다. 셔터 위에는 선전대가 대자보와 스티커를 붙여놓았는데 주위에 사람들이 둥근 반원을 그리고 있었고, 더러는 선전대원이 대자보 옆에서 갈라터진 목소리로 대중 연설을 토하고 있는 곳도 있었다. 노동자로 보이는 어린 여자 선전대원은 분신한 노동자의 일생을 사람들에게 들려주며 흐느꼈다.
　집회 장소는 점점 어두워지기 시작했고, 솜뭉치에 철사를 매고 기름을 부어 만든 횃불들이 하나둘 나타나기 시작했다. 횃불이 비치자 새로운 깃발이 세워질 때처럼 박수 소리가 쏟아졌다. 며칠 동안의 경험으로 우리들은 어두움 속에서 불쑥 터지는 최루탄을 생각했던 터였다. 우리의소원은통일 우리의소원은자유 노랫소리가 강물의 나직한 흐느낌처럼 번져갔다.

마이크(마이크!)마이크(마이크!)애국시민 여러분(애국시민 여러분!)이 대중집회는(이 대중집회는!)우리의 힘으로 쟁취한(우리의 힘으로 쟁취한!)소중한 자리입니다(소중한 자리입니다!)그동안 얼마나 많은 동지들이(그동안 얼마나 많은 동지들이!)최루탄에 맞아(최루탄에 맞아!)다쳐 피 흘리고(다쳐 피 흘리고!)눈알이 뽑히고(눈알이 뽑히고!)끌려가 고문당하고(끌려가 고문당하고!)죽어갔습니까(죽어갔습니까!!)수많은 동지들의 피가(수많은 동지들의 피가!)오늘 이 자리의(오늘 이 자리의!)거름이 되었고(거름이 되었고!)그 위에서 우리는(그 위에서 우리는!)민주주의(민주주의!!)피의 꽃망울을(피의 꽃망울을!)터뜨리려 일어서고 있습니다(터뜨리려 일어서고 있습니다!)──애국시민 단결하여 살인정권 끝장내자!!(애국시민 단결하여 살인정권 끝장내자! 끝장내자! 끝장내자!!)

마이크(마이크!)마이크(마이크!)애국시민 여러분(애국시민 여러분!)독재정권은 지금(독재정권은 지금!)우리의 투쟁 앞에(우리의 투쟁 앞에!)두려움으로 떨고 있습니다(두려움으로 떨고 있습니다!)저들이 가진 것은(저들이 가진 것은!)최루탄과(최루탄과!)거짓 기만의 혓바닥뿐입니다(거짓 기만의 혓바닥뿐입니다!) 민주주의(민주주의!)자유의 조국(자유의 조국!)……우리의 진실 속에서(우리의 진실 속에서!)더욱 단결한다면(더욱 단결한다면!)이제 머지않아(이제 머지않아!)억압으로부터 해방된(억압으로부터 해방된!)자유의 조국을(자유의 조국을!)품에 안게 될 것입니다(품에 안게 될 것입니다!)──삼천만이 단결했다 군부독재 각오하라!!(삼천만이 단결했다 군부독재 각오하라! 각오하라! 각오하라!!)

핸드마이크로 사회자가 한마디를 선창하면 우리는 후렴을 부르듯이 따라 외치며 어두운 하늘을 향하여 주먹을 흔들었다. 그리고 외침을 따라 만세 깃발들이 일제히 펄럭거렸고, 햇불들이 숱한 불꽃으로 어두움을 태우며 우리의 머리 위에서 춤추듯 흔들렸다.

얼마나 오래 두려움 속으로 쫓겨온 것일까
지하도 입구에서 또는 길을 걷다가
문득 맞닥뜨리던 모습들
몇 년을 보았어도 여전히 낯설던
가슴을 얼어붙게 하던 모습들
파쇼의 얼굴!
돌아서면 빈주먹의 슬픔과 적개심으로

몸을 떨던 기억들
가슴속에 간직한 투쟁지 한 장이
슬픔을 칼처럼 찌르고,
투쟁지 속 끌려가는 벗들의 외침이
돌아서는 발등을 찍을 때
맑은 눈물로 솟아나와
가슴을 적셔주던 것
괴로운 추억 속에 우리가 이미
죽어졌다고 생각하던 것
깨우쳐 돌아보면 칼끝에서도 우리를 살게 했던 것
단 한 번도 잊은 적이 없는 이름
자유! 해방!

언제까지고 계속될 것처럼 외침은 끝없이 흘러나와 함성이 되어 밤하늘에 울려퍼졌다.

애국시민 여러분! 그러면 대중집회의 다른 순서에 앞서 투쟁 속에서 목숨을 바친 모든 선배 영령들에 대한 묵념이 있겠습니다.

그이들의 이름이 한 숨, 두 숨, 사이를 두고 불리어질 때마다 출렁하고 큰 물결이 밀려왔다 낮게 낮게 흩어지고는 하였다. ···전태일 동지···김경숙 동지···오월 동지들···황정하 동지···그이들은 우리들 가슴에 무엇으로 와서, 이렇게 두 어깨가 떨리고 뚝뚝 피는 떨어지는 것인가. 수많은 불덩이들이 어디에선가 와서 우리들 속에서 타오르고 소리치고 있었다. 갈증으로 타는 목줄기에서 갈라터진 혓바닥들이 가슴속 불덩어리를 하나하나 내어밀듯 결단이라고 투쟁이라고 한 마디 한 마디 힘들여 토해내고 있었다.

　…박영진 동지…박종철 동지…
　그이들의 생애는
　이 산천 저 숱한 풀꽃들처럼
　제철이 오면
　어김없이 피어나는 것
　봄날이 오면 어김없이 산날등을 타고
　붉게 몰려오는 진달래숲 같은 깃
　……뜨거운 이마 위로 문득 서늘한 밤바람이 불어왔고, 한 가녘에서 노래가 시작되었다…… 아아 죽어간 동지의 뜨거운 눈물 아아 이글거리는 눈동자로 두려움 없이 싸워나가리…… 노래는 수없이 뒤척이면서 조금씩 앞을 향해 밀려가는 파도였다. 뒤 파도가 앞 파도를 밀고, 앞 파도가 뒤 파도를 치며 잠시 밀려났다 처얼썩 우르르 한 파도가 되어 달려가는 바다, 넘치는 바다!

　　　　　　　　　　__『문학예술운동』 2집(풀빛, 1989)

햇살

　임금투쟁이 끝나던 날
　승리의 아우성 속에서 나는 울었습니다.
　이 세상에서 제일 큰 목청으로 웃어도 만세를 불러도 모자랄 판인데,
　그런데 눈물은 하염없이 쏟아지는 것이었습니다.
　살아온 세월 때문이었을 것입니다. 노동자로서
　일하는 것이 멸시가 되고, 일하는 것이 비참이 되고, 괴로움이 되고
　그렇게 살면서도 세상이 두려워 인간답게 살고 싶다는 말 한마디 제대로 하지 못하고,
　그리고 괴로움마저 감추고 살아온 저 세월의 밑바닥에서
　통곡이 터져나오는 것이었습니다.
　울면서 나는 외치고 싶었습니다.
　이제 가라, 노동자로서
　일하는 것을 멸시라 가르쳐주고, 비참이라 가르쳐주고
　비겁한 순종이라 가르쳐주고,
　그러면서 눈물밥이나 던져주던 잘못된 이 세상아, 가라
　이렇게 외치고 싶었습니다.
　그제서야 웃음이 나오는 것이었습니다.
　이겼구나
　이제 우리는 하루 삼천 원짜리 기계가 아니라 새사람으로 태어났구나!

만세 노래 부르며 동료들과 함께 운동장을 도는데
아아, 햇살은 얼마나 눈부시던지

_『월간중앙』 1989년 5월호

그 방

흰 꽃가루가 작업장에 들어와 뿌연 석면 가루 속을 떠돌던
봄날에
기진한 몸으로 어머니 자취방을 찾아오시고,
공장엔 굳게 닫힌 철대문과
서로 사슬을 지어 두드리던 붉은 스프레이의 글씨들

쪽가겟방 노름판이 흔하던 큰형님집 술어미 노릇에
지쳐 몇 해 색시 골목이 있는 누님네도 지나
희미하게 웃더니

번지도 없는 고향집에 내려가 한 칸 바람벽이 되었는지
이 주일여 농성 천막을 나와
새벽길로 방문을 열었을 때
내 작업복 어깨를 짚고 간신히 버티다
허물어진, 텅 빈
방
바닥에 떨어져 몇 시간째 나를 기다리던
조합신문 속으로
동료들 벌겋게 짓물러터진 눈동자가 얼비치고

믿었던 것들의 깊은 허공을 빠져나와
아지 못할 길을 쓸며 눈발은 날리고

나는 다시 닫힌 공장 문 앞을 서성대는데
눈발이 지우는 것들 속으로
문득 사거리 모퉁이를 돌아 어머니 오신다

버스 정류장을 지나 담벽에 아픈 몸을 접고
한 번 쉬고
길을 묻다
또 한 번 쉬고
천막 농성장 근처 전봇대에 기대어
거친 숨을 고르다
애써 혼잣말을 더듬고 있는

　　　　　　　　　　　　＿『당대비평』 1998년 여름호

길 위에서

환한 대낮인데
어디선가 나도 모르는 곳에서
흐느끼는 내 울음소리를 듣는다

칼날 위에서조차
차마 나에게조차 할 수 없었던 말들

텅 빈 방 그 낯선 시간들 속에서
소스라쳐 깨어나 홀로 울고 있을
전화벨 소리를 듣는다

어떤 바람이 죽음을 감춘 낡은 집을 덮고
새들
북쪽 우러러 일제히 날아간 뒤
그 위로 떠오르리라
나 지쳐 돌아가 누울 곳
일곱별자리 북두(北斗)
밝은 빛

길 위에서
길 위에서
애기 적 어미 품속에 몇 번은 환히 피어났을

그 미소를 생각한다

―『실천문학』 1999년 가을호

바다

때로 잔잔하다
깨어나고 싶지 않은 바다
햇빛과 바람에 취해버린
지난밤 제 울음이 부려놓은 절벽 아래
그냥 졸고 있는 바다
비 그림자에 저도 몰래 기지개를 켜다가
한바탕 소나기에 후두두둑 달아나는데
공중엔 웬 햇살인가
제자리로 돌아와 킬킬거리는 바다

_『신동아』 2001년 8월호

폐수

어둠에도 눈이 있다면 나를 보아다오
창문에도 귀가 있다면 내 말을 들어다오
내가 나를 보고 웃는 한밤중 집 앞 골목길
하수돗물 흐르는 소리
희미하게 떠흐르는 그 소리
허락해다오
보이지 않는 곳에서 울고 있는 밤 고양이여
썩어 어디로든 스며들지도 못하고
폐수가 되어 흐르는 날들을

_『당대비평』 2001년 가을호

작품 연보

시인 연보

작품 연보

* 작품 제목의 표기는 발표 지면을 따르고, 시집에서만 확인된 작품은 해당 시집을 따랐다.
* 발표(창작) 지면과 시기를 시집에서만 확인한 경우 이를 '비고'란에 밝혔다.

시기	제목	발표 지면	수록 시집	비고
1976. 4.	눈(Ⅰ)	『학원』4월호		'학원문단'에 '입선작'으로 실림
1976. 5.	눈(Ⅱ)	『학원』5월호		
1977	강가에서		『취업 공고판 앞에서』	작품 뒤에 '1977'로 기록돼 있음
1978	비, 故鄕에서		『취업 공고판 앞에서』	작품 뒤에 '1978'로 기록돼 있음
1981. 9.	새벽길·1	『말과 힘』1집	『취업 공고판 앞에서』	발표 지면과 시기는 작품 뒤의 기록을 따름
	故鄕의 말·1			
	故鄕의 말·2			
	故鄕의 말·3			
1981. 11.	수유리에서	『반시』6집	『취업 공고판 앞에서』	시집에는 '수유리에서·1'이라는 제목으로 실림
	수유리에서·3			시집에 실리면서 부분 개작됨
	수유리에서·4			
	수유리에서·9			
	수유리에서·10			
1982. 4.	고향의 말 (7)	『마당』4월호	『취업 공고판 앞에서』	시집에는 '故鄕의 말·4'라는 제목으로 실림
1982. 11.	졸습 어느 부근에서 -김민기에게	『기독교사상』 11월호	『취업 공고판 앞에서』	
1983. 1.	서울 가던 날	『우리 세대의 문학』2집	『취업 공고판 앞에서』,『대열』	시집『취업 공고판 앞에서』에는 '서울 가는 길'이라는 제목으로 실림. 시집『대열』에는「공장 비나리·1」중 '서울 가던 날'이라는 소제목으로 실림.

시기	제목	발표 지면	수록 시집	비고
1983. 1.	아버지는 잠들 수 있을까	『우리 세대의 문학』2집	『취업 공고판 앞에서』	
	비로소 떠나갈 곳조차 없는 이곳에서			
1983. 5.	취업 공고판 앞에서	『시인』1집	『취업 공고판 앞에서』	
	앞날을 향하여			
1983. 6.	철거민	『공동체문화』1집	『취업 공고판 앞에서』	시집에는 '철거민·1'이라는 제목으로 실리면서 부분 개작됨
1983. 6.	장대비를 맞으며 −百濟·1		『취업 공고판 앞에서』	'百濟' 연작은 각 작품 뒤에 '83·6'으로 기록돼 있음
	한강수야 한강수야 −百濟·2			
	들잠−百濟·3			『민중시』1집에 실린 「들잠−전라도·3」은 같은 시이나 부분적으로 다름
	달래 고개−百濟·4			
	솟구치던 칼꽃들이었을까−百濟·5			
	솔아 푸른 솔아 −百濟·6			『민중시』1집에 실린 「솔아 푸른 솔아−전라도·4」는 같은 시이나 부분적으로 다름
	새야 새야 −百濟·마지막 노래			
1983. 7.	磻溪傳·2		『취업 공고판 앞에서』	작품 뒤에 '83·7'로 기록돼 있음
1983. 10.	故鄕의 말·6		『취업 공고판 앞에서』	작품 뒤에 각기 '83·10'으로 기록돼 있음
	편지−안양천 내리는 눈 속에서			
	序詩			작품 뒤에 '1983·10'으로 기록돼 있음

시기	제목	발표 지면	수록 시집	비고
1983. 11.	철거민·2	『반시』 8집	『취업 공고판 앞에서』	시집에는 '철거민·2' '철거민·3'이라는 제목으로 나뉘어 실리면서 전면 개작됨
	철거민·3			시집에는 '철거민·4'라는 제목으로 실리면서 행갈이 등 부분 개작됨
	철거민·4			시집에는 '철거민·5'라는 제목으로 실리면서 행갈이 등 부분 개작됨
	철거민·5			시집에는 '철거민·6'이라는 제목으로 실림
1983. 12.	故鄕의 말·8	『기독교사상』 12월호	『취업 공고판 앞에서』	시집에는 '故鄕의 말·5'라는 제목으로 실림
1983. 12.	나의 살던 고향은	『실천문학』 4호	『대열』	시집에는 「공장 비나리·1」 중 '바보 같은 이경님'이라는 소제목으로 실리면서 부분 개작됨
	전북 부안군 행안면 월암리 이경님			시집에는 「공장 비나리·1」 중 '나의 살던 고향은'이라는 소제목으로 실리면서 부분 개작됨
	걸어가다, 절뚝거리다, 담벼락에 나붙어			시집에는 「공장 비나리·3」 중 '안양천'이라는 소제목으로 실리면서 부분 개작됨
	안양천에서			시집에는 「공장 비나리·3」 중 '일당 2천 원이 무엇인지'라는 소제목으로 실리면서 부분 개작됨
	사람들아			시집에는 「공장 비나리·3」 중 '노래'라는 소제목으로 실림. 작품 뒤에 "편집자 주: 이 시들은 필자의 장시 「병신꽃의 노래」 중에서 그 일부를 추린 것이다."라고 밝혔음.

작품 연보 781

시기	제목	발표 지면	수록 시집	비고
1984. 6.	새벽길·2		『취업 공고판 앞에서』	
	어떤 全泰壹			
	타네-百濟·7			
	수유리에서·5			
	수유리에서·8			
	磻溪傳·1			
	편지-ㅎ에게			
	편지-시흥길			
	편지-어머니에게			
	편지-사랑한다는 것은			
1984. 8.	겨울, 철산리 부근에서	『민중시』1집		
	고향의 말·10			
	앞날을 향하여·2			
1984. 12.	공장 벽시 1	『오늘의 책』 1984년 겨울호		
	공장 벽시 2			
	공장 벽시 3		『대열』	시집에는 '경실이'라는 제목으로 실리면서 부분 개작됨. 서두 부분은 '고향'이라는 제목의 시로 독립시켜 수록함.
1985. 2.	공장 비나리	『노동시선집』 (채광석 편, 실천문학사)	『대열』	시집에는 '하나. 일기'는 「공장 비나리·1」로, '둘. 내 이름은 공순이예요'는 「공장 비나리·2」로, '셋. 정님아 순애야 은숙아 사람들아'는 「공장 비나리·3」으로, '넷. 비나리'는 「공장 비나리·4」로 나뉘어 실림. '하나. 일기' 중 서두 부분은 행갈이를 하고 '1. 귀향 열차'는 삭제됨.
1985. 2.	솟구쳐올라라 -김경숙 추모시	『민족의 문학 민중의 문학』 ('문학의 자유와 실천을 위하여' 1집, 자유실천 문인협의회)		

시기	제목	발표 지면	수록 시집	비고
1985. 9.	철야 180 시간	『외국문학』 가을호	『대열』	
	친구 1			시집에는 '친구'라는 제목으로 실리면서 전면 개작됨
	노동			시집에는 '노동·2'라는 제목으로 실리면서 부분 개작됨
1985. 12.	어머니 저는 왜 이 대열에 섰을까요	『밤꽃 피는 유월에』 (김정환 편, 지양사)	『대열』	시집에 실리면서 부분 개작됨
	마지막 수업 -야학 이야기			시집에 실리면서 부분 개작됨
	촌극을 만들며 -야학 이야기			시집에 실리면서 부분 개작됨
	최후진술			시집에 같은 제목으로 실렸으나 전면 개작되어 내용이 크게 달라짐
	노동 序詩			시집에는 '노동·1'이라는 제목으로 실림
1986. 12.	겨울 벌판을 가며	『신동아』 12월호		
1987. 1.	이름-친구 섭이의 말	『저 푸른 자유의 하늘』(신경림·김종철 편, 창작사)	『대열』	
	야유회			
	생일			
	어머니			
	점례 이야기 4			시집에는 '철야 명단-점례 이야기'라는 제목으로 실림
1987. 9.	길	『계간경향』 가을호	『대열』	시집에 실리면서 전면 개작됨
1987. 11.	면회		『대열』	
	꿈			
	어머니			
	편지·1			
	편지·2			
	편지·3			
	겨울밤 학습			
	소식지를 보며			
	싸움 전야			
	뒷전			

시기	제목	발표 지면	수록 시집	비고
1987. 11.	정상 조업		『대열』	
	농성장의 밤·1			
	농성장의 밤·2			
	농성장의 밤·3			
	친구			
	감옥			
	조의금			
	배출출이			
	자본가·1			
	자본가·2			
	아메리카			
	구로동 일기			
	여우발			
	그 여름―점례 이야기			
	소원―점례 이야기			
	최고참 노동자			
	노동자			
	희망			
	인간 장달수 상경기			
	우리 식구			
	눈칫밥			
	智異山·1			
	智異山·2			
	智異山·3			
	智異山·4			
	智異山·5			
	치악산, 정혼식에 부쳐			
	고향의 말·12 ―김종찬			
1988. 9.	파업(담시)	『녹두꽃』1집		
1989. 1.	사랑	『문예운동의 현단계』 ('문학예술운동' 2집, 풀빛)		
	가투 2			
	가투 5			
	가투 6			

시기	제목	발표 지면	수록 시집	비고
1989. 5.	햇살	『월간중앙』 5월호		
1992. 12.	폐업 고공 용접 그 눈동자	『창작과비평』 겨울호	『김미순傳』	
1993. 8.	눈먼 새 눈사태 길	『실천문학』 가을호	『김미순傳』	
1993. 8. 24.	탄식	『한겨레신문』	『김미순傳』	
1993. 12.	울산 0시 밤바다 이력서 울 애기 돌배나무 진달래 제비꽃 광장에서 새 1 뮤직홀 살얼음 목숨 세월 어머니 外村 朴서방 김미순傳(장시)		『김미순傳』	
1995. 5.	달	『실천문학』 여름호	『지금도 그 별은 눈뜨는가』	시집에는 '달·1'이라는 제목으로 실림
	말에 대하여			시집에는 '노래'라는 제목으로 실림
	광고탑에서			
1996. 3.	빗속에서 그 房	『창작과비평』 봄호	『지금도 그 별은 눈뜨는가』	
1997. 5.	초상집 바다에 내가 있다	『녹색평론』 5·6월호	『지금도 그 별은 눈뜨는가』	

시기	제목	발표 지면	수록 시집	비고
1997. 5.	용인에서 -김소진에게	『한국문학』 여름호	『지금도 그 별은 눈뜨는가』	
1997. 9.	경주 남산 이 손을 뻗는다 꿈속에서	『창작과비평』 가을호	『지금도 그 별은 눈뜨는가』	
1997. 11. 28.	겨울숲에서	『경향신문』	『지금도 그 별은 눈뜨는가』	
1997. 11.	氷壁 대암산 용산에서 1 용산에서 2 임진강에서 CF를 위하여 1 CF를 위하여 2 天池를 생각하며 네가 찾아들 때마다 변산 기행 김봉수, 1982 尹金伊 벽 1 달 2 희망에 대하여 내가 나에게 묻는다 길 벽 2 올 여름 잠 폭우 밤, 꽃 뗏목에서 산울음 江의 꿈 1 江의 꿈 2 눈물		『지금도 그 별은 눈뜨는가』	

시기	제목	발표 지면	수록 시집	비고
1997. 11.	호박꽃		『지금도 그 별은 눈뜨는가』	
	옛말			
	아침해			
	빗소리			
	막차			
	풍경			
	입추			
	詩			
	그해 겨울			
	지금도 그 별은 눈뜨는가			
	모닥불			
	동암역 근처			
	역전 뒷골목			
	말			
	변명			
	너에게			
	십일월			
	달 3			
	다시, 십일월			
1998. 5.	흰 빛	『시와 사람』 여름호	『저 꽃이 불편하다』	시집에는 '봄눈'이라는 제목으로 실림. 같은 시집에 실린 「흰 빛」과는 다른 작품임.
	그마저 스러진 뒤			
1998. 6.	빗속에서	『당대비평』 여름호	『저 꽃이 불편하다』	
	봄			시집에는 '허기'라는 제목으로 실림
	그 방			시집에는 '어머니'라는 제목으로 실리면서 부분 개작됨. 『지금도 그 별은 눈뜨는가』에 실린 「그 房」과는 다른 작품임.

시기	제목	발표 지면	수록 시집	비고
1999. 8.	길 위에서	『실천문학』 가을호	『저 꽃이 불편하다』	시집에는 '北斗'라는 제목으로 실리면서 마지막 5행이 삭제됨
	노을			
	산길			시집에 실리면서 마지막 행 "사람 마을을 보았네"가 삭제됨
2000. 6.	연평도의 말	『당대비평』 여름호	『저 꽃이 불편하다』	
	그 여자			
	꽃들			
2000. 9.	월미산에서	『창작과비평』 가을호	『저 꽃이 불편하다』	
	나에게 묻는다			
2001. 2.	겨울비	『내일을 여는 작가』 봄호	『저 꽃이 불편하다』	
	비수구미에서			
	늙은 산			
	고개를 숙인다			
	나는 걷고 또 걷는다			
	눈이 내린다			
	길			
	강화에 와서			
	序詩			시집에는 '흰 빛'이라는 제목으로 실림
2001. 6.	해창에서	『현대문학』 6월호	『저 꽃이 불편하다』	
2001. 8.	바다	『신동아』 8월호		
2001. 9.	게 한 마리 가고 있다	『당대비평』 가을호	『저 꽃이 불편하다』	
	달			
	폐수			
2001. 11.	봄	『삶글』 겨울호	『저 꽃이 불편하다』	
	길 위에서			
	내가 떠난 뒤			
2001. 12.	봄빛	『작가들』 겨울호	『저 꽃이 불편하다』	
	절정			
2002. 3.	물결	『시와 시학』 봄호	『저 꽃이 불편하다』	
	거북골에서			
2002. 3.	물때	『시와 사람』 봄호		

시기	제목	발표 지면	수록 시집	비고
2002. 8.	춤	『현대문학』 8월호	『저 꽃이 불편하다』	
2002. 9.	카타콤	『시평』 가을호	『저 꽃이 불편하다』	
2002. 11.	물의 자리	『갈라진 시대의 기쁜 소식』 12월호	『저 꽃이 불편하다』	
2002. 11.	行旅		『저 꽃이 불편하다』	
	나는 지금 어디를 바라보고 있는 것일까			
	저녁놀			
	누군가의 눈빛 하나가			
	문장수업			
	모를 일			
	여름비			
	금대리 생각			
	봄비			
	낙화			
	직선			
	저 꽃이 불편하다			
	함흥집			
	벙치			
	문득 세월이 잿더미 속에서			
2003. 3.	김수영 시비를 보며	『문학마당』 봄호	『별자리에 누워 흘러가다』	
	해창에서·2			
2003. 5.	봄눈	『시평』 여름호	『별자리에 누워 흘러가다』	
2003. 6.	탑	『시와 반시』 여름호	『별자리에 누워 흘러가다』	
	인제를 지나며			
2003. 7.	임시묘지의 시	『문학사상』 7월호	『별자리에 누워 흘러가다』	
2003. 8.	봄날	『현대시학』 8월호	『별자리에 누워 흘러가다』	
	늦은 작별			

시기	제목	발표 지면	수록 시집	비고
2003. 9.	양구 1 양구 2 양구 3	『문학과 경계』 가을호	『별자리에 누워 흘러가다』	
2003. 10.	마야꼬프스끼	『시경』 3호	『별자리에 누워 흘러가다』	
2003. 11.	몽골초원에서 물소리 위도에서	『실천문학』 겨울호	『별자리에 누워 흘러가다』	
2004. 2.	자술서	『인권』 2월호	『별자리에 누워 흘러가다』	
2004. 3.	몽골 초원에서 2 겨울 선두리에서 1 겨울 선두리에서 2	『황해문화』 봄호	『별자리에 누워 흘러가다』	
2004. 3.	눈길 청옥고등공민학교	『창비어린이』 봄호	『별자리에 누워 흘러가다』	동시
2004. 3.	몽골 초원에서 3	『현대문학』 3월호	『별자리에 누워 흘러가다』	
2004. 7.	몽골 초원에서 4	『신동아』 7월호	『별자리에 누워 흘러가다』	
2004. 8.	결핍 진달래 기억하느냐, 그 종소리	『시작』 가을호	『별자리에 누워 흘러가다』	
2004. 9.	돌부처 낡은 집	『창작과비평』 가을호	『별자리에 누워 흘러가다』	
2004. 10.	절규		『별자리에 누워 흘러가다』	뭉크의 「절규」에 관한 시로, 출판사의 청탁을 받아 2004년 10월 8일에 보낸 작품
2005. 2.	가을비	『유심』 봄호	『별자리에 누워 흘러가다』	
2005. 6.	사랑 밀물의 房 슬픈 눈빛 滿潮의 바다 허공 봄	『신생』 여름호	『별자리에 누워 흘러가다』	

시기	제목	발표 지면	수록 시집	비고
2005. 11.	십일월	웹진 『문장』 11월호	『별자리에 누워 흘러가다』	
	수련			
2005. 12.	滿月	『열린시학』 겨울호	『별자리에 누워 흘러가다』	
	폐사지에서 1			
	폐사지에서 2			
2005. 12.	겨울, 나무	『작가들』 겨울호	『별자리에 누워 흘러가다』	
2006. 2.	이사	『리토피아』 봄호	『별자리에 누워 흘러가다』	
	봄날			

시인 연보

1958년 9월 3일 전북 부안군 산내면(현 변산면) 마포리 산기마을에서 부 박창기(朴昌基)와 모 이옥례(李玉禮)의 2남 1녀 중 막내로 태어남.

1964년 6세 부안군 산내면 마포국민학교 입학. 조찬준, 허정균과 동기로 유년 시절을 보냄. 이후 조찬준은 고향 마포의 농민으로, 허정균은 환경운동가로서 교류하며 영향을 주고받음.

1968년 10세 부모님의 교육에 대한 열의로 국민학교 5학년 때 전북 익산으로 전학함. 익산시 평화동 셋째이모 집에 거주.

1974년 16세 익산 남성중학교를 졸업하고 전주고등학교에 입학, 전주에서 하숙생활을 시작함. '홈룸' 시간에 시국에 관한 발언을 해 학교에서 요주의 인물이 됨. 학교 도서관에서 많은 책을 읽고 고향 친구와 선배 집에서 김지하, 고은, 황석영, 이호철, 최일남의 작품과 『창작과비평』, 『사상계』 등을 탐독함. 더는 억압적인 학교생활이 불필요하다고 판단하여 자퇴. 문학을 하겠다는 꿈을 품고 상경하여 이후 1년 동안 당시 교사로 근무하던 형 박정근의 집(성동구 능동)에서 생활함.

1975년 17세 고등학생 문학서클 모임에 오봉록 등과 함께 참여하고, 전주 풍년문화원을 빌려 시화전 개최. 소비에트 혁명 등을 빗댄 창작시 때문에 경찰조사, 가택수색을 당함. 김지하의 『오적』을 소지한 혐의로 보안대에서 조사받음. 종로 보신주단을 빌려 개최한 시화전에 참여.

1976년 18세 『학원』 4월호에 「눈(I)」, 5월호에 「눈(II)」가 시 입선작으로 수록됨.

1976~1978년 18~20세 종로에서 민청학련 관련 인사 김기선을 만나 홍영표(이후 노동운동에 투신, 대우자동차에서 해고됨), 박형규(이후 하늘땅 출판사 설립) 등과 함께 리영희의 『8억인과의 대화』, 『우상과 이성』 등을 읽으

며 민주화운동에 관한 토론 모임을 가짐.

1977~1978년 19~20세　양천구 신정동 뚝방촌에서 생활. 인천 동일방직 노동자들과 토론 등을 통해 교류. 종로 초동교회에서 청년회 활동을 하며 교회 내 대학회지에 시와 문학비평문 등을 기고. NCC(한국기독교교회협의회)를 비롯해 민주화를 바라는 기독교 및 재야인사들의 모임에 참여함. 대학연합문학서클 '청청(靑靑)'에 참여해 시창작 활동을 하고, 시화전 등을 개최함.

1978~1981년 20~23세　강원도 홍천군 화천면 송정리에서 군복무를 함.

1981년 23세　제대 후 안병화, 양은숙, 김화진, 김귀화, 김이구 등과 함께 시창작 합평모임을 하고, 9월 동인지 『말과 힘』을 냄. 민중문화운동, 민중신학, 학생운동, 기독교계 관련 인사 등 각계각층과 교류하며 신촌에서 쌀가게를 운영함. 『반시(反詩)』 6집에 「수유리에서」 연작시 5편을 발표하면서 등단함. 1970~80년대 노동운동을 정리하는 프로젝트에 참여하면서 성효숙을 만남.

1982년 24세　이장호 감독의 영화 「낮은 데로 임하소서」에 구두닦이 단역으로 출연함. 김영수 목사(당시 한신대 졸업)와 서울 마포구 당인리발전소 부근에서 약 3개월간 생활함.

1982~1983년 24~25세　구로3공단 삼립빵공장 부근에 살면서 3공단 등지의 제본회사, 곤로회사 등에 취업. 권오광, 성효숙, 양은숙 등 학생운동, 노동운동, 문예운동의 벗들과 교류함. 공활(공장활동)을 하기 위해 구로공단에 들어온 당시 대학생 김해자를 양은숙을 통해 만남.

1983~1984년 25~26세　울산의 민중교회인 형제교회에서 김영수 목사(당시 전도사) 소개로 백무산을 만남. 교회 자료집에 실린 백무산의 시를 보고 그의 시 원고를 청사 출판사 편집장 이영진 시인에게 전해 편집 중이던 무크 『민중시』 1집에 실림.

1983~1985년 25~27세　마포 아현동 애오개소극장에서 성효숙이 속한 미술동인 '두렁'의 김봉준, 장진영, 라원식을 비롯해 정희섭, 김영철, 김원호 등과 교류하면서 홍제동 성당, 성문밖교회 등에서 열린 각종 문화행사와 집회에 참여함. 시국집회에서 현장시를 낭송하기도 함. 구로동과 철

산리 산동네에서 생활하며 조영관 시인 등을 만나고 노동운동가, 민중문화운동가 들과 교류함.

1984년 26세 6월 첫 시집 『취업 공고판 앞에서』가 '청사민중시선 7'로 청사출판사에서 출간됨. 청계피복 노동자들과 교류하며 동대문 근처에서 소모임을 가짐. 민중문화운동협의회 회원으로 활동하며 시국집회와 철야농성 등에 참여함. 신경림, 정희성, 임진택, 김정환, 이영진, 하종오 등과 함께 민요연구회를 창립하고 창립간사로 일함. 12월 노동자 생활 이야기를 쓴 산문집 『공장 옥상에 올라』가 '현장신서 2'로 풀빛 출판사에서 출간됨. 12월부터 1987년까지 자유실천문인협의회 재창립 회원으로 채광석, 김정환, 김사인, 김남일 등과 함께 활동함.

1985년 27세 김도연이 설립한 공동체 출판사 편집위원으로 활동함. 가을, 근거지를 부평으로 옮긴 '두렁'의 성효숙과 함께 산곡동으로 이사함. 산곡동에 작업실을 내고 노동현장을 지원하는 문화패들과 함께 비합법 활동을 한 '두렁'과 어울리면서 라원식, 장근주, 정화진 등과 교류함.

1986년 28세 성효숙, 정화진 등과 함께 인천 5·3항쟁에 참여함. 강형철, 김형수, 이산하, 안수철 등과 함께 학습소모임을 갖고 활동함.

1987년 29세 인천 보르네오가구 등에 생산직으로 취업. 6월항쟁 집회에 참여함. 11월 두 번째 시집 『대열』이 '풀빛판화시선 27'로 풀빛 출판사에서 출간됨.

1987~1989년 29~31세 민중문화운동연합 회원으로 활동. '두렁'과 함께 박종철 열사에 대한 영상 제작에 참여함.

1989년 31세 박영근 시 「솔아 푸른 솔아」 등을 원작으로 만든 노래 「솔아 솔아 푸르른 솔아」가 '노래를 찾는 사람들' 2집 음반에 첫 곡으로 실리면서 운동권을 넘어 전 국민에 널리 알려짐.

1989~1990년 31~32세 인천과 서울을 오가며 노동자문화예술운동연합에서 김정환, 이용배, 문승현 등과 함께 활동하면서 영화분과 일을 맡음. 하늘땅 출판사 편집위원, 잡지 『예감』 편집위원으로 활동함. 『예감』 폐간 이후 수년간 학생 논술 과외, 학원 강사를 하면서 생활비를 벌기도 함.

1992년 34세 화가 김환영과 서울 마포의 술집에서 처음 만난 후 가까운 벗이 되어 종종 함께 밤을 밝히며 술을 마시고 시대와 예술에 관한 이야기를 나눔. 시인은 술에 얽힌 숱한 일화를 남겼는데, 서울의 고형렬 시인, 청주의 도종환 시인, 인천의 정세훈 시인, 김포의 박철 시인, 부안의 고향 친구 조찬준 등을 거리를 불문하고 불시에 찾아가 술잔을 마주하고 회포를 푸는 등 일생 동안 전국의 수많은 문화예술인, 활동가 들과 교류함.

1993년 35세 부평 산곡동에서 부평4동으로 이사하여 2005년 11월까지 생활함. 12월 세 번째 시집 『김미순전(傳)』이 '실천문학의 시집 91'로 실천문학사에서 출간됨.

1994년 36세 노동과 현실에 투철한 문학정신을 평가받아 제12회 신동엽창작기금을 받음.

1995년 37세 송성섭(풍물), 허용철(미술) 등과 함께 인천민예총 창립.

1997년 39세 황광수, 홍정선, 이남희, 정남영, 나희덕과 함께 『내일을 여는 작가』 편집위원으로 활동함. 11월 네 번째 시집 『지금도 그 별은 눈뜨는가』가 '창비시선 169'로 창작과비평사에서 출간됨.

1998년 40세 황광수, 고운기, 김정환, 박혜준, 정과리, 정남영과 함께 『내일을 여는 작가』 편집위원으로 활동함. 신인을 발굴하는 역할로 김해자 시인 등을 추천하고 등단작 평을 씀. 12월 정세훈, 신현수, 이세기, 유채림 등과 함께 민족문학작가회의 인천지회를 창립하고 2000년까지 부회장으로 활동함.

1999~2002년 41~44세 '인천문화를 열어가는 시민모임' 창립회원으로 최원식, 박우섭, 이남희, 김창수 등과 함께 활동함. 인천민예총 사무국장으로 일하며(1999~2001) 강광, 이종구 등과 함께 활동함.

2000년 42세 연초에 오랫동안 함께 지내온 반려이자 예술과 운동의 동지인 성효숙과 헤어짐. 성효숙은 이후 시인이 병중이라는 소식을 듣고 2006년 다시 시인의 곁으로 돌아옴. 고형렬 시인이 주재한 계간 『시평(詩評)』의 편집위원으로 창간호(가을호) 기획을 함께 하는 등 2005년 겨울호(제22호)까지 참여함.

2002년 44세 11월 다섯 번째 시집『저 꽃이 불편하다』가 '창비시선 221'로 창작과비평사에서 출간됨. 이 시집으로 2003년 제5회 백석문학상을 받음.

2002~2006년 44~48세 인천민예총 부지회장(2002~2005), 민족문학작가회의 시분과 위원장(2004~2005), 민족문학작가회의 이사(2002~2006) 역임.

2003년 45세 8월 몽골에서 진행된 '한·몽 시인대회'에 이시영, 고형렬, 김용락, 한창훈, 김형수 등과 함께 참가함.

2004년 46세 4월 시평집『오늘, 나는 시의 숲길을 걷는다』가 실천문학사에서 출간됨. 김명환, 김윤태, 이남희 등과 함께『내일을 여는 작가』편집위원으로 활동함. 인천의 한 여성 시인과 가까워져 2006년 초까지 교류하다 헤어짐.

2005년 47세 4월 사북항쟁 25주년을 맞아 한국문학평화포럼(회장 고은)과 정선민예총이 주관한 '한반도 평화와 상생을 위한 문학축전 2005 - 제1회 사북문학축전'이 강원도 사북 동원탄좌 광장에서 열려 고은, 조세희, 이성부, 이건청, 성희직, 이원규 등과 함께 참여하고 평화시를 낭송함. 11월 인천 용현동으로 이사함.

2005~2006년 47~48세 중앙대 예술대학원에서 문예창작 전문가과정 시 전공 세미나(2005년 1학기), 시창작 세미나(2005년 2학기), 시 연구 및 창작 실기(2006년 1학기)를 강의함. 신경림 시인이 원장인 디지털문화예술아카데미 시 합평반에서 온라인 강의(2005년 11월~2006년 4월)를 담당함.

2006년 48세 5월 11일 오후 8시 40분, 서울백병원에서 결핵성 뇌수막염과 패혈증으로 타계. 5월 15일 강남성모병원에서 '故 박영근(朴永根) 詩人 葬'을 지냄. 주관 고 박영근 시인장 장례위원회, 호상 김정환 시인. 경기도 안성시 삼죽면 배태리에 있는 초동교회 묘역에 안장됨.

2007년 1주기 5월 11일 유고시집『별자리에 누워 흘러가다』가 '창비시선 276'으로 창비에서 출간되고, 인천의 주안 컬쳐팩토리 극장에서 1주기 추모 행사를 엶.

2008년 2주기 5월 10일 인천 배다리 아벨서점 전시관과 삼거리에서 2주기 추모 행사 '누군가 부쳐온 시집을 읽고 있을 것이다' 개최. '박영근 시인을 추억하는 사람들', 아벨서점이 주관함.

2009년 3주기 5월 9일 백무산과 김선우가 엮은 박영근 시선집 『솔아 푸른 솔아』가 강 출판사에서 출간되고, 3주기 추모 행사로 인천 배다리 시다락방에서 '한국 노동시와 박영근' 심포지엄, '허물어진 삶터'에서 공연을 엶. 주최, 주관은 인천민예총, 인천작가회의, 리얼리스트100, 인천민주화운동계승사업회에서, 후원은 한국문화예술위원회, 한국작가회의, 아벨서점에서 함. 「솔아 솔아 푸르른 솔아」 가사의 저작자가 안치환으로 잘못 알려져 있어서 원작자 찾아주기를 시작함.

2010년 4주기 5월 15일 전북 부안군 변산면 마포리, 박영근 시인이 다닌 옛 마포국민학교(당시 부안생태문화활력소 입주)에서 '부안이 낳은 박영근 시인 4주기 추모문학제 '솔아 푸른 솔아'' 행사를 엶. 주최 및 주관은 옛 마포국민학교 운영위원회, 박영근 시인을 추모하는 사람들, 리얼리스트100에서, 후원은 한국작가회의, 전북작가회의에서 함.

2011년 5주기 5월 7일 재개발문제로 투쟁 중이던 서울 홍대 앞 두리반에서 5주기 추모제 '솔아 푸른 솔아'를 엶. 1부 제5주기 박영근 시인 추모마당, 2부 참여문학과 현장의 대화, 3부 어울림 마당 순서로 진행됨. '함께 여는 사람들'로 박영근 시인을 추모하는 사람들, 리얼리스트 100, 인천민예총, 인천작가회의, '두리반'대책위, 자립음악가생산자모임이 참여함. 12월 12일 시인고박영근시비건립위원회(위원장 정세훈, 사무국장 김창길)를 조직하고 부평에 시비 건립을 추진함.

2012년 6주기 5월 13일 유가족, 친구들이 함께 안성 묘역을 방문함. 9월 1일, 220여 명이 낸 건립기금을 바탕으로 시인이 생전에 자주 거닐던 신트리공원에 '솔아 푸른 솔아' 시비를 세우고 제막식을 함. 부평구(구청장 홍미영)에서 공원 부지를 제공하고, 시비 디자인은 김환영과 성효숙이, 각자(刻字)는 박주부가, 건립문 작성은 박일환 시인이 담당함.

2013년 7주기 5월 15일 부평 신트리공원 시비 앞에서 7주기 추모 행사를 엶.

2014년 8주기 9월 27일 박영근시인기념사업회 창립 행사를 신트리공원 시비 앞에서 엶. 회장 김이구, 사무국장 박일환, 운영위원 정세훈, 서홍관, 성효숙, 허정균, 김환영, 최병일, 김해자, 박수연, 김주대, 김창길, 감사 유채림을 선출함. 운영위원회에서 논의하여 박영근작품상을 제정함.

2015년 9주기 4월 제1회 박영근작품상 수상작으로 문동만 시인의 「소금 속에 눕히며」(세월호 추모시집 『우리 모두가 세월호였다』 수록)를 선정함. 5월 10일 9주기 추모식 및 제1회 박영근작품상 시상식을 신트리공원 시비 앞에서 엶.

2016년 10주기 5월 『박영근 전집 1—시』, 『박영근 전집 2—산문』 출간. 5월 7일 10주기 추모제 및 박영근 전집 출판기념회, 제2회 박영근작품상 시상식을 부평구청 대강당 및 신트리공원 시비 앞에서 엶.

정리_성효숙

박영근시인 기념사업회
자문위원: 김정환 나종영 도종환 백무산 유동우 이상락 이은봉 홍학기
운영위원: 김이구(회장) 김주대 김창길 김해자 김환영 박수연 박일환(사무국장)
　　　　　 서홍관 성효숙 정세훈 최병일 허정균
감사: 유채림

박영근전집 간행위원회
편집위원: 김이구 박수연 박일환 서홍관 성효숙 정세훈
자료조사위원: 김난희

박영근 전집 1
시

2016년 5월 11일 1판 1쇄 펴냄

지은이	박영근
엮은이	박영근전집 간행위원회
펴낸이	이영진
책임편집	빅문수
본문디자인	이춘희
관리·영업	김태일, 채경민
펴낸곳	(주)실천문학
등록	10-1221호(1995.10.26.)
주소	서울특별시 성북구 보문로 82-3, 801호 (보문동 4가, 통광빌딩)
전화	322-2161~5
팩스	322-2166
홈페이지	www.silcheon.com

ⓒ 성효숙, 2016

ISBN 978-89-392-0753-0　04810
　　　 978-89-392-0752-3　(전2권)

이 책 내용의 전부 또는 일부를 재사용하려면
반드시 저작권자와 실천문학사 양측의 동의를 받아야 합니다.